KB068052

Things
That
Bother
Me

불면의 이유

자아를 찾는 아홉 가지 철학적 사유

초판 1쇄 발행	2020년 7월 15일
지은이	갈렌 스트로슨
옮긴이	전방욱
편집	김영미
표지디자인	정은경 디자인
펴낸곳	이상북스
펴낸이	송성호
출판등록	제 2019-000133호(2009년 1월 13일)
주소	10546 경기도 고양시 덕양구 향기로 30, 106-1004
전화번호	02-6082-2562
팩스	02-3144-2562
이메일	beditor@hanmail.net

ISBN 978-89-93690-72-9　(03100)

이 도서의 국립중앙도서관 출판예정도서목록(CIP)은 서지정보유통지원시스템 홈페이지
(http://seoji.nl.go.kr)와 국가자료공동목록시스템(http://www.nl.go.kr/kolisnet)에서
이용하실 수 있습니다.(CIP제어번호: CIP2020021665)

불면의 이유

자아를 찾는 아홉 가지 철학적 사유

갈렌 스트로슨 전방욱 옮김

이상북스

THINGS THAT BOTHER ME

Daeth, Freedom, The Self, ETC.

by GALEN STRAWSON

*일러두기: 따로 표기하지 않은 경우, 책의 모든 주석은 저자의 것이다.

이 원고의 대부분은 원래 전문 철학자를 대상으로 생각을 표현하는 방법을 가다듬기 위한 초안이라고 해야 할 것 같다. 나는 첫 번째 원고를 1995년에, 마지막 원고를 2016년에 썼다. "자아의 감각"(The Sense of the Self)과 "진정한 자연주의"(Real Naturalism)는 각각 1996년과 2013년에 〈런던리뷰오브북스〉(*London Review of Books*)에 게재했고, "모든 것은 운에 달렸다"(Luck Swallows Everything)와 "우리 시대의 오류"(A Fallacy of Our Age)는 각각 1998년과 2004년에 〈더타임스리터러리서플리먼트〉(*The Times Literary Supplement*)에 게재했던 것이다. "당신은 스스로 길을 찾을 수 없다"(You Cannot Make Yourself the Way You Are)는 2003년 3월 〈더빌리버〉(*The Believer*)에 처음 발표했는데, "모든 것은 운에 달렸다"와 같은 주제를 보다 비공식적인 방법으로 다룬 것이다. "가장 어리석은 주장"(The Silliest Claim)은 2017년 울프손 대학에서 한 이사야 벌린 강연

(Isaiah Brlin Lecture) "의식의 백 년: 불합리한 긴 훈련"(A Hundred Years of Consciousness: A Long Training in Absurdity)의 내용을 축약한 것이다. "이야기되지 않은 삶"(The Unstoried Life)은 재커리 리더(Zachary Leader)가 편집한 《삶-쓰기에 관하여》(On Life-Writing, 2015)의 한 장으로 발표했다. "나는 미래가 없다"(I Have No Future)는 2007년 〈필로소피나우〉(Philosophy Now)에 축약된 형식으로 발표했다. "2년의 시간"(Two Years' Time)은 "속삭임, 기억"(Whisper, Memory)이라는 제목으로 2016년 〈아레테〉(Areté)에 처음 게재했다.

나는 이 원고들을 약간 다듬었고, 다른 책에서도 많은 문장을 인용했다. 이것은 조금 거북스럽지만 이야기의 흐름을 연결하는 데는 쓸모가 있다. 이 원고들을 한데 모을 수 있었던 것은 〈뉴욕리뷰북스〉(New York Review Books)의 에드윈 프랭크(Edwin Frank) 덕분이다. 책을 단숨에 읽고자 하는 독자들은 어떤 점에서 이것을 중복이라고 느낄 수도 있는데, 반드시 그런 것만은 아니다. 책 뒤에 인용문들의 출처를 수록했다.

20년 전에는 거창한 주제를 다룬 책이 거의 출간되지 않았지만, 시간을 초월하는 믹 재거(Mick Jagger)의 노랫말로 표현하자면, 오늘날에는 상황이 달라졌다(Things are different today). 죽음, 무한, 의식, 자유, 사랑, 기억, 진실, 존재, 자아, 우주에 관한 내용이 매일 이메일로 도착하고, 이들 중 상당수는 흡인력도 크고 정보도 충분하다. 때로는 이런 흐름에 파묻혀버리는 것은 아닌지 생각될 때가 있다. "너무 생각할 것이 많다"(There is simply too much to think about).[1] 솔 벨로(Saul Bellow)는 대중문화의 "지옥과 같은 어리석음"(moronic inferno)이 최악에 달했다고 한탄했다. 말하자면, 세련된 고급 문화를 즉시 누릴 수 있는 축복이 항상 더 바람직한 것만은 아니다. 이런 압박이 거세질수록 "개인이 매일 출판되는 엄청난 양의 신간을 검토하는 것은 불가능하다"[2]는 1642년에 데카르트(René Descartes)가 한말을 떠올리면 이상하게 기운을 회복하게 된다.

나는 미리 알바하리(Miri Albahari), 안드레아 애쉬워스(Andrea Ashworth), 데이비드 아우얼바흐(David Auerbach), 애니타 아브라미데스(Anita Avramides), 줄리언 반스(Julian Barnes), 배리 다인톤(Barry Dainton), 대니얼 데닛(Daniel Dennett), 로즈마리 디니지(Rosemary Dinnage), 프란시스 던컨(Francis Duncan), 오웬 플래너건(Owen Flanagan), 제리 포더(Jerry Fodor), 헬렌 프로웨(Helen Frowe), 리베카 골드스타인(Rebecca Goldstein), 마크 그린버그(Mark Greenberg), 사이먼 할리데이(Simon Halliday), 폴 해리스(Paul Harris), 애런 하우프트만(Aaron Hauptman), 로빈 히치콕(Robyn Hitchcock), 마크 존스톤(Mark Johnston), 진 녹스(Jean Knox), 로버트 쿤(Robert Kuhn), 더글러스 맥린(Douglas MacLean), 아비샤이 마갈릿(Avishai Margalit), 아날레나 맥아피(Annalena McAfee), 이언 매큐언(Ian McEwan), 미셸 몬타구(Michelle Montague), 아이리스 머독(Iris Murdoch), 토마스 네이글(Thomas Nagel), 레드먼드 오핸론(Redmond O'Hanlon), 데렉 파핏(Derek Parfit), 데이비드 피어스(David Pears), 필립 페팃(Philip Pettit), 안토니아 필립스(Antonia Phillips), 아멜리에 존 라일(Amélie John Ryle), 마리아 쉐크만(Marya Schechtman), 클로드 실베스트레(Claude Silvestre), 마이클 스미스(Michael Smith), 데이비드 소사(David Sosa), 패트릭 스톡스(Patrick Stokes), P. F. 스트로슨(Strawson), 찰스 탈리아페로(Charles Taliaferro), 로즈마리 투메이(Rosemary Twomey), 사만다 바이스(Samantha Vice), 캐시 윌크스(Kathy Wilkes), 수잔 울프(Susan

Wolf), 폴 우드러프(Paul Woodruff), 댄 자하비(Dan Zahavi) 등 이 문제에 대해 생각해볼 수 있도록 도움을 준 많은 사람과 이야기하고 연락했다. 또 편집 및 교정 단계에서 전문적인 도움을 준 수잔 바르바(Susan Barba), 대니얼 드레이크(Daniel Drake), 사라 크래머(Sara Kramer), 그레고리 니퍼(Gregory Nipper)에게 감사한다.

불면의 이유 _차례

0. 서론

어떤 사람들은 아주 어릴 때부터 무한이라는 개념에 집착한다. 특히 숫자를 좋아하는 아이들이 대개 그렇다. 요즘 내 손자도 무한에 집착하고 있다. 무한은 나이에 상관없이 중요하다. 특히 그것이 영원의 개념과 이어지면 자연스레 죽음에 대한 생각과 연결되기 쉽다. 그러나 어린 시절에는 그것이 독특한 영향력을 발휘할 수 있다고 나는 생각한다. 우리 가족 중 죽은 사람은 없었지만, 어쨌든 이것은 내가 네 살 때쯤 겪은 일이다. 다섯 살 때 결혼을 약속했던 내 여자 친구가 부모님의 모리스 트래블러 자동차 뒷문이 열려 떨어져 죽었는데, 그 일이 일어나기 훨씬 전인 어린 시절이었다. 내가 22개월이었을 때 (아주 지루하다고 생각했던) 사흘간의 입원 때문이라고 잘라 말할 수도 없다. 가족들은 내가 죽을지도 모른다는 얘기를 들었지만 아무도 문병을 올 수 없었다. 내가 종교적인 분위기에서 자라지 않았다는 것도 큰 영향을 미치진 못했을 것이다. 그러나 아버지가 근무했던 대학에서 제공한, 크고 추운 집 맨 위층의 처진 군용침대에서 잠들지 못한 채 어둠 속에 홀로 누워 있는 것은 최악의 조건이었다. 곧잘 말썽을 일으키던 도금한 커다란 물탱크는 문 밖에 있었고, 형제자매들은 아래층에서 자고 있었으며, 두 개의 긴 계단(스물한 계단과 그다음 열여섯 계단)을 거쳐야 부모님에게 갈 수 있었다.

나는 거의 매일 밤 죽음, 나 자신뿐 아니라 우리 가족이 미래에 영원히 부재하리라는 것에 대해 생각했다. 그 공포를 이 책 73-74쪽에 간략히 묘사했다. 훨씬 나중에, 비교적 짧은 심리치료 기간에 나는 치료사에게 "나를 키운 건 죽음이었다"고 알려주었다. 터무니없는 멜로드라마의 대사 같지만, 나는 의미가 제대로 전달되었다고 믿는다. 아동기부터 청년기에 이르기까지 죽음은 나를 지배했던 주제다. 나는 우리 집에서 수백 야드 떨어진 옥스퍼드의 성 자일스 교회묘지가 주검으로 가득 차 있는 것을 상상했다. 죽음은 영원한 부재이기 때문에 아무 상관이 없을 것이라고 생각하면서도 난 우리 가족이 같은 곳에 오랫동안 묻히기를 바랬다.

아주 어렸을 때 나는 모든 소원을 들어주는 요정을 상상하곤 했다. 아마도 모든 아이들이 그럴 것이다. 동화 속에서는 탐욕을 부리면 벌을 받기 때문에 미래의 모든 소원을 들어달라고 할 수는 없었다. 물론 그렇게 하고 싶었지만 나는 세 가지 소원만 들어달라고 부탁하는 것이 낫지 않을까 생각했다. 끝없이 달콤한 과자를 만들어내는 기계를 원하는 대신 내 소원은 항상 같았다. 내가 자고 싶을 때 잠 잘 수 있게 해달라는 것이었다.

1974년 실비아 앤서니(Sylvia Anthony)의 《어린 시절과 그 이후의 죽음의 발견》(Discovery of Death in Childhood and After, 1972)[1]을 손에 넣었을 때, 나는 아동기의 죽음에 대한 관심은 왼손잡이나 빨강머리처럼 드물기는 하지만 예외적인 것은 아니라는 점을 깨달았다. 세 살배기에게도 그 관심은 아주 명료할 수 있다. 1970년대 말 세 살이었던 우리 딸에게는 죽음에 대한 생각으로 괴로워하는 친구가 있었다. 내 생각에 그 아이의 장점은, 가급적 걱정을 숨기려 했던 나 자신에 비해 두려움을 자유롭게 표현했다는 것이다. 두려움에 질려 울다가 마침내 부모가 나타난다면(사실 소리가 들릴 정도로 오랫동안 우는 것도 고역이었다) 어디선가 들은 늑대가 쫓아다닌다는 악몽 탓으로 둘러댈 수 있었을 것이다. 그후 이런 내 생각이 옳았다는 것을 깨달았지만, 그 당시 부모님에게 죽음과 영원에 대한 생각을 말하지 않은 이유는 부모님으로부터 그런 말을 듣고 싶지 않았기 때문이다.

나는 나를 방어하기 위해 내 방 벽지의 갑옷 입은 기사들을 동원하려 했지만, 영원을 이길 수 있는 무기는 없었다. 나는 죽음에 대한 생각을 막기 위해 흰 반점이 있는 빨간 색의 커다란 버섯에서 엄마와 함께 사는 소년에 관한 이야기를 읽곤 했다. 이야기는 당연히 지루했다. 그 소년은 학교에 갔거나 학교에서 돌아왔을 것이다. 더는 기억이 나지 않는다. 나는 소설적 상상력이 부족했으며, 그래서 그것을 더 오래 기억할 수 없었다.

그 당시 나를 가장 심하게 괴롭혔던 것은 죽음이다. 내 귀의 크기나 히드로 공항의 수화물 검색시스템이 아니라 내가 이 책에서 비교적 간접적으로 다루고자 하는 거창한 "우주적인" 것 말이다. 그 이후 나는 평생 괴로움을 겪어왔다. 물론 나는 유별난 사람이 아니다. 우리는 단지 생존하고, 몸을 따뜻하게 하고, 충분한 음식을 찾으려고만 하는 것은 아니기에, 어떤 의미에선 많은 사람들과 마찬가지로 "우주적 고뇌"라는 같은 의미의 괴로움을 겪는다. 어떤 사람들은 다른 사람들보다 괴로움을 더 많이 겪지만, 그 이유는 단순히 그럴 시간이 더 많기 때문일 것이다. 불면증을 겪는다면 그런 시간이 더 많아질 것이다. 만약 마법의 정확한 고뇌 측정기가 있다면, 내 수치는 85퍼센트 이상일 거라고 기대한다. 하지만 이 측정기가 의식적이고 뚜렷한 괴로움만을 측정한다면, 내 수치가 얼마나 높은지 알려줄 수 없을 것이다.

　　이 괴로움들은 죽음뿐만 아니라 자유의지와 의식에 관한 것이고, 철학적 의미에서 진정한 "자연주의자", 즉 초자연적인 것은 아무것도 믿지 않는 사람에 관한 것이다. 이 괴로움들은 자아에 대한 생각, 자아를 갖는다는 감각, 시간에 따른 자아의 감각, 삶에 관한 "서사적" 전망, 그리고 내 친김에 인간 정신의 무제한적 성격에 관한 것이다. "서사성"에 관한 글들("우리 시대의 오류"와 "이야기되지 않은 삶")에는 약간의 논쟁적인 요소가 있다. 강요된 합의에 반대하기 위해 썼기 때문이다. 이 합의에 따르면, 심지어 잘 적응하지 못하며 사는 사람이라도 당연히 "서사적" 방식으로 산다는 것이다. 나는 이것이 잘못되고 해로울 수 있는 견해라고 생각하며, 내가 반박 사례를 제시한 데 대해 오랫동안 고마움을 표시한 모든 사람들에게 감동을 받았다. 그들 모두는 일반인들이 느끼는 대로 "서사적"으로 살지 않기 때문에 뭔가 잘못되었다고 생각했다고 내게 말했다. 그들의 반응은 친서사 세력들의 적대감을 보상하고도 남았다. ("서사적"으로 사는 것이 무엇인지 아직도 모르겠다. 사실 191-192쪽보다 더 잘 설명할 수는 없다고 생각한다.)
　　삶에 대한 나의 비서사적 시각(51-54쪽에서 설명)은 1994년에 복용하기 시작한 항우울제 플루옥세틴에 의해 유발되었을 수도 있다는 생각이 십 년 전쯤에 떠올랐다. 그보다, 인간에게 비서사적 시각이 자연스러울 수 있다는 것을 믿지 않는 누군가는 플루옥세틴 때문이라는 내 주장을 확인하려 할 수도 있을 것이다. 그러나 나는 잠시 동안이라도 이것이 옳을 수 있다고 생각하지 않았다. 나는 삶에 대한 강한 서사적 시각을 유지하는 플루옥세틴 복용자를 알고 있었고, 2년 후 내가 이 문제를 고려하기도 전 인 1994년 7월에 쓴 일기를 발견했다 "나의 삶에는 서사나 발전이 없다. 내 인생이 순간을 넘어 연장된다는 사실을 전혀 느끼지 못하겠다. 나는 하루 하루 사는 사람이다. 이것은 항상 어느 정도 사실이었지만 나는 그 것이 상당히 심화되었다고 생각한다. 매일 매일 계속되는 것은 문제점, 할 일들이다. 그것들은 내 인생을 한데 묶는다. 나에게는 정말로 자아가 없다. 나는 다른 사람들과 비교할 때 이것이 사실이라고 생각한다." 누군 가는 어떤 사람들이 죽음에 대한 생각으로 억압받을 수 있고 동시에 자신 의 삶이 "서사"라는 감각을 거의 또는 전혀 갖지 못한다는 것을 믿기 어려 울 수도 있다. 이것을 설명하기는 아주 쉽지만 서사성에 관한 논쟁 방식 을 고려하면, 설명을 필요로 한다는 것은 사실이다.

비서사에 대해서, 키르케고르(Søren Kierkegaard)와 [안티클리마쿠스 (Anti-Climacus)나 저지 윌리엄(Judge William) 같은] 나중에 키르케고르로 밝혀진 익명의 필자들은 그 문제를 완전히 잘못 이해한 사람들이 분명하 다. 이들은 어떻게 살아야 하는지에 대한 질문을 영원의 심판과 결부시키 고, 사람들에게 치열하게 서사적이 되어야 한다고 요구하는 것 같다. 안 티클리마쿠스에 따르면, "우리는 우리 자신을 추적할 필요가 있다. 왜냐 하면 모든 사람은 자신이 행했거나 생략한 모든 일을 사소한 것까지 절대 적으로 정확하게 자신을 기록해서 설명해야 하는 영원에 도달하기 때문 이다."[2] 그들은 요컨대 자신의 삶을 "아주 상세히 설명해야 한다."[3]

요한 볼프강 폰 괴테(Johann Wolfgang von Goethe)는 이에 대해 최초 로 답했다.

우리가 "**너 자신을 알라**"라고 하는 저 의미심장한 말을 거론한다면 그것을 금욕적인 의미로 해석해서는 안 된다. 이 말에는 결코 지금 시대의 우울증 환자나 해학가, 자기학대자들의 "자기인식"(self-knowledge)이 내포되어 있지 않다. 이 금언이 의미하는 바는 지극히 간단하다. 즉 그대가 그대의 동료 및 세계에 대해 어떤 관계를 맺고 있는가를 알기 위해서는 그대 자신을 돌아보고 자신을 기록해야 한다는 것이다. 이것은 심리적으로 괴롭지는 않다. 유능한 사람이라면 모두 그것이 의미하는 바를 알고 느낀다.[4]

아이리스 머독은 이를 뒷받침한다. 그는 자기인식이 자유로워질 수 있다는 생각에 의문을 품고, 자신의 시각에서 보았을 때 세계에 대한 우리의 윤리적-정서적 이해를 대부분 통제한다는 "환상 메커니즘"을 불신한다.

내게는 자신의 장치를 대수롭지 않게 이해한다는 의미에서 "자기인식"은 아주 단순한 수준을 제외하면 대개 망상처럼 보인다. 그것은 환상 메커니즘 외부에 놓여 있는 것에 대한 애착일 뿐, 메커니즘 자체를 정밀 조사한 것은 아니다. 메커니즘을 정밀하게 조사하면 단지 그 힘이 강해지는 경우가 많다.[5]

알베르 카뮈(Albert Camus)는 종교적 서사주의자조차 동의할 수 있는 다음과 같은 결론을 내린다.

삶에 대한 죄가 있다면, 그것은 삶을 절망하는 데가 아니라 다른 삶을

희망하는 데(실제로는 두려워하는 데) 그리고 이 삶의 준엄한 무게를 회피
하는 데 있다.[6]

　의식에 대한 글인 "가장 어리석은 주장"과 덜 직접적인 "진정한 자연
주의"라는 글에도 논쟁적인 요소가 있다. 나로서는 현재의 논쟁이 매우
실망스럽기 때문이다. 그것은 의식이 존재한다는 것을 알고 있고 그것이
무엇인지 우리가 정확히 안다는 것을 기본적으로 존중할 줄 알며, 삶이
절대적으로 확실하다는 것을 아는 나 자신과 같은 사람들과 이 모든 것들
을 의심하거나 부정하려고 하는 (그리고 때로는 그들이 그것을 부정하고 있다는
것을 부정하기도 하는) 사람들 사이에 일어난다. 내가 아는 한 이 논쟁에 참
여한 사람들의 입장은 거의 바뀌지 않았다. 나는 누군가를 설득하려는 노
력을 이미 오래전에 포기했다. 나 같은 입장의 사람들의 최선책은, 들으
려고 하지 않는 사람들을 포기하고 가능한 한 생생하게 다음 세 가지를
명확히 하기 위해 노력하는 것이다. 첫째, 의식의 확실한 존재를 인정하
는 동시에 그것의 실제 존재를 의심하거나 부인하는 것은 궁극적으로 일
관성이 없다는 것이다. 둘째, 의식적 경험이 모든 냄새−맛−촉각−생각−
감정이라는 방대한 주관적 경험 이외의 다른 것이라고 우리가 의심할 만
한 과학적 이유가 없다는 것이다. 셋째, 중력이나 스핀 또는 전하가 물리
적인 것처럼, 의식적 경험이 보이는 그대로의 모습으로 전적으로 물리적
인 것이라는 점을 우리가 의심할 만한 과학적 이유가 없다는 것이다. 세
번째 요점을 분명히 하려면 필요한 일이 좀 있는데, 우리 중에는 물리적
인 것이 무엇인가라는 문제에 대해 파악하지 못하고 그저 부정적인 사람
이 많기 때문이다. 핵심은 간단하다. 그것은 우리가 물리적인 것의 본성
에 대해 실제보다 더 많이 알고 있다고 생각하는지 여부를 드러내는 문제

이다.

　자유의지에 반대하는 주장은 오랫동안 가장 강력한 반발을 불러일으켜왔다. 때로는 여러 방식으로 그 주장을 펼친 우리들 각자에게 증오성 메일이 쇄도하기도 한다. 메시지 중 일부는 추악하고 위협적이지만 모든 것은 나름대로 그 주장의 위력을 오히려 역설적으로 인정하고 있다. 나는 10년 전의 메일 하나를 간직하고 있다. "나는 네가 가장 멍청이이고 이것이 내가 읽은 가장 최악의, 가장 일관된, 그리고 어리석은 철학적 주장이라고 말하고 싶다. 다시는 글을 쓰지 마라." 이것은 찬사임에 틀림없다.

　그 메시지의 신랄함으로 보아 메시지를 보낸 사람들이 이 주장을 타당하다고 생각하고 있음을 추측할 수 있고, 때문에 그들의 분노는 다소 엉뚱하다고 하지 않을 수 없다. 메시지를 보내는 사람들이 우리가 옳다고 생각한다면, 우리에게 반대해서는 안 되기 때문이다. 결국 그들은 저절로 같은 견해를 갖게 될 것이기 때문이다. 또한 그들이 우리가 틀렸다고 생각한다면, 불쾌하더라도 그렇게 폭력적으로 공격을 해서는 안 된다. 나는 "사람들과 그들의 행동을 보면서, 자유의지에 따라 행동하고 있다는 사람들의 환상에 대해 미소짓는 더 높은 통찰력과 완벽한 지능을 부여받은 존재"(이 구절은 97쪽에서 더 완전하게 인용된다)라는 아인슈타인(Albert Einstein)의 말에 그들이 어떻게 반응했는지 알지 못한다.

　이 책의 마지막 부분은 1960년대에 대한 나의 경험에 관한 것인데, 이는 나를 괴롭히는 것은 아니다. 문학 잡지 〈아레테〉의 편집인이자 톰슨(Francis Thompson)의 "천국의 사냥개"의 편집자였던 크레이그 레인(Craig Raine)이 은근하지만 끈질기게 내게서 이 글을 뽑아냈다. 나는 회고록을 어떻게 써야 하는지도 몰랐고 내키지도 않았기 때문에 빠져나갈 궁리만 하고 있었다. 어느 시점에서 나는 극작가 니나 레인(Nina Raine)에게 아버지의 요구를 피할 수 있는 방법을 알려달라고 졸랐는데, 그녀의 대답은 간단했다. "당신은 그럴 수 없을 거예요."

나는 철학—가장 광범위한 의미의 철학—을 아주 구체적이고 감각적인 활동으로 생각하며, 다른 사람들도 이 같은 생각을 하는 것으로 알고 있다. 관념의 세계는 바다와 산의 세계만큼 또는 그보다 더 견고해 보인다. 새로운 전망이나 사람들이 오랫동안 잘못 이해해온 지형을 발견하더라도 그것을 바꾸기란 사마르칸트를 부하라에 더 가깝게 옮기는 것만큼이나 가능하지 않다. 우리의 물질세계와 마찬가지로 관념의 세계에서 관념은 견해와 장애물과 광대함으로 구체화된 것이다. 그것은 특정한 풍미, 미학적 속성, 감정적인 톤, 곡선, 표면, 내부, 숨겨진 장소, 구조, 기하학, 어두운 통로, 빛나는 모퉁이, 아우라, 힘이 작용하는 장, 그리고 조합화학으로 실체를 지닌 것 같다. 이것이 버트런드 러셀(Bertrand Russell)이 말했듯이 "정신적이거나 물리적인 세계를 여행하는 것은 즐겁고" "정신세계에서 적어도 아직 미답의 광대한 영토가 매우 많다는 것을 아는 것이 유익한"[7] 까닭이다.

1. 자아의 감각

나는 느꼈다. 당신은 **나.**[1]

_엘리자베스 비숍(Elizabeth Bishop)

1

"자아"에 대한 이야기는 대부분의 발화 상황에서 매우 부자연스럽게 들리며, 일부 철학자들은 자아를 언어의 부적절한 사용에 의해 발생하는 환상이라고 추론한다. 그러나 이것은 받아들이기 어렵다. 사람들은 그렇게 멍청하지 않다. 자아의 문제는 근원이 확실하지 않은 언어를 자연스럽지 않게 사용해서 비롯된 것이 아니다. 오히려 그와 정반대다. "자아"와 같은 표현은 자아와 같은 것이 있다는 이전의 독립적인 감각에서 비롯되었다. 그것은 **자아의 감각**에서 비롯된 것이다. "자아"라는 말은 일반적인 대화에서는 흔하지 않을 수도 있고, 여러 언어에서 명확하게 직접적으로 번역되지 않을 수도 있다. 그럼에도 불구하고 모든 언어에는 영어에서 "자아"(the self)가 하는 역할을 자연스럽게 지정할 수 있는 단어들이 있다. 그

표현은 대부분의 사람들에게 분명히 의미가 있다. 그것은 논의의 철학적·심리적·종교적 맥락에서 자연스럽게 사용되며, 인간에게 매우 자연스러운 맥락이다. 나는 자아의 존재와 본성에 관해서는 왜 문제가 있다고 우리가 생각하는지에 대한 비교적 흥미가 덜한 문제뿐만 아니라, 진정한 철학적 문제도 있다고 생각한다. "자아 이론의 본질"[2]을 **자기자신의** 이야기로부터 **자아의** 이야기로 옮겨갈 수 있다는 사고의 오류인 "문법적 오류"라고 하는 앤서니 케니(Anthony Kenny)와 다른 많은 철학자들의 주장은 너무 성급하다. "자아"를 "재귀대명사의 오해에서 비롯된 철학자의 무의미한 말"이라고 하는 주장도 너무 성급하다. 나는 자아와 같은 것이 있는지 여부를 알아내려고 노력하기 전에, 자아를 갖는 또는 자아로 존재하는 평범하고 핵심적인 인간 경험인 자아에 대한 감각을 우리가 검토하는 것이 옳다고 생각한다.

2

어떤 사람들은 자아에 대한 평범한 인간의 감각과 같은 단일한 것이 있는지를 의심할 것이다. 그러나 많은 인류학자와 사회학자 들이 생각하는 것보다 근본적인 수준에서 서로 다른 문화권의 인간은 심리적으로 훨씬 유사하다. 본질적으로 문화적 경험의 모든 차이를 초월하는 심오한 정서적·인지적 유사성이라는 공통의 인간성을 갖는다. 인간은 또한 심리적으로도 엄청나게 다양하고, 어떤 문화에서도 인간의 가장 깊은 심리적 차이를 발견할 수 있다고 생각한다. 아직도 학계에서 대개 정통으로 인정받는 클리포드 기어츠(Clifford Geertz)[3]와 같은 인류학자의 근본적인 문화적 상대주의는 인간 본성의 유전적 결정인자와 인간 삶의 불가해한 공통점을 심각하게 과소평가한 것 같다.

부분적으로는 이런 이유 때문에 또한 부분적으로는 이런 종류의 질문에 아주 일반적인 결론을 내리는 철학의 능력을 칸트(Immanuel Kant)처럼 열렬히 믿기 때문에, 이것이 사실이라면 일반적으로 사람에게 적용할 수 있는 자아의 평범한 감각에 관해 언급하려고 한다. 자아의 감각에 관한 한, 잠을 잘 수 없는 사람들과 잠을 잘 수 있는 사람들 사이의 차이는 다른 어떤 문화적 차이보다 더 중요할 수 있다. 에밀 시오랑(Emil Cioran)은 "불면증이 너무 중요해서 잠을 잘 수 없는 동물로 인간을 규정하고 싶을 지경"[4]이라고 생각한다.

"자아의 감각"은 적어도 사람들이 자신에 대해서 갖는 감각, 보다 구체적으로는 그것의 모든 특정한 경험, 사고, 희망, 소망, 감정과 구별되는 정신적인 존재, 정신적인 인격, 인식의 정신적 자리, 인식하는 정신적 주체라고 생각한다. 이러한 자아의 감각은 모든 평범한 인간에게, 어떤 형태로는, 어린 시절에 나타난다. 자아의 감각은 종종 우리가 혼자 있거나 생각할 때 생생하지만, 시끄러운 사람들로 가득한 방에서도 마찬가지로 생생할 수 있다. 그것은 대부분의 사람들이 한때 가지고 있었던 감정과 연관이 있다. 그들의 몸은 실제로 존재하는 정신을 위한 단지 하나의 매개체일 뿐이다. 육체적인 활동이나 고통은 신체로부터 자아가 독립되어 있다는 감각을 감소시키지 않는다. 오히려 그것을 증가시킬 가능성이 있다.

나는 자아의 감각이 무의식적인 영혼이나 사후의 삶에 대한 믿음을 자동으로 포함한다고 주장하는 것은 아니다. 그렇지 않다. 우리가 완전히 물리적인 존재이며 인간 의식이 순수하게 물리적인 과정에 의해 진화했다고 믿는 나와 같은 철학적 유물론자들도 다른 누구 못지않게 자아의 감각을 가지고 있다.

우리의 평범하고 자연스러우며 소박한 자아의 개념이나 경험은 여러 방식으로 중복되는 예닐곱 가지의 주요 요소로 이루어져 있다고 주장할 수 있다. 나는 가능한 한 집중적으로 그것을 규정하려고 한다. 나는 평범한 중심 사례를 다룰 것이기 때문에 중요하기는 하지만 정신질환과 영적 체험이 제기하는 복잡한 문제는 제쳐두려고 한다.

첫째, 자아는 생각되는/경험되는 **어떤 것**으로, 어떤 핵심적인 의미에서, 그것을 밝히기란 전혀 쉽지 않다(나는 "생각되는"에 "경험되는"을 포함해 사용할 것이다). 둘째, 그것은 **정신적인 것**으로 여겨지는데, 어떤 의미에서는 세심한 설명이 필요하다. 셋째, 분명히 그것은 의식을 감각하고, 생각하고, 선택하는 **경험의 주체**로 여겨진다. 넷째, 그것은 **단독적인** 어떤 것으로 여겨진다. 다섯째, 그것은 다음과 같은 의미로 **구별되는** 어떤 것으로 여겨진다. 그것은 전체 인간, 인간 전체로 간주되는 것과 동일한 것은 아니다. 여섯째, 그것은 기본적으로 **행위자**인 어떤 것으로 여겨진다. 일곱째, 그것은 특정한 **성격**이나 **인격**을 가진 어떤 것으로 여겨진다.

3

자아가 생각되는/경험되는 어떤 것이라는 첫 번째 주장은 어떻게 보면 가장 명확하지 않다. 일반적으로 "나"라는 자아는 단순히 어떤 것의 **상태**나 **속성** 혹은 단순한 **과정**이나 일련의 **사건**으로 여겨지지 않는다. 이 정도까지는 자아가 돌이나 의자와 같은 것은 아니지만 그래도 느낄 수 있는 어떤 종류의 것이라고 할 수 있다. 그것은 확실히 인과적 성격을 가진 것으로, 변동을 겪으며 다른 것에 영향을 미칠 수 있는 것으로 생각된다. 버클리 주교(Bishop Berkeley)가 자아를 "적극적인 사고 원리"(thinking, active principle)[5]로 밝힌 것은 다른 것들과 마찬가지로 훌륭해 보인다. 이 오래된 용법에서는 "원리"가 탁자나 의자처럼 생각되지 않고 다른 어떤 종류의 것처럼 여겨진다. 하지만 나는 피히테(Johann Gottlieb Fichte)가 자아를 **"행위-행동"**(Tathandlung)[6]으로 두드러지게 묘사한 것을 포함시키기 위해서는 그의 범주를 더 확장해야 한다고 생각한다. 그리고 우리는 형이상학적으로 (그리고 과학적으로) 진지하게, 사물과 물체—의자, 산, 당신이 가지고 있는 것—들은 지속되거나 발생하기 위해 자신 이외에 다른 무엇인가가 필요하지 않은 과정으로 여겨야 한다.

두 번째 주장은 자아를 특히 정신적인 어떤 것, 정신적인 사물로 생각한다는 것이다. 이것은 당연하게 들릴지 모르지만, 별도로 설명해야 하며 평가하기도 어렵다. 그 중심 생각은 다음과 같다. 자아를 사물로 생각할 때, 사물성에 대한 그 주장은 정신적 본성에만 근거하는 것으로 충분하다고 간주된다. 나와 같은 유물론자가 주장하듯이 비정신적인 본성을 가질 수 있지만(그것은 뇌의 시스템이나 시스템의 집합일 수 있다), 자아가 사물로 존재한다는 것은 비정신적 본성으로 간주되는 사물로 설명된다는 말은 아니다. 자아는 **정신적** 자아다. 우리는 정신적 속성과 비정신적 속성을 모두 가지고 있다고 생각하는 것이 사실이지만, 이것은 자아를 특히 정신적인 어떤 것으로 인식하는 데 영향을 미치지는 않는다.

살펴본 바와 같이, 특히 정신적인 것으로서의 자아의 경험은 분명히 비물질적 영혼에 대한 어떤 믿음을 포함할 필요가 없다. 그러나 그것은 그런 믿음이 자연스럽게 드러내는 요소들을 포함한다. 정신적 자아는 물리학이 기술하는 것과는 전혀 다른 영역에서 쉽게 자족적으로 존재할 수 있는 것 같다. 유물론자에 따르면, 사물은 보이는 대로 존재하는 것은 아니지만 확실히 보이는 것처럼 존재하는 것 같아 보이는데, 이것은 자아를 특히 정신적인 것으로 생각하는 것이 얼마나 자연스러운지를 설명하는 데 도움을 준다.

자아를 경험의 대상으로 생각한다는 세 번째 주장은 명백하다고 생각한다. 경험의 주체는 무엇인가? 어떤 사람들은 이것을 애매하고 어려운 질문이라고 생각하는데, 나는 왜 그런지 이해할 수 없다. 경험의 주체가 무엇인지에 대해 말로는 비록 표현할 수 없다고 해도, 우리는 일반적으로 이것을 매우 명료하게 이해하고 있다고 나는 생각한다. 우리 각자는 우리가 가질 수 있는 어떤 종교적 또는 철학적 입장과는 별개로 단지 어떤 존재와 자아를 의식하는 존재로서 경험의 주체가 무엇인지 아주 잘 알고 있다고 나는 생각한다.

자아만이 경험의 주체로 여겨지는 것은 아니다. 인간 전체는 수백만 마리의 동물들과 마찬가지로 경험의 주체라고 당연히 이야기할 수 있다. 그럼에도 불구하고 우리는 경험의 주체인 다른 모든 정신적 자아보다 인간의 자아를 우위에 놓으려는 경향이 있다. 나는 이것이 옳다고 주장하려는 것이 아니라 다만 우리가 사물을 어떻게 경험하는지 설명하려는 것뿐이다.

네 번째 주장은 자아를 단일한 것으로 생각하는 것이다. 하지만 어떤 식인가? 공깃돌 더미처럼 하나의 더미나 집합체가 아니라 공깃돌 더미보다는 공깃돌 하나를 단일한 것처럼 생각하는 것이다. 자아는 특정한 어떤 시간에, 진정으로 단일한 혹은 단절되지 않은 특정한 시기 동안에 존재하는 것과 같이 "공시(共時)적으로" 고려할 때, 그리고 보다 긴 기간에 걸쳐 지속하는 것으로 "통시(通時)적으로" 고려할 때 모두 단일한 것으로 여겨진다. 나는 진정으로 단절되지 않은 경험의 기간이 몇 초로 거의 항상 짧으며, 그러한 기간을 다루기 위해서는 공시적이라는 용어를 조금 확장하는 것이 유용하다고 생각한다.

어떤 사람들은 자아를 단편적이거나 다중적으로 경험한다고 주장하는데, 우리 대부분은 그들이 의미하는 바를 이해하는, 그래서 깨닫는 경험을 했었다. 우리는 때때로 돌변하거나 중복되는 기분과 격렬한 욕구의 충돌을 겪기 쉽다. 우리의 사고 과정은 비상하게 빠르고 혼돈스럽고 이질적인 내용들이 서로 부딪친다. 이것은 공시적으로 다중의 자아를 경험하는 것이라고 주장할 수 있다.

욕구가 충돌하는 경험을 한다고 해서 자아를 다중적으로 경험하는 것은 아니다. 그보다 그것은 기본적으로 단일한 자아를 경험하는 일종의 가장 생생한 형태다. 왜냐하면 이런 종류의 갈등은 근본적으로 자아가 단일하다는 것을 경험해야 정확히 경험할 수 있기 때문이다. 마음이 혼란스럽게 요동치는 건 어떨까? 이런 일이 일어나면 많은 사람들은 자신을 정신적 대혼란을 무력하게 바라보는 구경꾼으로 경험한다. 그러나 다시 말하자면, 구경꾼으로 바라보는 경험은 근본적으로 단일한 존재라는 느낌을 감소시키기보다는 증가시키기 쉽다. 여기에 우리는 공시적·다중적 자아의 경험이 명확한 자의식 사고의 어떤 사례가 되어야 한다는 사실을 덧붙일 수 있고, 그러한 경험은 진정한 자의식 사고와 양립할 수 없다고 **결정적으로** 느낀다. 칸트의 말처럼 "나는 결코…나뉠 수 없고, 모든 생각을 할 때 상정하는 것은 바로 이 '나'이다."[7]

이와는 다른 말을 하는, 특히 파리에서 온 사람을 믿지 말아야 한다. 다중성의 은유는 강력하고, 그 자체로는 괜찮다. 하지만 그것은 단지 은

유, 단일성의 근본적인 경험에 좌우되는 은유일 뿐이다.

다섯 번째 주장은 자아를 구별된 것으로 생각한다는 것이다. 무엇과 구별되는가? 이 질문에는 여러 가지 답이 있다. 우선 자아는 전인(全人)으로 간주되는 인간과는 구별되는 것으로 생각된다. 둘째, 그것은 생각과 느낌 등 어떤 의식적 사고작용과 구별되는 것으로 생각된다. 그것은 생각과 느낌을 **가졌지만** 그것들과 같지는 않고 그것들로 구성되는 것도 아니다. 셋째, 그것은 믿음, 기호, 저장된 기억, 성격 특성과 같은 비의식적인 정신적 특징과는 구별되는 것으로 생각될 수 있다. 넷째, 그것은 비물질적인 영혼 등과 같이 어떤 물리적인 것과 구분되는 것으로 생각될 수 있다. 하지만 이러한 생각은 확실히 자아를 느끼는 필수적인 부분은 아니다.

흄(David Hume)은 이 견해들 중 두 번째에 도전한 것으로 유명한데, 그는 지속적 자아가 존재한다면 그리고 존재하는 한, 그것은 단순히 일련의 정신적 작용일 뿐이라고 주장했다. 하지만 일반적인 생각은 이 "묶음" 이론을 거부하며, 흄 역시 그것이 옳을 수 없다고 결론지었다.

여섯 번째 주장은 자아를 통상적으로 행위자로 생각한다는 것이다. 그것은 신체의 어떤 커다란 동작과도 무관하게 생각·상상·선택과 같은 나름의 활발한 활동을 수행한다. 그리고 물론 커다란 동작을 활발하게 야기하는 것으로 생각되기도 한다. 그것은 윌리엄 제임스(William James)의 말처럼 "노력과 관심의 원천, 그리고 의지의 결정이 발현되는 장소"[8]로 느껴진다. 이것은 단순해 보인다.

일곱 번째 주장은, 신체를 지닌 인간과 정확히 같은 방식으로 자아가 특정한 성격이나 인격을 가진 것으로 생각한다는 것이다. 이것은 또한 일상적인 것으로 보일 수 있다. 결국 우리는 우리의 인격이란 정신적인 면에서 우리가 어떻게 존재하느냐의 문제라고 생각한다. 그래서 우리의 존재가 정신적 자아를 포함한다고 생각한다면, 우리는 아마도 인격을 가지고 있는 자아를 생각하는 것 같다.

4

이 일곱 가지 요소가 인간의 평범한 자아 감각을 핵심적으로 포착한다고 가정해 보자. 이 모든 것들이 진정한 자아의 감각을 설명하는 데 필수적인가라는 의문이 생긴다. 나는 인간의 경우에도 사실이 아닌 것 같다.

성격 주장을 주로 의심하는 이유는 단순하다. 대부분의 사람들의 인격은 사실상 지금 이 순간에는 눈에 띄지 않고 감지할 수 없는 것이다. 그것은 경험의 대상이 아니라 공기처럼 그들이 그것을 통해 보거나 그것에서 보는 그들 삶의 전반적이고 눈에 띄지 않는 조건인 자동적이고 확인되지 않는 전제조건이다. 이언 매큐언은 "당신 자아의 유리 같은 연속"[9]에 대해 말하는데, 그 투명성이나 자기자신에 대한 불가시성을 뜻하는 것 같다. 그리고 사르트르(Jean-Paul Sartre)는 단정적이다.

> 성격은 타인에게 지식의 대상이라는 것 외에는 뚜렷한 존재감이 없다. 의식은 타인의 관점에서 성찰적으로 고려될 수 있는 경우를 제외하고는 그 자신의 성격을 알리지 않는다. …그래서 자기 자신에 대해 성찰적으로 묘사해도 성격이 드러나지 않는 것이다.[10]

대부분의 사람들은 어떤 순간에 일시적으로 자신을 어떤 의식의 자리 자체, 즉 단순한 (인지적) 관점으로 자아를 경험했고 어떤 사람들은 이것을 장기간 경험했다는 말을 덧붙일 가치가 있다. 그러한 경험은 피로, 고독, 충격, 섹스, 추상적 사고, 지루함 또는 뜨거운 목욕보다 더 특이한 것이 아닐지도 모른다. 그냥 깨어났을 때 느끼는 감정일 수도 있다.

그것은 또한 전문용어로 이인증(離人症, depersonalization)을 겪는 중증 우울증의 흔한 특징이다. 이인증은 병적인 것이지만 경험적 현실이며, 누군가 이 증상에 사로잡혀 있는 것을 상상할 수 있다. 어떤 사람들은 그렇다. 마찬가지로 우리는 정상적인 상태에서도 정신적 자아를 의식의 자리로 명확하게 감각하는 외계 종족을 상상할 수도 있다.

제라드 맨리 홉킨스(Gerard Manley Hopkins)는 이인증에서 상실할 수 있는 것을 뚜렷하게 기록한다.

> 에일이나 명반의 맛보다 더 뚜렷하고, 밤나무 잎이나 나프탈렌의 냄새보다 더 뚜렷한 나의 자기존재, 나의 의식과 자아의 느낌, 나 자신, 무엇보다 **나**(I)와 **나**(me)의 취향은 어떤 수단을 사용해도 다른 사람에게 설명할 수 없다. …자연계에서 내 자신의 감정수준, 독특성, 자아, 그리고 나 자신의 존재에 대해 묘사할 수 없는 스트레스에 비할 만한 것은 없다.[11]

나는 이 말에 헷갈린다. 비록 몇몇 사람들이 홉킨스의 뜻을 정확히 알 수 있다고 말했지만, 나는 그가 진실을 말했다고 믿지 않는다. 대부분의 사람들에게 그들의 인격은 사르트르가 말했듯 현재 알아차릴 수 없는, 사실상 감지할 수 없는 어떤 것과 같다.

진정한 자아의 감각은 그것이 비교적 장기간 존재한다는 개념을 포함해야 한다는 생각을 떨쳐버리기 어렵다. 하지만 나는 자아의 감각이 현재의 짧고 공백 없는 의식의 연장선에서만 작용하더라도 언제나 생생하고 완벽하다고 생각한다.

비록 이것이 공식적으로 가능하다고 해도 현실이나 우리의 관심과는 거리가 멀다고 할 수 있다. 외계인이라면 모르겠지만, 우리 자신은 자아의 장기적 연속성에 대한 어떤 유의미한 감각도 없는 삶을 상상하기가 어렵다는 것이다. 나는 이런 주장에 동의하지 않는다. 내가 보기에 인간은 그러한 장기적 연속성을 감각하지 못하는 삶을 경험하며 사는 것 같다. 우리는 자아가 지속된다는 어떠한 감각도 없이 신체를 지닌 인간으로서 장기적인 연속성을 갖는다는 것을 충분히 알고 있다. 그 생각은 아마도 정서적으로 별로 중요하지 않을 수도 있다. 그것은 우리 경험의 전반적인 특성에 거의 또는 전혀 기여하지 못할 것이다. 사람은 연속성의 경험에 영향을 미치는 여러 가지 면에서 크게 다르다.

이런 차이점을 고려해, 나는 윌리엄 제임스를 따라 "일인칭으로 써서, 그들이 성찰을 통해 내 설명 자체를 옳은 것으로 받아들일 수 있도록 하고, 받아들일 수 없다면 내가 그들의 요구에 미칠 수 없었다는 점을 인정할 것이다."[12] 비록 흄이 "내게는 그런 원칙이 없다는 점을 확신"[13]하지만, 어떤 사람들이 성찰을 통해 단순하고 연속적인 정신적 자아를 인지한다는 것을 인지하는 체했을 때 흄이 그랬던 것처럼, 제임스가 이 글을 썼을 때 그가 실제로 그 자신과 다른 사람들이 있다고 믿었다고 나는 생각하지 않는다. 내 입장은 다르다. 내가 기록하려고 하는 차이점에 대해서 나는 나와 상당히 다른 사람들이 있을 것이라고 믿는 편이다. 나는 나의 경험이 일반적인 사람들의 어떤 경험과 같다고 여전히 생각하지만, 그것은 붉은 머리처럼 드문 정상상태이다.

우선 기억에는 큰 차이가 있다. 어떤 사람들은 "개인적인" 혹은 "자서전적인" 뛰어난 기억력과 생생하게 환기하는 비범한 능력을 가졌다. 그리고 그들의 개인적인 기억은 신뢰할 만하거나 열성적이며, 또한 매우 활동적이어서 현재의 사고에 상당한 영향을 미친다. 또 다른 사람들은 개인적인 기억력이 매우 나쁜데, 그것은 또한 비활동 상태로 생각에 거의 영향을 미치지 않는 것 같다. 사람들이 미래에 대해 상상하거나 예측하거나 계획을 세우는 능력도 기억력과 마찬가지로 차이가 난다.

이러한 차이는 다른 것들과 상호 작용한다. 어떤 사람들은 마치 "서사적" 방식으로 살고 있는 것처럼 보인다. 그리고 모든 사람들도 마찬가지로 살고 있다고 착각한다. 그들은 그들의 삶을 형태와 이야기, 즉 서사적 궤적으로 경험한다. 그들 중 몇몇은 후세를 염두에 두고 일기를 쓰며, 미래의 전기를 상상한다. 어떤 이들은 자신의 삶을 정기적으로 해석하고 수정하는 등 더 심한 자기서사자들이다. 어떤 이는 훌륭한 기획자로, 자신의 삶을 장기 프로젝트에 꿰어맞춘다. 다른 이들은 초기의 야망도, 나중의 직업도, 경력을 쌓는 것에 대한 관심도, 그들의 삶을 이야기나 발전으로 보는 경향도 없다. 어떤 이들은 그저 이것에서 저것으로 옮겨갈 뿐이다. 그들은 소설 같은 또는 "일화적" 방식으로 살아간다. 어떤 사람들은 계획을 거의 세우지 않고 미래에 대해 거의 신경 쓰지 않는다. 어떤 사람들은 현재를 충실하게 살아간다. 어떤 사람들은 목적 없이 대충 산다. 이것은 성격의 기본적인 사실이거나 정신적 훈련의 결과일 수도 있다. 이것은 경제적 결핍, 기회의 박탈, 엄청난 풍요에서 오는 반응일 수도 있다.

쾌락주의자, 방랑자, 평범한 사람, 신비주의자, 지금 이 시간에도 열심히 일하는 사람들이 있다. 많은 가능성이 있다. 어떤 사람들은 창의적이지만 야망이 없거나 장기적 목표가 없어 이런저런 사소한 일을 하지만 계획하지 않고도 우연히 큰 일을 이루기도 한다. 어떤 사람들은 자신이 알든 모르든 일관된 성격을 갖는데, 이는 자아의 연속성 경험을 나타내는 꾸준한 성향이다. 다른 이들은 항시 비일관적이며, 계속해서 혼란스럽고 단편적이라고 느낀다. 어떤 이들은 어리둥절해하며 인생을 살아간다.

나는 이 스펙트럼에서 일화적인 극단에 속하는 편이다. 나는 내 삶을 서사 형식으로 느끼지도 않고 내 과거에 대한 관심도 거의 없다. 개인적으로 내 기억력은 매우 나쁘고 현재의 내 의식에 거의 영향을 미치지 않는다. 나는 미래에 대한 계획을 세우며, 그 정도까지는 나를 장기적인 연속성을 가진 어떤 것으로 완벽하게 생각한다. 하지만 내 자아를 정신적 자아나, 어떤 것으로 파악하는 가장 중심적이고 기본적인 방식으로 볼 때, 자아에 대한 나의 이런 사고방식은 동떨어지고 이론적인 것 같다. 나 자신을 이런 방식으로 생각한다는 것을 표현하기 위해 "나"*를 사용해, 자아에 GS(Galen Strawson)라는 사람이 존재할 것이라고 생각한다. 하지만 내 경험을 정확하게 표현하자면, 미래의 어떤 것으로 나*를 생각하지 않는다고 말해야겠다.

내가 이 글을 쓴 것은 1996년 1월이다. 나는 3월에 울프슨 대학 강연을 해야 한다는 생각으로 약간 신경이 곤두서 있었다. 그것은 친숙한 생리학적 징후였다. 나는 강의를 하게 될 사람이 나*라는 생각을 하지 않았지만 자연스럽고 직접적으로 나와 관련된 불안을 느꼈다. 정말 그것이 나*일 것이라고 말하는 것은 아주 믿지 못할 것 같다. 그리고 이것이 바로 그 느낌이다. 나는 단지 이론적 이유 때문에 믿는 것이 아니다. 그런데 왜 나는 불안감을 느낄까? 의심할 여지 없이 그것에 대한 나의 감각은 선천적인 것이고 자기보존본능과 "영구 배선"되어 있기 때문이다. 평범한 사람에 속하는 나의 미래에 대한 염려는 생물학적 근거를 가지고 있고, 미래의 그곳에 현재의 나*의 일부인 내*가 있다는 감각에 의해 정서적으로 뒷받침되지 않더라도, 즉각적으로 느끼는 어떤 것으로 자율적으로 지속될 수 있다.

자아에 대한 내 경험은 다양한 형태 중 하나일 뿐이다. 어떤 사람들은 그것을 더 극단적 형태로 경험하는 것이 확실하다. 명확한 자아 감각이 장기적인 연속성을 가진 어떤 것으로 자아를 경험하지 않아도 된다는 주장을 뒷받침하는 한, 여기서 자아에 대한 내 경험은 중요하다. 장기적인 경험은 흔할 수도 있지만 보편적이지는 않다. 누군가에서는 시간이 흐르며 사라지고, 다른 사람에서는 숙고에 의해 약화되기도 한다.

6

어떤 사람들은 의식적인 경험이 흐른다고 생각한다. 그들은 이것이 어떤 이론적 가정과는 무관하게 단순히 경험에서 주어진 것이라고 생각한다. 제임스에 따르면,

> 의식은…토막처럼 나타나지 않는다. "사슬"이나 "기차"와 같은 단어들은 의식을 제대로 직감적으로 묘사할 수 없다. 의식은 연관되지 않고 흐른다. "강" 또는 "개울"은 이것을 가장 자연스럽게 묘사하는 은유이다.…**이것을 의식의 흐름 또는 주관적인 삶이라고 부르자.**[14]

이것은 기차와 사슬과 퇴적물, 묶음, 그리고 더미의 은유에 영감을 준 1890년의 지배적이었던 심리적 원자론을 고려할 때 정당한 움직임이었다. 하지만 어쩌면 우리는 지금 그 반대 방향으로 오도되어 의식을 그 자체보다 더 흐르는 것으로 생각하게 되었는지도 모른다. 왜냐하면 만약 의식이 시내와 비슷하다고 느낀다면, 이것은 많은 사람들이 연속성을 옹호하는 이유를 부분적으로 설명할 수 있기 때문에 중요하다.

사실 나는 개울이 잡초와 돌은 물론 웅덩이와 폭포를 포함하고 있다고 해도 개울 은유는 부적절하다고 생각한다. 내 생각을 무시할 수 있겠지만, 사고는 자연스러운 연속성이나 경험적 흐름을 거의 갖지 않는다. 그것은 계속해서 단순한 의식에서 자기의식으로 나타났다가 또다시 의식에서 벗어난다. 그것은 항상 솟아나오고, 잘리며, 튀어나오고, 지연된다. 제임스는 그것을 "번갈아 날아올랐다 앉는…새의 삶"[15]에 비유했다 (이 생각은 아주 멋지다). 그러나 이 이미지조차 새가 지속적인 시공간 경로를 따르는 한 강력한 연속성을 유지한다. 그리고 사고의 연속성이 우회, 틈새, 곁눈질, 그리고 백색소음에 의해 끊임없이 중단된다는 사실을 설명하지 못한다.

이것은 우리가 그냥 앉아서 생각할 때 특히 그렇다. 우리의 관심이 빠르고 신나는 게임이나 음악과 같은 외부 세계의 질서 있고 지속적인 과정에 쏠리면 상황은 달라진다. 이 경우에는 사고나 경험이 그것을 차지하는 현상의 질서 있는 연속성을 떠맡는다고 느낄 수 있다. 하지만 그것은 여전히 잘려지고 다시 시작될 수 있고, 때때로 외부의 문제로 방해받을 수도 있다. 그리고 혼자 사색하는 사고의 경우는 모든 사고에 어느 정도 해당하는 무엇인가를 비교적 극적인 방식으로 드러낸다고 주장할 수 있다. 어떤 이들은 제임스 조이스(James Joyce)의 《율리시즈》(Ulysses, 1922)에서

몰리 블룸보다 스티븐 디덜러스의 경우에 의식이 훨씬 더 정확하게 묘사된다고 생각한다.

(스티븐 디덜러스의 경우)

누가 여기 있는 나를 바라보고 있는가? 그 밖의 어느 누가 어느 곳에서 이 씌어진 낱말을 읽을 것인가? 백지 위의 기호. 너의 가장 미묘한 목소리로 어느 곳 누군가에게. 클로인의 그 선량한 주교는 그의 차양 넓은 삽모자에서 사원의 휘장(베일)을 꺼냈다: 그의 바탕 위에 새겨진 채색된 상징적인 무늬를 지닌 넓은 휘장. 가만있자. 평면 위에 채색된 거야. 그래, 됐어.[16]

(몰리 블룸의 경우)

가만있자. 풋잠이라도 잘 수 있을지 몰라 1 2 3 4 5··· 무슨 꽃이 저럴까. 마치 별들처럼 꾸며놓았으니 롬바르드가의 벽지가 훨씬 나아요. 그이가 내게 준 에이프런과 약간 비슷해 나는 그걸 단지 두 번밖에 입지 않았지. 이 램프를 한층 낮은 곳으로 내려놓고 다시 잠을 청해야겠어. 빨리 일어날 수 있도록 말이야. 핀들레이터 상점 곁의 램 가게에 가서 그이더러 꽃을 좀 가져다달라고 해야지. 집 안을 꾸미기 위해서 말이야. 만일 그이가 그를 집으로 데리고 올 경우 내일 말하자면 오늘 아니야 안 돼요.[17]

다른 사람들은 "의식의 흐름" 소설의 원조로 확실시되는 도로시 리처드슨(Dorothy Richardson)을 선호한다.

지적인 것이 아니라면…브로 씨의 강의처럼…지루한…설교를 듣는 것은 아주 잘못된 일이다…그것은 설교가 아니었기 때문에 형편없었다…두 가지 모두 형편없었고, 하지 말았어야 했다…강론…설교…강론들…조용한 설교가 보다 멋질 것이다…**자선**은 하지 말았으면…소리나는 구리와 울리는 꽹과리…은총…나는 확신하는 것이 **아무것도** 없다…[18]

버지니아 울프(Virginia Woolfe)는 리처드슨이 "여성의 심리적인 문장이라고 부를 수 있는 문장을…만들어냈다"[19]고 썼지만, 나는 이런 문장들이 성별의 차이에 따라 달라질 수 있다고 생각하지 않는다.

7

의식의 과정에서 근본적 분리는 단지 내용 수준에서만 일어나는 것이 아니다. 주제의 전환은 명확할 수 있는데, 그래도 시간적인 간격이나 의식의 중단을 수반하지 않는다는 점에서 매끄럽다. 하지만 내가 매끄럽다고 경험한 적은 비교적 드물어 보인다. 나 혼자 상상하고 생각을 가다듬을 때, 나는 순간적이기는 하지만 완전한 무의식 상태의 바로 전 단계를 암시하는, 의식의 반복적인 시작 중 하나라는 것을 근본적인 경험을 통해 알게 된다. 진정한 연속성의 (변함 없이 짧은) 기간은 대개 잠깐의 부재 후 동일한 생각(또는 거의 같은 생각)으로 돌아올 때에도 근본적으로 서로 단절되어 있는 것처럼 보인다. 그것은 마치 의식이 계속해서 다시 시작되는 것 같다. 무(無)로부터 계속 터져나온다. 그것은 연속적으로 다가온다.

어떤 틈새에서는 초점과 주제가 완전히 바뀐다. 다른 것들은 주제와 관련된 생각들 사이에서 일어나거나 혹은 우리가 어떤 것에 주의를 기울이느라 그 틈새를 거의 알아차리지 못하게 일어난다. 이후의 경험 내용이 이전과 거의 같기 때문이다. 이 경우 틈새는 의식 메커니즘의 전적으로 우연한 특징인, 단순한 휴지기일 수도 있다. 하지만 그것은 또한 어떤 면에서 주의를 집중하는 기본적인 과정의 일부로서 작용할 가능성이 있다. 그것은 정신적 다양성의 새로운 "결합", 즉 칸트식으로 말하자면 새로운 종합이다. 틈새는 종종 빠르다. 우리가 눈 깜짝하는 틈새를 놓치기 쉬운 것처럼 의식의 절대적 혼란과 상호간의 틈새를 놓치기도 쉽다. 하지만 틈새들은 우리의 현재 의식 상태를 기억하려고 하거나, 또는 내가 알아낸 것처럼, 기억에 사용할 때 쉽게 두드러진다.

아마도 이것은 나의 경우를 성급하게 일반화하는 것이거나 정신분열증의 무의식적 고백일 것이다. 그러나 나는 정도는 다르지만 세심한 정신적 자기성찰로 누구에게나 똑같이 드러날 수도 있다고 생각한다. 그 사실들은 파악하기 어렵고 의식의 과정이 흐름의 문제라는 믿음은 흐름의 경험에 기여할 수 있지만, 이런 현상은 어느 정도 숙고하면 약화된다고 믿는다.

파운드(Ezra Pound)는 무엇인가 차선책을 의도한 것처럼 기록했다.

분리된 의식,
이 얼룩진
일련의
간헐성에 불과한.[20]

하지만 이 단어들은 말콤 로리(Malcolm Lowry)[21]와 같은 사람, 그의 주취(酒醉)가 아니라 그의 재능과 비전에 아주 잘 어울린다. 어떤 사람들에게 그것들은 어려운 문제에 대한 견실하고 효과적인 생각의 경험을 매우 정확하게 묘사한 것이다. 어떤 사람들은 이를 도외시하지 않고 일상적인 사고 과정을 기록한다.

"확실한가? 분리의 경험은 아마도 자기성찰의 산물일 것이다. 그것을 관찰하려고 시도하면 어쩌면 사실이 왜곡될 수도 있다. 검토되지 않은 의식이 진정한 흐름일 것이다."

두 가지 대답이 가능하다. 첫째, 비록 분리의 현상이 부분적이거나 대개 거의 인위적인 것이라고 할지라도, 이것은 연속성 감각의 바탕을 고려할 때, 의식 그 자체가 어떻게 나타나는가에 대해 중요하고도 놀라운 사실을 알려준다. 둘째, 분리에 대한 인식은 스스로 드러날 수 있다. 우리는 이것이 우리가 관찰할 때만 나타난다기보다는 늘 일어나고 있는 일이라는 점을 깨닫는다. (이 문제는 엄밀히 말하자면 결정하기 어렵다. 왜냐하면 문제를 결정하기 위해서는 관찰되지 않은 동안 무언가를 관찰할 수 있어야 하기 때문이다.)

8

의식의 본질이 순간적이라면, 연속성의 감각은 객관적으로 끊김이 없는 흐름이 아니라 시간에 따른 그리고 단기기억의 덕택으로 급격한 도약과 흐름의 파괴를 통해 경험과 연결되는 내용물의 지속성과 일관성 같은 다른 근원에서 종종 유래할 것이다. 나는 한 시간 동안 방에서 일을 한다. 창문을 통해 비가 오는 것을 보고, 읽던 페이지로 돌아간다. 나는 같은 펜을 끝까지 들고 있다. 자세히 살펴보면, 내 의식의 과정은 산만하고 산발적일지도 모른다. 하지만 나는 내 몸을 포함해 다양한 지속성과 안정적인 환경변화 과정이라는 커다란 풀(pool)과 경험적으로 접하고 있다. 의식의 내용에 있어서 이러한 지속성과 안정성은 비록 의식 과정의 기본적인 특성은 아니지만, 그렇게 보일 수도 있다. 그리고 이것은 결국 자아가 깨어 있는 동안 진정으로 연속적인 어떤 것으로 자아를 감각할 수 있게 하고, 수면 중에도 연속되고, 그래서 주나 월 또는 년까지 연속될 수 있는 것으로 의식의 경로를 원활하게 한다.

　의식의 과정에서 원활한 흐름을 느낄 수는 없다고 해도, 이것이 곧 지속적인 정신적 자아를 감각할 수 없다는 것은 아니다. 단순히 자아의 감각을 갖고 있기보다 자아의 감각에 대해 생각하는 것은 진작에 어려운 일이다. 하지만 우리가 처음으로 자아의 감각에 대해 생각하려고 할 때 깨어 있는 동안 지속되는 단일한 것, 단락된 생각과 경험을 가지지만 그 자체로는 단락되지 않는 어떤 것으로서 자아를 우선 제시한다. 이런 반응은 일련의 기본적인 믿음, 선호, 정신적 능력 등이 강하게 지속되는 신체를 가진 인간으로서 우리의 연속성에 대한 인식으로 뒷받침된다. 하지만 내 경우에는, 그 반응이 약해서 곧 손상된다. 정신적 삶에 대해 더 생각해보면, 나는 깨어 있는 낮(과 그 이후)에 계속되는 "나"가 없다는 느낌을 받는다. 나는 내가 신체를 가진 인간으로서만 연속성을 가졌다고 느낀다. 내가 나 자신을 경험의 정신적 주체로 여긴다면, 나는 내가 끊임없이 새로워지는 것을 감각한다.

　나는 인격과 관점이 새롭거나 다르다고 말하는 것이 아니다. 나는 내가 곧 GS라고 특정하는 유사성을 매일 충분히 이해하고 있다. 하지만 나 자신의 경험의 핵심을 정신적 자아라고 생각하면, 나는 끊임없이 새로워진다고 느낀다. 존 업다이크(John Updike)는 그의 자서전에서 이렇게 썼다. "나는 내 인생에서…내가 막 시작하고 있다고…지속적으로 느낀다."[22] 이것은 정확하게 맞는 말 같다. 비록 많은 사람들이 자아를 반대로 생각하는 것에 익숙하기 때문에 곰곰이 생각해야만 알 수 있다고 해도, 어떤 의미로 매시간 새로워지는 "나"의 경험은 근본적이고 보편적으로 유효하다. 나는 해롤드 브로드키(Harold Brodkey)의 다음 말에 동감한다.

우리가 의식하는 현재성은 파도와 같이 방황하는 우리의 마음이다. 우리는 되돌아와서 파도를 타고 떨어지다가 다시 솟아오르고 떨어지곤 한다. …**이 멀어졌다가 되돌아오는 것이 우리의 모습이다.**[23]

비록 그 은유가 중첩적이기는 하지만, 버려진 야영지와 같이 덧없는 것이 "나" 자체이기 때문에, 나는 나를 시간의 유목민이라고 느낀다.

에른스트 푐펠(Ernst Pöppel)과 에바 루나우(Eva Ruhnau)가 실시한 연구에 따르면, "의식하는 현재"[24]는 약 3초 정도 지속된다고 한다. 이것은 실험적으로 말하자면, 우리가 유지할 수 있는 시간의 최대치다. "그런 의미에서, 우리의 자아는 3초간 지속된다"[25]라고 미로슬라브 홀룹(Miroslav Holub)은 썼다. 그러나 그의 주장은 나의 주장과 거의 관계가 없다. 나는 "의식하는 현재"가 짧다는 사실이 반드시 틈새나 새로움의 감각을 뒷받침하는 것은 아니라고 생각한다. 우리의 경험은 부드럽게 연속적으로 퍼지는 가느다란 광선 같을 수 있다. "의식하는 현재"의 길이는 틈새가 없는 생각의 기간으로 그 상한을 정할 수도 있지만, 4초마다 항상 틈새를 의식적으로 경험한다는 뜻은 아니다(온종일 한 번도 없을 수 있다). 또한 결정적으로 나는 자아가 "의식하는 현재"보다 더 오래 지속되는 것처럼 보이지 않을 것이라고 주장하는 것도 아니다. 나는 "장기적인"이라는 단어를 모호하지만 의도적으로 그렇게 사용한다. 자아는 휴지나 틈새를 포함하는 기간에도 확실히 지속될 수 있는 것으로 생각되며, 그것의 시간적인 길이는 다른 생각의 맥락에서는 매우 다르게 보일 것이다. (죽음에 대한 두려움은 흥미로운 의문을 불러일으킨다.)

9

어떤 사람들은 의식을 경험하는 방법에 대한 내 주장을 의심할지도 모른다. 그 주장을 의심하지 않는 사람들도 내가 소수파에 속한다고 생각할지 모른다. 나와 같은 경험은 철학이나 마약을 하는 부자연스러운 결과라고 생각될 수 있다. 하지만 비록 분리의 경험이 철학적 숙고의 결과일지라도, 그것은 자료를 왜곡하는 철학에서 비롯된 것이 아니다. 철학은 우리가 이미 존재하는 경험의 본질을 단지 좀 더 면밀히 조사하도록 만든다. 비록 그 경험이 일상생활에서 부자연스럽거나 흔치 않다고 해도, 그것 때문에 상황 파악이 부정확해지는 것은 아니다. 자연스러운 경험이라도 상황을 부정확하게 표현할 수 있기 때문이다. 더 중요한 것은, 그 문제를 고려하는 평범한 사람이라면 누구나 그 문제를 겪게 될 것이라는 점에서, 그 경험은 자연스러울 수 있다.

그렇다면 사람은 인격이나 장기적인 연속성을 가진 무언가로 자아를 감각하지 않고도 자아를 생생하게 감각할 수 있다. 나는 행위자로서 자아를 감각하는 것도 (좋은 방식이건 나쁜 방식이건) 사라질 수 있다고 생각한다. 유물론이 사실일지라도, 이것은 자아의 감각이 실제로 존재하는 무언가를 정확히 나타낸다는 주장을 발전시키는가? 보다 충실한 논쟁이 이루어지려면 진실한 것이 어떤 것인지에 대한 주의 깊은 진술이나 어떤 사물이나 대상의 개념에 대한 진정한 유물론적(시작점으로, 의식에 대한 완전한 실재론적)인 진전된 탐구가 필요하겠지만, 나는 그렇다고 생각한다.

아마도 불교도들이 자아의 존재를 가장 잘 설명할 수 있을 것이다. 그것은 자아의 개념에 대한 불교의 모든 본질적인 비판을 유지하면서, 어떤 주어진 순간에 의식의 자리가 되는 경험 주체의 감각 안에서 자아가 존재하도록 한다.

영혼을 믿는 사람들은 납득할 수 없겠지만, 우리에게는 아무것도 남지 않는다. 그것은 자아가 인간 전체와는 다르다고 여겨지는 한 신화에 불과하다는, 많은 분석철학자들이 옹호한 단견을 중단시킨다. 그것은 우리에게 물질적으로 고려되고 구별할 수 있는 정신적인, 그리고 수명은 짧지만 돌과 같이 실재하는 자아를 남겨준다.

2. 우리 시대의 오류

어젯밤은 진부했고, 마음이 새로워졌기 때문에
나는 지금 메모를 보내지 않을 작정이다.[1]
_에밀리 디킨슨(Emily Dickinson)

1

심리학자인 제롬 브루너(Jerome Bruner)에 따르면 "자아는 영속적으로 다시 씌여지는 이야기다."[2] 우리 모두는 항상 "자기를 만드는 서사"에 참여하고 있으며 "우리는 결국 우리 삶에 대해 이야기하는 자서전적 서사가 **된다.**"[3] 올리버 색스(Oliver Sacks)는 우리 각자가 "서사를 만들고 살아간다. ···이 서사는 우리**이고,** 우리의 정체성이다"[4]라고 동의한다. 인문학-문학, 심리학, 인류학, 사회학, 철학, 정치이론, 종교학에서 비롯된 방대한 동의는 심리치료, 의학, 법, 마케팅, 디자인에 반영된다. 사람은 일반적으로 일종의 서사나 이야기, 그렇지 않으면 적어도 이야기의 모음으로 삶을 경험한다.

나는 이것을 **심리적 서사성 명제**(Psychological Narrativity Thesis)라

고 부르려 한다. 이것은 평범한 인간이 그들의 삶을 경험하는 방식에 대한 주장이다. 말하자면 우리가 경험적 실재로 존재하는 방식의 문제에 관한 것이다. 이것은 우리의 본질이다. 이것은 본질적으로 규범적 또는 평가적 또는 윤리적 주장과 짝을 이룬다. 나는 이것을 **윤리적 서사성 명제**(Ethical Narrativity Thesis)라고 부를 것인데, 이에 따르면 어떤 사람이 삶에 대해 풍부한 서사적 견해를 갖는다는 것은 진실하고 완전한 인격체로 잘 살아가는 데 필수적이며 좋은 것이다.

이 두 가지 명제로 네 가지 가능한 입장을 생각해볼 수 있다. 첫째, 경험적 심리적 명제는 사실이고 윤리적 명제는 거짓이라고 생각할 수 있다. 우리는 우리가 실제로 아주 서사적이고 그것이 좋은 것이 아니라고 생각할 수 있다. 사르트르의 소설 《구토》(La nausée, 1938)의 주인공 로캉탱은 이 견해를 지지한다. 또한 그것은 특히 마르쿠스 아우렐리우스(Marcus Aurelius)[5]와 같은 스토아학파의 특징이다.

둘째, 경험적 명제는 거짓이고 윤리적 명제는 사실이라고 생각할 수 있다. 우리는 좋은 삶을 살기 위해 우리가 서사적이어야 하고 서사적일 필요가 있어야 한다고 주장하지만, 우리 생각에 당연히 서사적인 것은 전혀 아니라고 인정할 수 있다. 플루타르크(Plutarch)와 현대의 많은 저작들은 이와 유사한 견해를 담고 있다.

셋째, 두 명제 모두 사실이라고 생각할 수 있다. 모든 정상적인 인간은 당연히 서사적이며, 서사성은 훌륭한 삶을 사는 데 결정적이라는 것이다. 이것은 대중 심리학과 학계의 지배적인 견해이며, 그 다음으로 두 번째 견해가 뒤따른다. 그것은 우리가 현재보다 더 서사적일 경우 이익을 얻을 수 있고, 어떤 식으로든 우리가 "자기서사"를 잘못 이해할 수 있다는 생각을 할 여지를 남겨둔다.

마지막으로, 두 명제 모두 거짓이라고 생각할 수 있다. 이것은 나의 견해다. 나는 현재 세 번째 견해가 우세한 것을 유감스럽게 생각한다. 나는 인간이 시간에 따라 자신의 존재를 경험하는 방법이 한 가지뿐이며, 이렇게 하는 것이 그들을 이롭게 하는 단 한 가지 방법이라는 것도 사실이라고 생각하지 않는다. 또한 아주 서사적이지 않은 사람들도 있고, 아주 비서사적으로(실제로는 반서사적으로) 잘 사는 방법도 있다. 나는 두 번째와 세 번째 관점이 인간의 자기이해를 방해하고, 중요한 사고방식을 방해하고, 윤리적 가능성에 대한 우리의 이해를 피폐하게 하고, 그들의 모델에 맞지 않는 사람들을 불필요하게 그릇되게 괴롭히며, 정신치료라는 상황에서 매우 파괴적일 수 있다고 생각한다.

2

이것을 더욱 발전시키면, 신체를 가진 살아 있는 인간, 전체로서 간주되는 인간으로서의 자아 감각, 그리고 어떤 종류의 내적·정신적 실체 또는 어떤 종류의 "자기"로서의 자아 감각을 구별하는 데 도움이 된다. 나는 이것을 한 사람의 "자아 경험"이라고 부르겠다. 헨리 제임스(Henry James)는 자신의 초기 저작에 대해 이야기하며 "나는 해당 저서를, 말하자면 부끄러운 넷째 사촌이라고 주장하면서 나를 괴롭히는…전혀 무관한…관계인 나와는 아주 다른 사람이 쓴 것이라고 생각한다"[6]고 했다. 그가 그 책을 쓴 사람이라는 것은 확실하다. 그러나 그는 같은 자아나 같은 사람이 그 책을 쓴 것이라고 느끼지 않는다. 이 느낌은 우리가 익히 경험한 바다. 사람들은 (그들이 가진 종교적 신념과는 별개로) 지속성의 조건이 전체로서 간주되는 인간의 지속성의 조건과 명백하거나, 자동적으로 같지 않다고 생각하는 경향이 있다는 점을 강조할 필요가 있다.

페트라르카(Petrarch),[7] 프루스트(Marcel Proust), 데렉 파핏 등 수천 명의 사람이 이런 아이디어를 생생하게 표현했다. 나는 이런 경험을 당연한 것이라고 생각하며, 그것을 "일시적"인 자아 경험과 "연속적"인 자아 경험으로 또 다르게 구분할 것이다(과거에는 이런 형태의 자아 경험을 "일화적"과 "통시적"이라고 불렀다). **연속성**이 있는 자아 경험의 핵심 형태는 먼("먼"은 무한을 의미한다) 과거에도 거기 있었고 먼 미래에도 있을 어떤 것—비교적 장시간 지속성을 갖는 어떤 것, 긴 시간 동안 아마도 일평생 지속하는 어떤 것으로 자아를 간주하며, 자신의 자아를 자연스럽게 묘사한다. 나는 많은 사람이 당연히 연속적이고, 연속적인 많은 사람들이 또한 서사적이리라 생각한다.

대조적으로 어떤 사람이 일시적이라면, 그 사람이 전인으로서 간주되는 장기적 연속성을 지니고 있음을 완벽하게 잘 알고 있다 해도, 그 사람은 자아로 간주되는 자신을 (먼) 과거에도 있었고 (먼) 미래에도 존재할 것으로 생각하지 않을 것이다.

일시적/연속적의 구분은 서사/비서사 구분과는 상당히 다르지만, 그들 사이에는 뚜렷한 상관관계가 있다. 예를 들어 일시적인 사람은 특별히 자신의 삶을 서사적 측면에서 보려고 하지 않을 것 같다.

시간적 존재의 일시적인 스타일과 연속적 스타일은 근본적으로 반대되지만 절대적이거나 예외가 없는 것은 아니다. 일시적인 사람들은 대개 과거에 (추억의 어쩔 수 없는 상흔이 생각나는) 해당 사건이 발생했으니 미래에도 그런 사건들이 일어나리라 예상할 수 있다(미래의 죽음에 대한 생각은 좋은 본보기가 될 수 있다). 아주 연속적인 사람들은 일시적인 사람들이 때로 기억하지 못하는 과거의 부분을 잘 경험한다. 많은 요인들로 인해 잊어버린 과거의 부분들과 연결고리가 존재하지 않을 수도 있다. 많은 요인들 때문에 시간이 지남에 따라 개인의 변이가 나타날 수 있다. 그럼에도 불구하고 시간적 기질의 어떤 근본적인 특징은 유전적으로 결정되며, 우리는 이것이 기본적인 "개인차의 변수"와 관련이 있다고 생각한다. 다른 문화권에서는 사람에 대한 서로 다른 핵심 개념이 선호된다. 어떤 사람들은 다른 사람들보다 훨씬 더 일시적이거나 연속적이다. 하지만 일시적이거나 연속적인 심리적 시간 스타일, 서사 또는 비서사의 깊은 개인적 다양성은 모든 문화권에서 발견된다고 생각한다.

3

연속적인 사람과 일시적인 사람은 서로를 오해할 가능성이 있다. 연속적인 사람은 일시적인 삶이 냉담하고 공허하며 부족하다고 생각할 수 있다. 그들은 일시적인 삶이 연속적인 삶보다 더욱 충만하고 감정적으로 섬세하며, 사려 깊고 민감하며, 우정·사랑·충성에 개방적이라고 해도 일시적인 삶을 두려워하는 것 같다. 두 가지 형태의 삶은 윤리적·정서적 면에서 중요한 차이가 있다. 그러나 일시적인 삶이 덜 중요하거나, 덜 참여적이거나, 덜 인간적이거나, 덜 도덕적일 것이라고 생각한다면 커다란 실수를 저지르는 것이다(연속적인 사람은 이 마지막 혐의를 씌우려는 경향이 있다). 그리고 일시적인 사람이 연속적인 삶을 비난—그것이 어떻든 분해되거나 폐쇄되거나, 말하자면 지나치게 자기중심적이고 이차적인 것에 불과하다고 반응하거나—하며 연속적인 삶이 본질적으로 열등한 인간 삶의 형태라고 생각한다면, 역시 오판하는 것이다.

정의상 일시적인 사람은 연속적인 사람보다 현재에 더 집착하는 것 같다. 연속적인 삶보다 일시적인 삶에서 과거로부터 정보를 덜 얻는다든가 과거와 관련이 없다는 것이 진실 또는 사실이 아닌 것처럼, 연속적인 사람이 일시적인 사람과 마찬가지로 현재 순간에 현재적일 수 없다는 것역시 진실 또는 사실이 아니다. 정보와 감수성이 다른 특성과 다른 결과를 나타낸다는 것은 사실이다.

일시적인 사람이 본질적으로 과거와 관련될 수 없다고 회의적으로 생각하는 연속적인 사람의 질문에 일시적인 사람은 과거는 현재가 될 수 있다거나, 현재가 아니면서 현재에 살아 있다거나, 과거**로서** 살아 있다고답한다. 음악가가 과거에 연습한 부분을 반드시 기억하지 않고도 현재에 그것을 통합 연주할 수 있는 것처럼, 현재의 사람이 존재하는 방식을 형성하도록 돕는 한 과거는 현재에 살아 있을 수—진정으로 살아 있다고 주장할 수—있다.

음악의 발전에 적용되는 것은 윤리의 발전에도 동등하게 적용된다. 그리고 윤리적 사례에 자연스럽게 적용되는 시와 기억에 대한 릴케(Rainer Maria Rilke)의 언급은 과거에 대한 일시적인 태도가 지속적인 태도보다 이점을 가질 수 있는 한 가지 방식을 제시한다. "한 편의 시를 쓰기 위해서" 그는 적고 있다. "당신은…많이…기억해야 한다. 기억하는 것만으로는 충분하지 않다." "그 기억들이 우리 자신과 더 이상 구분될 수 없는 우리 자신의 피, 눈짓과 몸짓, 그리고 이름 없는 것들로 변용될 때라야"[8] 좋은 시가 나올 수 있다고 그는 말한다.

몽테뉴(Michel de Montaigne), 섀프츠베리 백작(the Earl of Shaftesbury), 로렌스 스턴(Laurence Sterne), 콜리지(Samuel Coleridge), 스탕

달(Stendhal), 헤즐리트(William Hazlitt), 포드 매덕스 포드(Ford Madox Ford), 버지니아 울프, 호르헤 루이스 보르헤스(Jorge Luis Borges), 페르난두 페소아(Fernando Pessoa), 아이리스 머독(타고난 이야기꾼인 강력한 일시적 인간), 프레디 에이어(Freddie Ayer), 밥 딜런(Bob Dylan)은 눈에 띄게 일시적인 표현을 즐겨 쓴 대표적인 사람들이다. 프루스트는 (자신의 일시성에 자극을 받은) 기억으로 인해 또 다른 후보자라고 할 수 있으며, 에밀리 디킨슨도 빼놓을 수 없다. 연속성은 분명하게 드러나지 않는데, 왜냐하면 그것은 내 생각에 수용된 규범, 즉 "눈에 띄지 않는 입장"이기 때문이다. 그러나 플라톤(Plato), 아우구스티누스(St. Augustine), 하이데거(Martin Heidegger), 워즈워스(William Wordsworth), 도스토옙스키(Fyodor Dostoyevsky), 조셉 콘래드(Joseph Conrad), 그레이엄 그린(Graham Greene), 그리고 현재의 윤리-심리적 논쟁에서 서사성의 옹호자를 모두 거명할 수 있다. 나는 일시적인 면이 강한 부모님과는 달리 연속적인 면이 강한 많은 친구들을 분류하는 것이 쉽다는 것을 알게 되었다.

4

연속성이 규범이고 비교적 잘 이해되고 있으므로, 나는 일시성에 대해 더 많이 말하려고 한다. 또한 나 자신이 비교적 일시적이라는 것을 알기 때문에, 나를 하나의 모범으로 사용하겠다. 나는 다른 사람과 마찬가지로 과거가 있으며, 내 과거에 대해 상당한 양의 사실적 지식을 가지고 있다. 나는 철학자들이 말했듯이 내가 "내면으로부터" 과거에 겪은 경험들 중 일부를 기억한다(나는 그것들이 일어났다는 것뿐만 아니라 적어도 그 당시 그것들이 어떤 것이었는지를 기억한다). 그럼에도 불구하고 나는 내 삶을 형식이 있는 서사 또는 실제로 형태가 없는 서사로 느끼지 않는다. 절대로 그렇게 느끼지 않는다. 나는 과거에 대해 큰 관심도 없고 특별한 관심도 없다[209쪽의 오토 프리쉬(Otto Frisch)를 비교해보라]. 내 미래에도 관심이 크지 않다.

관심이 적다는 측면에서 이야기하는 것은 한 가지 방법이다. 또 다른 방법은 내가 내 자신을 자아로 생각할 때, 그것은 확실히 GS라는 사람의 과거나 미래이긴 하지만 문제가 되는 먼 과거나 미래가 나의 과거나 미래가 아니라는 것이 분명해지는 것 같다고 하는 것이다. 이것은 훨씬 더 극적이지만, 나 자신을 자아로 생각할 때도 마찬가지로 옳다고 생각한다. 나는 지금 이 질문을 고려하고 있는 나인 내가 더 과거에 그곳에 있었다는 유의미한 느낌이 없다. 그리고 이 느낌이 잘못된 것이 아니라는 점이 분명하다. 그것은 오히려 현재 이 문제를 고려하는 것이 무엇인지, 내가 무엇인지에 대한 사실적 묘사다.

나는 지금 내가 단순히 GS라는 사람이 아니라, 내 자신을 내면의 정신적 존재 또는 자아로서 구체적으로 이해할 때 지금 자신을 경험하고 있다는 것을 표현하기 위해 "나"(I)*를 사용할 것이다. "나"(I)*에는 "나"(me),* "나의"(my),* "당신"(you),* "자신"(oneself),* "그들자신"(themselves)* 등 큰 동족이 있다. 이 용어들은 합리적으로 "자아"라 불리는 내면의 정신적인 무엇인가를 성공적으로 진정하게 지시하는 것을 전제로 한다. 그러나 실제로 그러한 것이 없다면 그것은 중요하지 않다. 이 용어는 만약 자아가 거짓이라도 그런 것이 있다는 가정 아래 짜맞춘 어떤 체험을 나타내는 것

---

* 내가 어떻게 할 수 있는가? "일화 윤리"(Episodic Ethics)라는 논문에서 이 질문에 답하려고 한다. Galen Strawson, *Real Materiaiism and Other Essays*(Oxford: Oxford University Press, 2008), pp. 209-231를 보라.

이다.

내 먼 과거의 사건은 나에게* 일어나지 않았음이 분명하다. 하지만 그 것은 무엇을 의미할까? 그것은 확실히 내가 과거의 경험들에 대한 "자서 전적" 기억을 가지고 있지 않다는 것을 의미하지는 않는다. 나는 기억하 고 있다. 그리고 그 기억들은 분명 나라는 사람의 경험이다. 그렇다고 해 서 그것들이 내게* 일어난 것으로 경험하거나 실제로 그것들이 내게* 일 어났는지가 자명해지는 것은 아니다. (그것들은 GS에게 일어났지만) 내게* 일 어난 일로 분명히 나타나지 않으며, 엄격히 문자적으로 따지자면 그것들 이 내게* 일어나지 않았다고 생각하는 편이 맞다.

이의 제기: 기억하는 경험이 내부로부터의 특성을 갖는다면 당신은 당신에게* 일어났던 어떤 것으로 경험해야 한다. 대답: 이것은 처음에는 그럴싸해 보이지만 실제로는 그렇지 않다. 기억의 내부로부터의 특성은 어떤 사람이 기억한 경험의 주체인 자아라는 의미와 완전히 분리될 수 있 다. 허공에서 떨어지는 나의 기억은 본질적으로 시각적으로(물은 나에게 쇄 도한다) 또는 운동감각적으로 등등 내부로부터의 특성이다. 그것은 제3자 (외부로부터의)가 촬영한 나 자신이 떨어지는 영화를 보는 것과는 다르다. 그러나 그것은 내게* 일어났다고 기억되는 느낌, 즉 내가 자아라고 구체 적으로 자신을 이해하는 느낌을 가지는지는 확실하지 않다.

사실 감정이 기억의 내부로부터의 특성에 나타날 때조차 이것은 일 어나지 않는다. 많은 사람들에게 ①과 ②는 종종 또는 보통 둘 다 진실 이라고 해도 ①"기억은 정서적인 면에서 내부로부터의 특성을 가짐"에 서부터 ②"내게* 일어난 어떤 것으로 기억이 경험된다"로 옮겨가는 것은 전혀 타당하지 않은 것으로 드러났다.

이것은 내가 경험한 명백한 사실이다. 나는 사람이므로 나의 과거가 내 것이라는 것을 잘 알고 있으며, 특별한 감정적·도덕적 관련성을 포함해 지금은 나와* 관련성이 있는 감각이 있다는 것을 전적으로 인정한다. 나는 다른 사람에* 대한 나(GS)의 책임이라는 규범적 감각을 갖는다고 생각한다. 동시에 나는* 과거에 거기에 있었다는 감각이 없으며, 형이상학적인 사실의 문제로서 내가* 거기에 있지 않았다는 감각이 명백하다고 생각한다. 내 미래에 대한 나의 실제적 관심은 (바닥 수준이지만) 일반적인 사람과 마찬가지라고 생각하며, 생물학적─본능적─으로 내가* 미래에 존재할 것이라는 유의미한 느낌이 없더라도 즉시 느껴지는 어떤 것으로 근거가 있으며, 자율적인 방식으로 그것을 경험하는 것 같다. 당신은 이것을 일관되지 않은 입장이라고 생각할 수 있다. 내가 사물을 경험하는 방식─이것은 "현상학적으로" 정확한 보고다─만이 내가 말할 수 있는 모든 것이다.

5

연속적이고 일시적인 형태의 삶에 대해서는 간략하게 설명하려 한다. 서사적 삶은 어떤가? 그리고 인간의 삶이 본성상 "서사적"이라는 것은 정확히 무엇을 의미할까? 그리고 당신은 서사적이 되기 위해 연속적이어야만 할까? ("연속적" "서사적" "일시적"은 모두 심리적 특징을 나타내는 용어로 사용된다.)
《구토》의 로캉탱은 심리적 서사성 명제에 대해 명확하게 서술한다.

> 사람은 언제나 이야기꾼이다. 그는 그 자신의 이야기와 다른 사람의 이야기에 둘러싸여 살아간다. 그는 자기에게 일어난 모든 것을 이 이

야기들의 방식으로 파악하며, 그는 마치 자신의 삶을 이야기하는 것처럼 살아가려고 노력한다.[9]

사르트르는 서사 즉 스토리텔링 충동을 유감스러운 결함으로 보고 있다. 그는 윤리적 서사성 명제를 거부하며 심리적 서사성 명제를 수용한다. 그는 인간의 서사성이 본질적으로 어떤 진실이라기보다는 본질적으로(그리고 일반적으로 고칠 수 없는) 조작적인 근원을 갖는 그릇된 믿음의 문제라고 생각한다.

친서사적인 다수의 사람들은 서사성이 좋은 삶을 위해 필요하다고 고집하면 잘못될 수도 있다는 사르트르에 동조한다. 나도 윤리적 문제에 대해서는 사르트르와 같은 입장이다. 그러나 나는 이제 심리적 서사성 명제에 대한 그 이상의 버전을 생각해보길 원한다. (우리 각자는 "서사를 구성하며 살아간다. …이 서사는 우리**라는**") 올리버 색스와 ("자아는 영속적으로 다시 씌어지는 이야기다. …우리는 우리의 삶에 '관해 말하면서' 자서전적인 서사가 **된다**"는) 제리 브루너(Jerry Bruner)에 우선 대니얼 데닛을 추가할 수 있다:

> 우리는 모두 뛰어난 소설가로서 우리가 모든 종류의 행동에 참여하고 있고…언제나 그것을 할 수 있는 한 최선으로 "포장"한다. 우리는 우리의 모든 재료를 일관된 하나의 단일한 좋은 이야기로 만들려고 한다. 그리고 그 이야기는 우리의 자서전이다.
> 그 자서전의 중심에 있는 허구적인 주인공은 우리의 자아다.[10]

마리아 쉐크만은 한발 더 나아가 심리적 명제와 윤리적 명제를 가치 있는 솔직한 방식으로 서로 단단히 묶는다. 그는 사람이 "자신의 이야기인 자서전적 서사를 형성하면서 정체성을 창조한다"[11]고 말한다. 사람은 "사람으로 완전히 발전하기 위해서는 (그 자신의 삶의) 완전하고도 명확한 서사"를 소유해야 한다. 찰스 테일러(Charles Taylor)는 "우리의 삶을 **서사적으로** 이해"하고 우리의 삶을 "전개되는 이야기로 이해하는 것이 우리 자신의 의미를 만드는 기본 조건"[12]이라고 주장한다. 우리의 삶은 "일관된 서사만이 답할 수 있는 의문의 공간에" 존재한다. 그는 더글라스 코플랜드(Douglas Coupland)의 소설 《X세대》(*Generation X*, 1991)의 클레어의 지지를 받는다. "클레어는 고립된 짧은 멋진 순간의 연속으로서의 삶을 살아가는 것이 건강하지 못하다고 말하면서 침묵을 깬다. '우리의 삶은 이야기가 되거나, 이야기를 거치지 않고는 이루어질 수가 없다.'"[13] 그러나 테일러는 삶을 살아가는 데 관련된 것에 훨씬 더 많은 윤리적 비중을 둔다.

> 우리는 선으로 향하지 않을 수 없는데, 왜냐하면 그것과 관련해 우리의 자리를 결정하고, 우리의 삶의 방향을 결정하기 때문이다. 이야기의 "탐구"를 통해 우리의 삶을 바라봄으로써 우리는 불가피하게 서사적 형태로 우리의 삶을 이해해야만 한다.[14]

"이것은 인간 행위의 주체가 피할 수 없는 구조적 운명"이라고 그는 말한다. 서사를 선도하는 철학자 폴 리쾨르(Paul Ricoeur)는 다음과 같이 동의한다. "실제로 어떤 방식으로든 이 삶이 하나의 전체로 모아지지 않는다면 어떻게 행위의 주체가 자신의 삶에 윤리적인 특성을 부여할 수 있을까? 그리고 정확히 서사의 방식이 아니라면 이런 일이 가능할까?"[15]

여기에서 나는 어떤 명확한 방식으로 "하나로 집약된 자신의 삶에 윤리적 특성을 부여하는 것"이 무엇인지, 도대체 존재의 아름다움 속에서 그것을 하는 것이 왜 중요한지에 대해 곤혹스러움을 느낀다. 나는 이런 방식으로 생각하는 사람들 중 일부는 다른 사람이 갖지 않는 자신만의 중요성이나 유의미함의 의미로 동기를 부여받을 수 있다고 생각한다. 그들 중 많은 사람들은 이에 따라 종교에 귀의한다. 그들은 대부분의 종교적 믿음처럼, 실제로 모두 자아에 관한 어떤 종교적 믿음에 사로잡혀 있다.

알래스데어 매킨타이어(Alasdair MacIntyre)는 현대 서사성학파의 창시자 중 한 사람이며, 그의 견해는 테일러의 것과 유사하다. "개인의 삶의 통일성"은 그에 의하면 "단일한 삶에 체화되어 있는 서사의 통일성이다. '내게 좋은 삶이란 무엇인가'라고 묻는다는 것은 그 통일성을 얼마나 최선으로 살아내고 그것을 완성하느냐를 묻는 것이다." 그는 계속해서 "인간 삶의 통일성"은,

> 서사적 탐구의 통일성이다. …(그리고) 인간의 총체적인 삶의 성공이냐 실패냐의 유일한 기준은 서술된 또는 서술된 탐구의 성공이냐 실패냐의 기준이다. 무엇을 위한 탐구인가? …선을 위한 탐구 …사람에게 좋은 삶이란 사람에게 좋은 삶을 추구하면서 보낸 삶이다.[16]

좋은 삶은 서사적 통일성을 가진 삶이라는 매킨타이어의 주장은 처음엔 비심리적인 것처럼 보인다. 그러나 좋은 삶은 좋은 삶을 추구하며 보낸 삶이고, 좋은 삶을 추구하는 것은 서사적 관점을 취해야 한다는 강력한 주장이다. 이 경우 서사적 통일성은 (심리적) 서사성을 필요로 한다.

이게 모두 사실일까? 나는 그렇게 생각하지 않는다. 매킨타이어, 테일러, 그리고 윤리적 서사성 명제를 지지하는 모든 사람들은 실제로 그들 자신에 대해 이야기하고 있는 것 같다. 심리적으로도 윤리적으로도 그들이 말하는 것은 그들 자신에게 사실일 수 있다. 이것은 그들과 같은 사람들이 참여하기 원하는 최선의 윤리적 프로젝트일 수 있다(그것의 한 가지 문제이자 심각한 문제는 다소 파괴적으로 감상적인 방식으로 자신의 "이야기"를 거의 확실히 오해할 것 같다는 것이다). 그러나 그들에게 그것이 사실이라고 해도 다른 윤리적 특성을 갖는 유형의 사람들에게는 사실이 아닐 수 있다. 좋은 삶을 위해 서사가 필요하다고 믿게 되면 많은 이들이 자신의 진실에서 멀리 벗어날 것 같다.

나는 최고의 삶이란 이런 종류의 자기 이야기를 거의 포함하지 않는다고 생각한다. 철학자 존 캠벨(John Campbell)과 같은 서사적 개인은 "(시간을 일관하는) 정체성은 우리가 삶에서 중요시하는 중심적인 것이다. 내가 관심을 갖는 한 가지는…내 삶에서 무엇을 이루었는가 하는 것이다"[17]라고 주장했다. 당황스럽다. 나는 "GS는 그의 삶에서 무엇을 이루었는가?"또는 "내 인생에서 내가 성취한 것은 무엇인가?"라는 질문에 대한 대답에 전혀 관심이 없다. 나는 삶을 살아가고 있다. 자신과 삶에 대한 이런 종류의 생각은 삶의 일부가 아니다. 이것은 어떤 식으로든 내가 무책임하다는 것을 의미하지는 않는다. 내가 나 자신과 내 삶에 관심을 갖는 한, 나는 내가 어떻게 지금의 나인가에 관심을 갖는다. 현재의 내가 형성된 방식은 나의 과거에 의해 큰 영향을 받았지만, 과거 그 자체가 아니라 현재 구성하는 과거의 결과가 중요하다. 나는 섀프츠베리 백작에게 동의한다.

형이상학자들은…기억이 사라지면 자아가 사라진다고 단언한다. (하지만) 기억에서 중요한 것은 무엇인가? 내가 그 부분과 무슨 상관이 있나? 만약 내가 존재하는 **동안**, 나로서 존재해야 한다면 그 이상 관심을 가질 것은 무엇인가? 그리하여 매 시간 **자아를** 잃어버리고 20개의 연속적 자아가 되거나 또는 새로운 자아가 된다 해도, 이것은 내게 모두 하나의 것이다. 그래서 나는 내 의견(즉 나의 전반적인 전망, 성격, 도덕적 정체성)을 잃지 않는다. 그 모든 것을 가진다면 그것은 나다. 모든 것이 일관된다.…**지금**이다. **지금**이다. 이 점을 염두에 두라. 여기에 모든 것이 있다.[18]

다음과 같은 키르케고르(Søren Kierkegaard)의 유명한 발언은 서사적인 원인을 뒷받침하기 위해 자주 인용되었다.

삶을 역방향으로 이해해야 한다는 철학의 말은 완벽하게 옳다. 그러나 그다음에는 정방향으로 살아갈 수밖에 없다는 구절을 잊어버린다. 왜냐하면 단순히 역방향으로의 어떤 자세를 취하기 위해 한 번도 온전하게 멈춘 적이 없기 때문이다. 이 구절을 생각할수록 덧없는 삶을 적절하게 이해할 수 없게 된다.[19]

그러나 나는 다른 방법으로는 살 수 없기 때문에 정방향으로 살아갈 때 자신의 이야기를 사용해야 한다는 생각에 의문을 제기한다. 당신의 "서사"는 당신이 원한다면 뒤를 돌아보며 쓰려고 노력하는 어떤 것이다.

그러나 당신은 그것을 바로잡으려고 생각하거나, 미래에 당신의 태도를 지시하게 해서는 안 된다. 오히려 받아쓰기에 관해서는 그 반대다. 키르케고르는 후에 우리가 "의미가 완전해지기 전에 의미 없이 마침표를 찍거나 반항적으로 펜을 던져버리지 않기 위해 다가오는 것에 대해 펜을 끊임없이 고쳐잡고, 받아쓰는 사람처럼"[20] 살아야 한다고 말한다.

7

그렇다면 나는 윤리적 서사성 명제가 거짓이며 심리적 서사성 명제도 역시 거짓이라고 생각한다. 우리는 모두 서사적이 아니며 그래야 할 이유도 없다. 사소하지 않다는 것은 무엇을 의미할까? 글쎄, 누군가가 말했듯이 어떤 사람들처럼 커피를 끓이는 것조차 본질적으로 서사성을 포함하는 서사 활동이다. 당신이 미리 생각하고, 올바른 순서에 따라 일을 해야 하기 때문이다. 일상생활에 그런 많은 서사 활동이 포함되어 있기 때문에 심리적 서사성 명제는 그다지 흥미롭지는 않지만, 분명히 사실인 것 같다. 하지만 서사성을 옹호하는 사람들은 분명 이런 것 이상을 의미했을 것이다.

두 명제가 거짓이라고 생각한다면, 두 명제가 대단한 인기를 끄는 이유를 설명할 의무를 느껴야 할까? 나는 거의 느끼지 않는다. 사람을 이론화하면 이런 종류의 문제에 대해 그릇된 견해를 옹호할 수 있다. 하지만 난 지적 유행이라는 방식으로 어느 정도 설명을 할 수 있다고 생각한다. 서사성의 주체에 대해 글을 쓰는 사람들은 강력하게 연속적이고 서사적인 전망이나 성격을 지니고 있으며, 본질적으로 근본적인 자신의 경험 요소를 고려해 다른 사람들도 근본적이어야 한다는 특이하고도 엄청나게 그릇된 자신감을 갖고 자기자신의 경우를 일반화하는 경향이 있다고 나는 생각한다. (그들이 성적 학대의 희생자가 아니라면) 성에 관한 사람들의 견해는 이것의 좋은 예다.

8

그러나 정확하게 서사성이란 무엇인가? 여전히 명확하지 않다. 연속적인 사람이 되는 것은 이미 서사성을 수반하지 않는 것 같다고 우선 말할 수 있다. 단순히 연속적인 사람이 되는 것보다 서사로 자신의 삶을 경험하려면 무엇인가를 더 포함해야 할 것이다. 왜냐하면 사람은 연속적인 사람이 될 수 있으며, 서사를 구성하는 것으로 자신의 삶을 특별하게 감각하지 않더라도 (먼) 과거와 미래에 존재하는 어떤 것으로 자신을 자연스레 경험할 수 있기 때문이다.

　이의 제기: 당신은 "서사"라는 비심리적 개념의 관점에서 구체적인 심리적 용어인 "서사"를 정의하고 있다. 그러나 서사란 정확히 무엇인가? 대답: 서사의 패러다임 사례는 말로 한 일반적인 이야기다. 적어도 "서사"라는 용어는 삶, 삶의 일부, 글 쓰기의 일부와 같이 표준적으로 적용되는 것에 일종의 발달적인, 따라서 시간적인 단일성 또는 일관성을 부여한다. 그러나 이것은 우리와 소원한 것이 아니다. 왜냐하면 우리는 본성상 구체적으로 **서사적인** 삶에서 무엇이 발달에 따른 통일성이나 일관성을 만들어내는지 여전히 알아야 하기 때문이다. 모든 인간의 삶은 하나의 인간의 삶이라는 자체만으로도 발전적 통합, 즉 생물학적 통합뿐만 아니

라 역사적으로 특징적인 발전적 통합이라고 확실하게 느껴진다. 극단적인 광기의 사례를 제외하고 모든 인간의 삶은 문학적 형태를 갖춘 서사, 즉 통일성이 있는 탁월한 전기의 대상이 될 수 있다. 개와 말조차도 훌륭한 전기의 대상이 될 수 있다. 이것은 내가 생각하기에, 심리적 서사성 명제를 옹호하는 사람들의 독특한 주장은 필히 **서사적으로 살아야** 한다는 의미에서 삶이 서사적이어야 한다는 것이다. 삶이 서사적인 사람은 삶을 서사로서 관찰하거나 느끼고, 서사로 해석하거나 서사로 살아야 한다.

이의 제기: 이제 심리적 용어인 "서사"의 관점에서 비심리적 용어인 "하나의 서사"를 정의한다고 하자. 당신은 순환논법을 사용하고 있다! 대답: 순환논법이 언제나 나쁜 것은 아니지만 아마도 해석(construal)이라는 의미를 갖는 **구성**(construction)이라는 개념으로부터 재출발할 수 있을 것이다. 심리적 서사성은 분명 자신의 삶의 사건 또는 삶의 일부에 대해 일종의 구성(통일하거나 또는 양식을 발견하는 구성)을 하는 것을 포함한다. 이것은 분명 의도적인 활동을 하거나 사실로부터 벗어나거나 추가할 필요는 없지만, 서사적 태도는 사람의 삶이 생물학적으로 단일한 것처럼 단순히 하나의 삶을 일관되게 파악하려는 성향 이상의 것이어야 한다. 비록 삶이 실제로 어떤 구성이나 해석과도 독립적으로 서사 발달의 고전적 패턴을 따른다고 해도 삶의 실제 과정을 순차적으로 기록할 수 있는 능력에 불과한 것은 아니다. 사람은 자신의 삶(또는 대부분의 삶)에 대한 자신의 이해와 관련해 대략의 일관성, 통일성, 패턴이나 가장 일반적으로는 **양식을 추구하는** 경향이 있어야 한다.

9

양식을 추구한다는 개념은 매우 비구체적이지만, 그 비구체성은 그 가치의 일부일 수 있으며, 연속성[E]과 양식 추구[F]는 서로 독립적임이 분명해 보인다. 실제로는 이것들이 종종 함께 나타난다는 점에는 의심의 여지가 없다. 그러나 연속적 전망이 없고 양식을 찾는 경향을 정확하게 촉진한 일시적인 사람[−E +F]을 상상할 수 있다. 잭 케루악(Jack Kerouac)은 일시적인 사람이 보다 큰 양식을 찾고 있는 사례로 본다. 그리고 말콤 로리의 삶과 작품에서도 이와 관련된 요소들이 나타나고 있다.

역으로, 삶에서 통일성이나 서사발달 패턴을 찾는 경향이 전혀 없이 환경의 영향에 따라 악당처럼 아주 무질서한 삶을 사는 타고난 연속적인 사람[+E −F]을 상상할 수 있다. 비슷한 상황에 있는 다른 연속적인 사람들은 자신의 삶의 또 다른 특성인 "잇따른 저주받은 일"[21]에 괴롭힘을 당하기 때문에 양식을 찾는 경향을 정확하게 획득하면서 [+E −F]에서 [+E +F]로 이동할 수 있다.

근본적으로 비서사적인 위대한 스탕달[22] 자신의 모든 혼란스러운 자서전적 프로젝트에 비추어 보면, 연속적인 순간들이 있다 할지라도 일시적인 면이 강해 그는 [−E +F]로 분류될 수 있다. 어느 쪽이든 자신에 대해 매우 비성찰적이지만 연속적일 수 있다. 예를 들면, 구체적으로 서사적인 그 이상의 의미에서 통일성 있는 것으로 자신의 삶을 긍정적으로 이해하지 않고서도 기억하는 과거의 어떤 사건을 **자신에게** 일어났던 사건이라고 생각할 수 있다.

하나의 견해는 양식 발견이 서사성의 필요충분조건이라는 것이다. 그와 달리 진정으로 서사적인 것으로 간주되려면 자기 삶을 이해할 때 일종의 독특한 **스토리텔링** 경향[S]을 가져야 한다고 한다. 여기서 스토리텔링은 이를 배제할 수 없지만 속이거나 의식하는 등을 하지 않는 축소된 최소한의 방식으로 이해된다. 이 견해에 따르면, 사람은 어떤 인정받는 서사 장르의 양식으로 자신이나 자신의 삶을 맞추려는 생각을 포기해야 한다. 스토리텔링은 일종의 양식 추구이며, 아마도 그것의 기본 모델은 재능 있고 불편부당한 언론인이나 역사가들이 일련의 사건을 보고하는 방식을 따른다. 그들은 사실들 중에서 선택하는 것은 명백하지만 그것들을 왜곡하거나 위조한다고 생각하지 않으며, 올바른 시간 순서로 나열하는 것 이상의 역할을 한다. 왜냐하면 그것들을 맥락에 따라 연결하기 때문이다. 이런 스토리텔링은 삶의 다양성 속에서 발달상의 일관성을 만들어내는 것이 아니라 발견하는 능력을 포함한다. 비록 스토리텔링 없이 양식을 추구할 수도 있지만, 이것은 모든 사람의 삶에 실제로 존재하는 근본적인 개인적 항상성을 이해할 수 있는 한 가지 방법이다.

10

이제까지 우리는 자신의 삶에 대한 양식을 추구하는 것이 서사성에서 필요한 부분이고 스토리텔링 태도로도 충분하다는 다소 평범한 주장을 했다. 세 번째로 보다 불편한 주장은 만약 어떤 사람이 서사적이면 자신의 삶에 대한 이해를 발명·위조·개조·수정·허구화해 무의식적으로 관여하는 경향이 있다는 것이다. 나는 이것을 "개정"[R]이라 부를 것이다. 그러므로 개정 명제는 서사성이 항상 개정의 경향을 수반하며, 개정은 본질적으로 자신의 삶의 사실에 대한 시각을 바꾸는 것보다 더 단순하게 포함된다. (사물을 보다 분명하게 보게 되면 꾸미지 않고 자신의 삶의 사실에 대한 견해를 바꿀 수 있다.)

정의에 의하면, 개정은 무의식적으로 일어난다. 예를 들어 의도적으로 거짓말을 하면서 의식적으로 시작할 수도 있고 반의식적인 순간을 가질 수도 있지만, 산물이 허위를 알아차리지 못할 만큼 사실로 느껴지거나 사실로 느껴지지 않을 때까지는 현재의 의미로는 진정한 개정이라고 할 수 없다. 의식/무의식 경계는 흐릿하고 허점이 많지만, 나는 개정의 개념이 이 모든 것보다 확고하다고 생각한다. 패러다임 사례가 명확하고 아주 흔하다.

개정 명제가 사실이라면 윤리적 서사성 명제에 나쁜 소식 같은데, 그 지지자들이 허위에 본질적으로 의존해서는 윤리적 성공을 거두지 못할 것이기 때문이다. 나는 거의 모든 인간의 서사성이 개정에 의해 손상될 것이라고 확신하는 편이지만, 꼭 그렇게 될 것이라고 생각하지는 않는다. 그것은 크고 복잡한 현상이다. 그것에 대해 조금 언급하려고 한다.

자서전적 기억은 단순히 "재생산"되는 현상이라기보다는 본질적으로 "구성"되고 "재구성"되는 현상이다. 이것은 거의 분명히 확실한 것 같다. 기억은 삭제·수복·편집·재배열·강조된다. 그러나 자서전적 기억이 보편적으로 구성이나 재구성된다고 해도 이제 밝힌 것처럼 개정이 포함될 필요가 없다. 많은 사람들은 우리 모두가 예외 없이 우리 자신의 삶의 부조리한 위조자, "신뢰할 수 없는 서사자"라고 주장하는데, 이 견해를 지닌 사람들은 그것을 의심하는 자들이 자만심과 맹목성을 지녔다고 주장한다. 그러나 빌럼 와게나르(Willem Wagenaar)의 "기억은 자체봉사하는가?"(Is Memory Self-serving?)[23]와 같은 다른 글은 이것이 모든 사람에게 사실이 아니라는 것을 밝혀준다. 어떤 이들은 처음부터 끝까지 자기 위조자다. 다른 사람들에서는 개조 및 변경이 예외 없이 포함된다고 해도, 그 자서전적 기억은 근본적으로 왜곡되지 않는다.

많은 사람들은 내가 말하려는 대로 자존심, 자기애, 자만심, 수치심, 후회, 자책, 죄책감을 포함하여 상호 연결된 핵심적인 도덕적 감정에 의해 동기를 부여받아 항상 개정이 **개입된다**고 생각한다. 어떤 사람들은 니체(Friedrich Nietzsche)의 말을 빌어 우리가 항상 자신에게 호의적으로 개정한다고 주장한다. "'나는 그렇게 했다'고 내 기억은 말한다. '나는 그것을 할 수 없었다'"고 나의 자존심은 말하며, 굽히지 않는다. 결국 기억이 굴복한다."[24] 하지만 이 주장 중 어떤 것도 사실이 아닌 것 같다. 첫째, 모두 개정이 개입된다는 것은 자극적인 핵심 기분과 감정에서 겸손 또는 낮은 자존감, 감사 또는 용서와 같은 것들을 포함시킴으로써 뚜렷하게 개선된다는 것이다. 어떤 사람들은 자신의 이익과 마찬가지로 다른 사람들의 이익을 위해 개정할 가능성이 있다. 그렇더라도 항상 개정이 개입된다는 주장은 잘못된 것이다. 개정은 매우 건방증이 심한 어떤 사람이 일관성에 관심을 갖거나 타고난 양식 추구자이지만 제한된 재료에서 본능적으로 일관된 이야기를 만들어내는 경우에도 쉽게 발생할 수 있다. 낙담한 이야기꾼은 자신의 삶에서 만족스러운 양식을 찾지 못하고 어떤 방식으로든 자존감을 보존하고 복구하려는 욕구에 의해 동기를 부여받기 때문에라도 개정될 수 있다. 워터게이트 청문회에서 존 딘(John Dean)[25]이 리처드 닉슨(Richard Nixon)과 나눈 대화에 대한 회상은 많은 논란을 불러 일으킨 미해결 개정 사례다. 윌리엄 브루어(William Brewer)가 말했듯이, 잃어버린 테이프가 발견되었을 때 "그 대화에서 어떤 이야기를 나누었는지에 관해서는 부정확"했지만 그의 증언은 인상적일 정도로 "개인의 기본적 입장에 관해서는 정확"[26]한 것으로 드러났다.

개정이 개입하더라도 우리가 우리 입맛에 따라 항상 개정한다는 공통의 견해는, 어떤 사람들이 자기자신의 손해를 개정하거나, 단순히 자신이 행한 좋은 일을 잊을 수 있다는 상당한 일상적 증거에 굴복해야 한다. 자기애는 세상에서 가장 교활한 사람보다 더 교활하다는 라로슈푸코 (François de La Rochefoucauld)의 격언은 진실하다. 자신의 손해를 개정하는 것이 자신의 이익을 개정하는 것보다 더 매력적일 수 있다는 점을 덧붙일 수 있다. 그러나 라로슈푸코의 냉소주의는 때때로 너무 영리하거나 다소 무식하다.

서사성에 개정하려는 경향이 필요할까? 아니다. 우리 자신의 빈약한 사례에서 서사성은 개정 없이는 거의 발생하지 않는 것 같지만, 스토리텔링은 서사성에 충분하며 개정하지 않고 이야기만 할 수 있다. 그래서 윤리적 서사성 명제는 개정 명제가 제기하는 위협에서 살아남는다. 버나드 맬러머드(Bernard Malamud)의 등장인물인 윌리엄 더빈이 단순히 "있는 그대로 완전히 복원할 수 있는 삶은 없다"는 근거에서 "모든 전기는 궁극적으로 허구다"[27]라고 주장할 때, 그것이 또한 궁극적으로 사실이 아니어야 한다는 암시는 없다.

11

연속성, 양식 발견, 스토리텔링, 개정, 내가 인용했던 저자들을 어떻게 나눌 수 있을까? 데닛은 서사성이 완결된 [+E +F +S +R] 견해를 지지하며, 이를 다듬으려고 상당히 노력한다: "**우리의** 기본적인 자기방어, 자기통제, 자기정의 전략은 거미줄을 잣거나 댐을 건축하는 것이 아니라 우리가 보다 구체적으로는 다른 사람들에게, 그리고 우리 자손에게 이야기를 하고, 우리가 누구인지 말하는 이야기를 엮어내고 조율하는 것이다."[28] 브루너는 이에 동조하는 것 같다. 나의 판단으로는, 사르트르는 [+F +S +R]을 지지하며 주로 단기적인 스토리텔링으로 현재의 상황을 표현하려 하고, [E]에는 특별히 관심이 없다. 마리아 쉐크만의 서사성에 대한 설명 은 [+E +F +S ±R]이다. 그것은 우리가 모두 연속적인 사람이며, 우리가 양식을 찾고 스토리텔링을 하고 명시적으로 그렇게 해야 할 필요가 있다 고 한다: "정체성을 구성하려면 개인이 자신의 삶을 이야기…특정한 사 람의 이야기의 양식과 논리로 인식해야 한다. 여기서 이야기는 '관습적인 직선적 서사'로 이해된다."[29] 그러나 그녀의 견해로 보면 개정은 중요하 지 않으며 어떤 사람의 자기서사는 본질적으로 정확해야 한다.

나는 나 자신을 [−E −F −S −R]로 평가한다. 내가 별로 개정하지 않 는다는 주장은 가장 공격받기 쉬운 주장이다. 왜냐하면 개정할 때 개정한 다는 감각을 느끼지 못하기 때문이다. 나는 틀릴지도 모른다. (물론) 나는 그렇게 생각하지 않는다. 그러나 쉐크만의 강력한 견해에 따른다면, 나 는 정말로 사람도 아닌 것이다. 그녀가 말하는 몇몇 생물들은 "자신의 삶 에 대한 이야기를 직조하며, 그렇게 함으로써 인간이 된다."[30] 인간으로 서의 "정체성"을 갖는 것은 "자신의 인생 이야기를 감각하는 해석에 따라 자신의 삶에서 일어나는 사건을 경험하는 서사적 자기개념을 갖는" 것이 다. 이런 주장은 사실 일반적이다. 그리고 어느 순간 쉐크만은 다음과 같 이 주장한다. "자신의 암묵적 자기 이야기"에만 나오는 "인간 서사의 요 소"와 "그가 표현할 수 없는 것은 그가 표현할 수 있는 것보다 더 적고, 표 현할 수 있는 것의 부분에 불과하다."

이것은 오해할 수 있고 해로울 수도 있는 인간 삶의 통제와 자기인식의 이상을 표현하는 것 같다. 명시적 서사에 의해 자기를 설명하겠다는 열망은 어떤 사람에게는 자연스럽고 아마도 건설적일지도 모른다. 하지만 다른 사람의 경우에는 부자연스럽고 파괴적인 것이다. 나는 대체로 선한 영향보다는 악한 영향을 끼친다고 생각한다. 사람의 삶에서 이야기나 서사적 일관성을 찾는 서사적 경향은 일반적이고 실질적으로 실제적인 의미에서, 즉 그 사람의 본성을 바르게, 암묵적 또는 명시적으로 이해하는 데 큰 장애가 된다. 사람이 과거를 이야기할수록 사실을 변화시키거나 윤색하거나 향상시키거나 자기이해로부터 멀어진다는 사실은 잘 알려져 있다. 그리고 네이더(Karim Nader)와 르두(Joseph LeDoux)[31] 등의 연구에 따르면, 이 과정(재응고화)은 단지 저장된 심리학적 허구가 아니다. 신경생리학적 연구에 의하면, 과거의 사건에 대해 의식을 재생하면 기억이 바뀌는 과정이 불가피하게 일어날 수밖에 없다. 그 의미는 단순하다. 당신이 더 많이 회상할수록 자신의 진실에서 벗어나 정확한 자기이해로부터 멀어질 위험성이 크다. 어떤 사람들은 끊임없이 매일의 경험을 이야기하는 방식으로 크나큰 열정을 갖고 다른 사람들에게 전한다. 그들은 진실에서 더 멀어지고 있다. 다른 사람들은 결코 이런 짓을 하지 않는다. 그들은 자신의 삶에 관한 사실을 어쩔 수 없이 전해야 할 때, 서툴고 불편해하며 특별히 반서사적인 방식으로 이야기한다.

12

확실히 서사성은 "검토된 삶"(또한 연속적인 사람도 아니다)의 필수적인 부분이 아니며, 그리고 어쨌든 소크라테스(Socrates)가 완전한 인간 존재에 본질적이라고 생각한 검토된 삶이 항상 좋은 것인지는 분명하지 않다. 음악가가 그 시간을 회상하는 것이 아닌 실제 연습시간을 통해 실력을 향상시킬 수 있는 것처럼, 사람들은 명확하고 구체적인 서사를 숙고하지 않고도 가치 있는 방식으로 발전하고 심화할 수 있다. 잘 사는 것은 많은 사람들에게 완전히 비서사적인 프로젝트다. 어떤 종류의 자기이해가 인간이 훌륭하게 살아가는 데 필요하다고 인정되면, 그들은 서사성 없이 존재할 수 있는 양식-발견보다 더 많은 것을 포함시킬 필요가 없다. 그리고 그들은 삼투적이고 체계적일 뿐 의식적으로 계획된 것은 아니다. 소설을 읽는 것은 시간이 오래 걸릴 수 있다.

적어도 심리요법에서 자기이해를 습득하는 것은 본질적으로 서사 프로젝트이며, 치료는 정기적으로 자신의 초기 삶의 특징들과 현재 나의 존재 방식 사이의 주요 인과관계를 확인하는 것과 관련이 있다고 말할 수 있다. 그러나 자신이 배우는 것은 "이 아이에게 X와 Y가 발생했기 때문에 지금 나는 Z이다"라는 형태의 것이지만, (신체의) 흉터가 유모차에서 떨어져서 생긴 것인지를 성인이 되어서야 아는 것과 마찬가지로 연결에 대한 자신의 심리적 태도에 특별히 서사적인 그 어떤 것이 있을 필요가 없다. 인과관계를 인정하는 경우에도 서사성은 효과적인 치료의 조건은 아니다(이 구분은 미세한 것이지만 이 맥락에서는 실제적이고 중요하다). 그리고 아이가 치료에서 마주치게 되는 것은 **자기자신**이기 때문에 어떤 연속적인 감각을 갖지 않아도 된다. 보다 더 확실하게, 잘 살기 위한 치료과정에 있는 사람에게 만족스러운 서사를 제공할 필요는 없다. 그런 일은 일어나지 않는다.

이 모든 것을 이야기하자면 끝이 없다(8장 "이야기되지 않은 삶"을 참조하라). 당연히 서사적인 사람들은 비서사적이고 일시적인 삶은 근본적으로 공허하거나 근거가 없다고 여전히 생각할 것이다. 그러나 실제로 아주 극단적으로 비서사적이고 일시적인 삶이라도 풍부하고, 심원하고, 치열한 근거를 가질 수 있다. 톨킨(J. R. R. Tolkien)의 가장 일시적인 톰 봄바딜[32] 이라도 어느 정도의 불안감을 느낄 수 있다. 어떤 이들은 일시적인 사람들이 진정한 우정이나 사랑을 알지 못하거나 심지어 신실할 수도 없다고 생각한다. 그들은 에티엔 드 라 보에티(Etienne de la Boétie)와의 우정으로 유명한 위대한 일시적인 사람인 몽테뉴의 말로 반박당한다. "나는 기억력이 가장 나쁜 사람이다. 나는 내 자신의 행적을 거의 기억할 수 없다. 나처럼 끔찍하게 기억력이 나쁜 사람은 세상에 아마 없을 것이다"라고 이야기하지만, 그는 "다른 어떤 것보다 우정이 낫다"[33]라고 판단한다. 우정은 과거의 경험을 상세하게 상기할 수 있는 능력도 필요 없고 그들을 평가하려는 어떤 성향도 필요 없다. 현재의 상태와 느낌이 중요하다. 몽테뉴는 자신이 기억력이 나쁘다는 사실을 인정하면 종종 오해를 받는다고 한다. 사람들은 그가 모멸감을 느낄 것이라고 생각한다. "그들은 내 기억력으로 내 우정을 판단한다"고 그는 덧붙인다. 물론 그렇게 하는 것은 잘못된 일이다.

일시적인 사람도 적절하게 도덕적 존재가 될 수 있을까? 이 문제는 예외적인 방식으로 많은 사람을 괴롭힌다. 현재의 여론으로 볼 때 "그렇다(물론)"라고 대답하기 위해서는 상당한 변명이 필요하다. 연속성은 도덕적 존재의 필요조건도 아니고 적절한 책임감도 아니다. 윤리학의 영역에서는 서사성을 좋은 삶의 필수조건이라기보다는 고난이나 극복해야 할 습관이라고 생각한다. V. S. 프리쳇(Pritchett)이 이야기한 것처럼, "우리는 우리가 역할을 맡은 어떤 이야기를 초월하여 살고 있다."[34]

3. 나는 미래가 없다

1

어린 시절 나는 잠을 잘 이루지 못했고, 그래서 거의 매일 밤 죽음에 대해 생각했다. 내세에 대한 믿음과 영원에 대한 아주 생생한 개념이 없었다. 나의 두려움은 종종 시각적인 형태로 나타났다. (만약 이러한 것들이 최면 상태라면, 이것들은 이례적으로 지속되었다.) 나는 무한한 회색 세계에서, 내 아래쪽으로 점차 가팔라지는, 특색이 없는, 그리고 아래로 끊임없이 이어진 비탈길 위에 혼자 있었다. 내 자세를 유지하는 것이 점점 어려워졌다. 나는 아래로 미끄러지기 마련이었다.

비록 죽음(나 자신의 죽음과 다른 가족 구성원의 죽음 모두)을 아주 두려워했음에도 불구하고, 그것은 오고야 마는 것이고, 죽음이 영원하리라는 것을 감안한다면 영원의 크기에 비출 때 죽음이 발생하더라도 그것은 중요한 게 아니다.

2

만약 어른이 되어서 내가 내일 아침에 죽는 것보다는 살아 있는 것이 나을까 자문한다면, 그리고 내가 죽으면 어떤 사람들이 불행해질까 하는 사실을 제쳐둔다면, 삶의 정상적이고 우울하지 않은 기간에, 살거나 죽거나 상관없다는 것을 나는 숙고 끝에 깨달을 것이다. 내가 책을 끝내려고 하거나, 휴일이나 행복, 사랑에 빠지거나 무언가를 기대한다는 사실은 아무 영향을 끼치지 못할 것이다. 내가 이 질문을 나 자신에게 하고, 내 죽음이 즉각적이고 고통 없는 소멸, 전혀 경험하지 못하고 예상치 못한 문제라고 가정할 때, 내가 잃을 것이 아무것도 없다는 것은 분명한 것 같다. 나/GS는 나라는 사람으로 존재하고, 아무것도 잃어버리거나 잃지 않는다. 나의 미래의 삶과 경험(지금 죽지 않는다면 내가 겪을 삶과 경험)은 나로부터 떨어져나갈 수 있는, 그런 식으로 내게 속한 것이 아니다. 나는 그저 지금 죽지 않으면 갖게 될 삶과 경험은 죽음이 빼앗을 수 있는 소유물로 생각될 그런 종류의 것이 아니라고 곰곰이 생각한다. 삶으로부터 생명이 박탈될 수 있고, 삶이 그대로 더 이상 존재하지 않는다는 사실에 의해 무언가가 존재하는 끈으로부터 떨어져나간다고 생각하기 쉽다. 그것은 파리가 우즈베키스탄의 수도라고 생각하는 것처럼 실수일 뿐이다. 나는 이 견해를 (미래에 대한) **무소유**(No Ownership)라고 불러왔지만, (미래의) **무손실**(No Loss)이라고 부르는 것이 종종 더 나을 때도 있다. 이 명칭들은 서로 다른 함의를 가지고 있어서 실제로 단일한 견해에 사용될 수는 없지만, 일반적인 생각이라면 충분히 명확하게 사용될 수 있다.

만약 누군가가 자아나 경험의 주체나 인간이 가장 본질적으로 덧없고 일시적인 것이며, 단명한 실체라고 간주한다면(나는 이 견해를 매우 심각하게 봐야 한다고 생각한다), 그렇다면 **무소유**나 **무손실**을 즉시 도출할 수 있다. 그러나 나는 일시적인 견해를 벗어나 인간을 비교적 수명이 긴 것으로 간주하는 보편적 개념이 옳다고 해도, 심지어 어떤 사람들이 믿듯이 우리가 불멸의 존재라고 해도, **무손실**이 일리가 있다고 생각한다.

무손실이 정말 사실이라면, 우리가 어떻게 죽든지 간에 그것은 사실이다. 그러나 나는 이 즉각적이고 고통 없는 무, 경험한 바 없는, 완전히 예상치 못한 소멸에 주의를 집중할 것이다—나는 이를 IPU 소멸이라고 부를 것이다. 이 경우에는 두려움이나 고통이 없다. 모든 것이 사멸 직전까지 완전히 정상적이다. 아무런 나쁜 것을 겪지 않는다. 한 사람의 생명은 그 순간까지 또는 그 순간에도 빛을 내며, 그런 의미에서 완벽하게 끝난다.

아마도 IPU 소멸을 충분히 정확하게 상상하는 것이 어려울 수도 있다. 자신의 죽음이 상상하는 것의 일부라는 점을 감안할 때, 완전히 예기치 않은 죽음을 상상하기란 어려울 수 있다. 그것을 지성적으로 생각하기는 쉽지만 감정적인 간섭 때문에 제대로 이해하지 못하게 된다. 이것은 일부 사람들이 IPU 소멸의 경우에도 **무손실**이 명백하게 허위라고 주장하는 것에 대해 어느 정도 설명해준다. 나는 그것을 어떤 사람이 완벽하게 상상하고 잘못된 것으로 확신할 수 없다고 생각한다.

내가 말한 거의 모든 철학자들은 **무손실**이 실제로 분명 허위라고 생각했음이 분명하다. 그러나 어떤 사람들은 내가 의미하는 바를 즉시 깨닫고 명백하게 진실이라고 생각할 것이다. 젊은 윌리엄 헤즐리트[1]는 적어도 내 편이라고 생각한다. 여기서 나는 아마도 전부 일관되지는 않지만, 어느 경우든 다양한 성찰을 기록하고 싶을 뿐이다. 나는 **무손실**이 진실이라는 것을 누군가에게 확신시킬 수 있다고 기대하지 않는다.

3

에피쿠로스(Epicurus)[2]와 루크레티우스(Lucretius)[3]는 죽음은 악이 아니라고 주장한 것으로 유명한데, 거의 아무도 이를 믿지 않았다. 그들의 견해는 두 가지 주요 부분으로 이루어진다. 첫째, 당신은 적어도 당신이 태어나기 전에 영원히 존재하지 않았다는 사실에 전혀 신경 쓰지 말라. 그러므로 당신이 죽은 후 당신이 영원히 존재하지 않는다 해도 신경 쓰지 않아도 된다. 그래서 죽음은 해가 되지 않는다. 둘째, 대체로 (IPU 소멸과 같은) 죽음은—루이스(Louis)에 의하면—죽음의 시점까지 사람에게 해를 끼칠 수 없는데, 왜냐하면 모든 것이 그 시점까지 괜찮기 때문이다. 그래서 죽음은 해가 되지 않는다.

나는 그것을 제쳐두고 에피쿠로스-루크레티우스의 견해를 언급한다. 중요하지 않기 때문이 아니고(너무 중요하다) 또는 너무 광범위하게 논의되었거나 너무 다양한 방식으로 해석되었기 때문이 아니라 본질적으로 **무손실**과 관련이 있는지 분명하지 않기 때문이다. 비록 관련이 있다고 해도, 에피쿠로스-루크레티우스의 견해는 그것을 자연스럽고, 배운 것도 아니고, 철학 이전에 주어진 것처럼 느끼는 나와 같은 사람들에게 **무손실**이 맞다고 생각하게 만드는 것과 본질적으로 아무 관련이 없다고 생각한다.

아마도 이것은 우리가 이미 자아를 일시적인 것으로 경험하는 자연적인 경향이 있기 때문일 것이다. 나는 모른다. 나는 그렇게 생각하지 않지만, 어느 면에서나 **무손실** 옹호는 죽음에 대한 두려움과 완전히 양립할 것 같다. 나는 **무손실**이 진실이라고 믿었어도 죽음에 대한 두려움을 느꼈다.

이것은 **무손실**이 에피쿠로스–루크레티우스와 본질적으로 아무런 관련이 없다고 생각하는 한 가지 이유다. 그들의 주장은 죽음의 두려움에 대한 완화 또는 치유를 의미하는데, **무손실**은 죽음을 위로하려는 것이 아니다. 첫 번째 사례는 IPU 소멸에 대해 관조할 때 어떤 사람들이 마주치는 신념에 대한 보고일 뿐이다. IPU 소멸에 대한 반발을 측정하고자 시도하는 것은 도움이 되지 않는다.

이런 글을 읽고 반감을 느낄 때, 혹은 불만족이나 불충분함을 느낄 때 IPU 소멸에 대한 반응을 측정하는 것은 소용이 없다. 나는 어떤 사람이 일하러 가거나 계단을 내려갈 때처럼 어떤 일을 추구하려고 몰두하는 것과 직접 관련되지 않은 더 중립적인 상태에 있을 때 그것을 염두에 두어야 한다고 생각한다. 분명히 **무소유**의 진실은 그러한 상황에 의존하지 않지만, 다른 상황보다 특정한 상황에서 보는 것이 더 쉬울 수도 있다.

4

무소유는 소유에 대한 언급 없이 기술될 수 있는 보다 폭넓고 아마도 깊이 있는 견해의 일부인 것 같다. 이것은 언제든지 내가 IPU 소멸로 존재하기를 멈추더라도 **내 삶이** 어떤 면에서 **나에게 악화되지 않는다**는 견해다. 왜 그럴까? 일반적으로 비교적 오래 살고 싶어하는 평범한 비일시적인 사람으로 간주될 때라도, 나는 그런 부류이기 때문이다.

이 견해는 **IPU 소멸로 인해 단축된다고 해도 내 인생은 악화되지 않는다**[My Life Is No Worse Of Shortened By IPU Annihilation, 줄여서 **무해**(No Worse)]라고 길게 설명된다. 이것은 이런 식으로 달리 표현된다: 나는 살아 있고 **반드시 죽을 텐데**, 나의 삶이 IPU 소멸로 존재하기를 멈춘다 해도 해로워지지 않는다. 더 많은 것이 좋은 것이 아니다. **더 긴 삶이 짧은 삶보다 낫다는 것에 대해 진실이라고 말할 실체가 없다.** 누군가 어떤 것, 더 많은 것이 더 좋다는 개념을 가지고 있다면 그것은 이미 잘못된 것이다. 이 어떤 개념은 실수로 만들어진다.

이것이 맞다면 아마도 앞 단락에서 "반드시 죽을 텐데"라는 단어를 삭제할 수 있을 것이다. 내가 살아 있다는 것을 감안할 때, 나의 삶은 IPU 소멸로 존재하기를 멈춘다 해도, 비록 내가 영원히 산다고 해도 악화되지 않는다. 이 경우에서도 경험의 주체가 무언가를 박탈당할 수 있는 결과를 낳는 경험 주체라는 개념은 부정확하다.

이 주장은 앞의 주장보다 더 믿기 힘들 수 있다. 그것을 방어하려면 더 많은 말을 해야 할지도 모른다. 오해가 생기는 것을 피하기 위해 자기자신을 경험하는 두 가지 방법을 구분해보겠다.

5

인간은 강한 의미에서 자의식을 갖는데, 나는 그것을 "완전한 자의식"이라고 부른다: 그들은 자기자신을 구체적으로 자기자신으로 생각할 수 있다. 그들은 실제로 자기자신이 무엇인지를 의식할 수 있다는 점에서만 자의식적인 것이 아니다. 꼬리를 좇는 새끼 고양이는 이 일을 할 수 있으며, 모든 경험하는 생물체는 의식이 있는 때에만 자기자신을 의식한다는 근본적인 감각이 있다.

완전한 자의식의 정의를 감안할 때, 나는 내 생각을 다음과 같이 구분할 수 있다: 때로는 완전한 자의식적인 방식으로 자기자신을 생각할 때, 전체로 간주되는 사람인 전인으로서의 자기자신을 경험하거나 생각한다. 다른 때에는 자기자신을 주로 내적인 정신적 존재 또는 "자아"로 경험/생각한다. 이 사람은 내가 "자기경험"이라고 부르는 것을 갖고 있다. 두 경우 모두 자기자신을 생각하는데, 한 사람은 완전히 자의식적인 방식의 자기자신을 구체적으로 자기자신이라고 생각한다. 그러나 두 번째, 자기자신을 내면적–정신적 존재로 생각하는 방식은 전인적 방식과는 중요하게 다르다. 나는 별표로 차이점을 부각하겠다. 두 번째 경우의 자기자신을 구체적으로 자기자신*이라고 생각한다.

때때로 자기자신을 이 두 가지 방식 중 하나로 명확하게 생각하지 않고 의식한다. 완전히 자의식적인 방식으로 자기자신을 자기자신으로 구체적으로 이해하지만, 전인도 아니고 내적 자아도 아닌 근본적으로 불분명한 방식으로 자기의 생각과 경험을 표현하는 것 같다. 자기자신을 경험하는 두 가지 방식의 차이는 실재하는데, 그렇다고 해도, 여기서 내가 하고자 하는 일은 자기자신을 구체적으로 자기자신*으로서 경험하는 두 번째의, 내적인 정신적 존재 방식으로 자기자신을 경험하는 것의 중요성을 부각하는 것이다. 사람으로 살아가는 것은 수태에서 죽음까지 지속되며, 평범한 성인이라면 이것을 알고 있고, 자신이 살아 있는 사람이라는 것을 안다. 그러나 자기자신을 자아나 내적인 사람이라고 생각할 때, 출생 시에 시작되고 죽음으로 끝날 어떤 것으로 자기자신을 생각하지 않을 수 있다. 헨리 제임스는 자신의 초기 소설 중 하나를 "자신과는 전혀 다른 사람의 작품으로…말하자면 전혀 무관한…관계인 사람의"[4] 작품으로 생각한다는 사실을 알았다. 그는 자신이 출생부터 죽음까지 지속되는 헨리 제임스라는 사람, 그 책의 저자와 동일한 사람이라는 것을 잘 알고 있다. 그러나 그는 자신을 동일한 **사람**이나 **자아**라고 느끼지는 않는다.

우리 대부분은 이 느낌에 익숙하다. 이런저런 형태로 자기경험을 할 때, 우리가 그것에서 받는 영향은 크게 다르다. 우리는 한 극단에 아주 **공시적인** 사람 또는 **연속성이 있는** 사람부터 다른 극단에 아주 **일화적인** 사람 또는 **일시적인** 사람이 존재하는 긴 심리적 스펙트럼 상에 위치하고 있다. 연속적인 사람은 자기자신*을—삶이 지속될 것을 가정하며—과거에 있었고 미래에도 있을 어떤 것으로 자연스럽고 정상적으로 경험한다. 일시적인 사람은 그렇지 않다. 그들은 자기자신*을 먼 과거에 없었고, 먼 미래에 없을 것으로 경험한다. ("먼"이라는 단어는 의도가 불분명하며, 그리고 이들 네 용어—공시적과 연속적, 일화적과 일시적—는 여기서 엄격하게 **현상학적인** 용어다. 즉 그것들은 자기경험을 할 때 사물을 경험하는 방식에 사용하는 단어이지 그 경험과 무관한 방식에 사용되는 단어는 아니다.)

사람들은 이 점에서 크게 다른 것 같다. 아주 공시적인 연속성이 있는 사람은 자신이 지금 자기자신이 되고 있다고 느끼는 자아(그*)가 평생 동안 존재한다는 것을 생생하게 느낄 수 있다. 아주 일시적이거나 일화적인 사람은 현재 자신이 자기자신이라고 느끼는 자아(그녀*)가 현재라는 순간 밖에 존재한다는 것을 유의미하게 느끼지 않을 것이다. 그러나 우리는 이 근본적인 심리 스펙트럼에서 고정된 자리를 차지할 필요는 없다. 지속성대한 우리*의 감각은 우리의 나이, 기분, 건강상태, 현재의 선입관에 따라 상당히 달라질 수 있다.

6

나는 이 이견을 비판하기 위해 이 구분을 도입했다. 나는 전체적으로 매우 일시적인데, 이는 내가 **무해**(No Worse)를 진실이라고 자연스럽게 생각하고 느끼는 이유를 일부 설명할 수 있을 것 같다. 하지만 나는 연속적인 사람도 내가 이것을 생각하고 느끼는 것만큼의 이유를 가지고 있다고 생각한다.

루이스가, 루이스(그라는 사람)가 죽지 않는 한 먼 미래에 있을 어떤 것으로서 연속적인 방식으로 자기자신*을 생각한다고 가정해보자. 그*에게서 박탈될 수 있는 무엇인가로 미래를 생각하는 어떤 느낌도 생기지 않는다. 루이스가 자기자신을 자아보다 전체 인간으로 생각한다면, 동일한 것이 맞기 때문에 별표를 버릴 수 있다. 루이스가 연속적인 사람일지라도, 죽음으로 인해 박탈당할 무엇인가가 있는 부류로 그 자신을 생각하는 어떤 느낌을 가질 필요는 없다. 그는 살아 있는 사람이다. 만약 사람이 제때 죽지 못하고 사람이 살아야 할 만큼 오래 살지 못했다면, 어떤 것을 빼앗길 수 있는 그런 부류가 되는 것은 아니다.

그래서 나는 그들 자신*이 미래에 존재할 것인지 거의 인식하지 못하는 일시적인 사람뿐만 아니라 모든 사람에게 **무해**가 진실이라고 말한다. 내가 일시적인 사람이든 연속적인 사람이든, 나의 미래는—내가 빼앗길 어떤 것이라는 의미에서—나의 소유물이나 잠재적인 소유물로 생각할 수 없다. 사람이 결코 죽지 않고 존재가 지속되기를 바랄 수 없음을 말하려는 것이 아니다. 소박하게 그럴 수 있다. 어떤 사람의 미래가 그 사람에게서 빼앗을 수 있는 무언가라는 부류로 그를 생각하지 않더라도, 죽지 않고 계속 존재하기를 바랄 수 있다. "궁극적인" 도덕적 책임감 개념이 비일관적임을 확신한다고 해도(4장 "모든 것은 운에 달려있다"를 참조하라) 역시 자신의 행동에 대해 "궁극적으로" 도덕적인 책임이 있다고 느낄 수 있다. (그러나 그 사례들은 실제로 같은 부류가 아니다.)

7

"어떤 사람의 미래"가 소유와 같은 것이 아니라면 무엇을 의미하는가? 나는 충분히 명확하다고 생각한다. IPU 소멸 때문에 존재하지 않게 될 때, 그 사람이 가질 미래다. 나는 이것을 그 사람의 **미래**라고 부르며, 도움이 될 만한 과장된 방식으로 핵심 주장을 다시 표현할 것이다.

루이스가 1990년부터 마취 실수로 사망했을 때인 2030년까지 40년 동안 산다고 가정해보자. 사망하지 않는다면 그가 40년을 더 행복하게 살았을 것이라고 가정해보자. 1990년부터 2030년까지의 루이스로 구성된 우주의 루이스 부분 [A]와 2030년부터 2070년까지 존재할 우주의 루이스 부분 [B]를 생각해보자. **무소유**에 따르면, [A]는 그것으로부터 빼앗아간 [B]의 아무것도, 어떤 사물이나 어떤 실체도 포함하지 않는다. 이것은 [A]가 루이스를 포함하고 있지만([A]가 곧 루이스다) 그렇다.

다시 말하지만, 사람들이 자신의 미래가 자신으로부터 박탈될 수 있다고 말하는 것이 당연하다고 강하게 느낄 수 없다는 말은 아니다. 많은 사람들이 그런 감정을 가지고 있다. 다시 말하면, 이런 식으로 생각한다면 실수를 저지르는 것이다. 죽음에 대한 두려움과 같은 것을 전제하는 많은 사고방식들은 사실 잘못된 것이다. 내 **미래**—내 인생이 한밤중에 고통스럽지 않게 아름답게 멈추지 않는다면 내 삶이 될 수 있을 그 삶—가 나에게서 박탈되지 않는다면, 그런 방식으로 내 것이 되었을 어떤 것을 생각하지 않고도, 영원한 미래가 존재하지 않을 것이라는 생각을 하면 두려울 수 있다. 무언가를 잃는 것이 아니라 단지 존재하지 않는 것이 두려운 것이다. 이것이 내가 어렸을 때 집착했던 것이다. 업다이크는 "우리가 영속하기를 원하는 것은 우리의 신경성 틱과 빛의 반점"이 아니라 "닫힌다는 것을 참을 수 없는, 세상으로 난 창문인 자아다"[5]라고 말했다. 이것은 아마, 도스토옙스키의 라스콜리니코프가 "단절, 대양, 영원한 어둠, 영원한 고독 그리고 영원한 폭설로…둘러싸여 있는, 몇 칸의 공간이 있고 아무것도 없는 절벽 위, 벼랑에"[6] 있는 영원함이 비존재보다 낫다고 생각한 이유일 것이다. "삶이 더 이상 살 가치가 없어지더라도 죽음은 불행이다"[7]라고 토마스 네이글이 리차드 월하임(Richard Wollheim)에게 동의한 이유이자, 죽음의 두려움에 관해 질문을 받았을 때 필립 로스(Philip Roth)가 "망각…아주 간단하게, 살아 있지 않은 것"[8], "여기에도 없고 아무 곳에도 없는 것"[9], 필립 라킨(Philip Larkin)의 말로 "영원히 완전한 공허"라고 대답한 이유다.

어떤 사람들은—성격이 완전히 달라지면—그 사람의 자아의 문이 닫히고 그 사람이 존재하지 않는다고 생각한다. 다른 사람들은 성격과 체화와 관련해 얼마나 많이 변하더라도 존재를 지속할 수 있다는 배리 다인톤[10]에 동의한다: 어떤 사람이 배리 다인톤과 같은 존재에서 그레타 가르보(Greta Garbo) 또는 공룡 **드레아드노우그투스**와 같은 존재로 바뀐다고 해도 말이다.

8

무손실을 주장하기 원했던 누군가는 상대성이론, 소위 블록우주 또는 실재의 4차원적(4D) 관점에 호소할 수 있다. 그에 따르면, (대략) 시간은 실제로 흐름의 문제가 아니며, 한 사람의 생애는 (대략) 이미 실재의 위대한 패턴 속에 전체로서 존재한다. 나는 이렇게 주장하고 싶지 않은데, 왜냐하면 무손실에 대한 매력이 사물의 4차원적 관점에 대한 매력에 의존하는 것 이상으로, 무손실은 사물의 4차원적 관점에 의존한다고 생각하지 않기 때문이다. 또한 평범한 일상의 3차원적 관점에서 **무소유**의 거부를 뒷받침하는 어떤 것도 존재하지 않는다. 내가 IPU 소멸을 거치지 않으면 (3차원론자들이 추측하듯이) 미래에 내가 온전히 거기 있을 것이라는 사실로부터 나의 **미래**가 그 죽음 때문에 삶이 악화되는 방식으로 죽음에 의해 빼앗길 무엇이 되지는 않는다.

그럼에도 불구하고 4차원 관점은 언급할 가치가 있다. 한 가지 버전에서 중심 아이디어는, 시간은 펼쳐지고 일반적으로 우리가 공간을 상상하듯이 현존하기 때문에 "공간과 비슷하다"는 것이다. 이 견해에 따르면, 우리는 시간을 따라 움직이는 3차원 객체로서 또는 시간의 흐름의 주체로서 사람을 포함한 물리적 물체를 잘못 생각하고 있다는 것이다. 이들은 세 공간적 차원과 하나의 시간적 차원을 갖는 공간-시간 "웜"이다

이 그림은 **무소유**를 뒷받침하는 것처럼 보이는데, 왜냐하면 후기의 시간적 부분이 초기의 시간적 부분으로부터 취한 것으로 말할 수 있는 방식으로 4차원 물체의 하나의 (초기의) 시간적 부분은 다른 (후기의) 시간적 부분을 소유한다고 말할 수 없기 때문이다. 문제가 되는 4차원 물체가 사람, 즉 자신을 포함해 과거와 미래에 대해 명료하게 생각할 수 있는 무언

가일 경우라도 말이다. 어떤 사람은 끈의 한 부분이 다른 겹치지 않는 부분을 소유하거나 부분으로서 가지고 있다고 생각할 수 있을 것이다. 그렇긴 하지만 나는 어떤 특정한 시간 이론과 별개로 **무소유**를 고려할 것이다. **무소유**가 현재만이 존재한다는 영향력 있는 견해인 "현재주의"에 따른다고 할 수 있지만, 과거와 미래가 현재처럼 현실적이거나, 어떤 의미로 블록우주나 시간의 4차원 개념과 양립할 수 없다는 의미로 시간이 "흐른다"고 해도 나는 그것을 옳다고 여긴다.

9

만약 **무소유** 또는 **무해**가 진실이라면, 모든 종류의 방식으로 직접적으로 사람들을 해칠 수 있지만, 완전히 고통스럽고 예기치 않은 죽음을 가져와 해칠 수는 없다. "직접"의 요지는 다른 사람들의 슬픔이나 그들이 쓰고 있는 책의 미완성처럼 그들이 싫어하는 죽음의 결과를 제쳐두는 것이다. 그러나 내가 쓰고 있는 책의 완성을 원한다 하더라도(내가 쓰고 있는 책을 정말로 완성하고 싶어한다고 해도) 그것이 완성되기 전에 IPU 소멸을 겪는다고 해서 해를 입는 것은 아니다. 나는 이런 식으로 해를 입을 수 있는 부류가 아니다. 다른 사람들이 내 죽음으로 고통을 당하더라도 나는 해를 입지 않는다. 그들은 그렇다.

우리 중 대부분은 계획과 욕구를 가지고 있다. 그중 일부는 우리에게 매우 중요하지만, 다시 **무해**에 따르면, 우리는 IPU 소멸을 겪기 때문에 그들이 완성되지 못하거나 성취되지 못한다고 해서 해를 입는 부류의 실체는 아니다. 우리의 이익도 마찬가지다. 이것은 적어도 다시 한 번 말하지만 주장이다. 다른 식으로 생각하는 것은 사람이 무엇이고, 의식적 존재의 시간에서 존재가 무엇인지에 대해 잘못 생각하는 것이다. 존재하지 않는 것을 가져와 존재하는 어떤 것에 해를 끼칠 수 없다. 이것은 존재하지 않는다면 고통을 겪을 수 없기 때문만은 아니다. 이것은 어떤 사람들에게는 받아들이기 쉽고 다른 사람들에게는 받아들이기 어려운 것 같지만, 어떤 사람들에게만 진실이고 다른 사람들에게는 그렇지 않은 것 같다.

나는 죽음(예를 들어, 총살되는 것과 같은 급사)이 대단히 사악한 죄를 저지른 사람에 대한 아주 부적절한 처벌이라는 생각과 이것이 어떻게 부합하는지 모른다. "죽음은 그에게 너무 관대하다!" 많은 사람들이 예를 들면 사법적 처형에 의한 죽음이 가장 가혹한 처벌이라는 생각에 의아해하고 있다. 그렇다고 보복성 징벌을 인정해야 한다는 말은 아니다.

10

"아내의 죽음을 듣고 절망에 빠져 자신의 세 자녀를 죽이고 그다음 자살하기로 결심 한 한 남자의 사례를 우리가 읽는다고 생각하자. 그는 치사량의 약을 먹여 아이들을 침대에 눕혔다. 아이들은 어머니의 죽음에 대해 아무것도 모른 채 행복하게 자러 갔다. 그다음 그는 자살한다. 우리가 아이들에게 느끼는 슬픔에는 특별한 성격이 있다. 적어도 부분적으로는 그들이 누리지 못한 삶 때문에 그들에게 슬픔을 느낀다. 우리는 비록 그들이 죽음을 완전히 느끼지도 못하고 예기하지도 못했지만, 무언가를, 실제로 모든 것을 빼앗겼다고 확실히 느낀다."

사실 엄청나게 슬프고 놀라운 일이다. 하지만 나는 그런 느낌이 잘못되었다고 생각한다. 이 죽음으로 해를 입은 사람은 슬프게도 뒤에 남겨져 애도하는 사람들이다.

그 잘못이란 우리가 일인칭의 관점, 즉 내부로부터의 관점이 아니라 삼인칭의 관점을 취하기 때문인 것 같다. 아이들의 실제 삶으로부터 생각해본다면, 어떤 것도 나쁜 것이 아니다. 우리는 또한 보편적인 (때로는 인정이 풍부한) 과도한 연민의 오류에 빠진다. (다른 종류의 이야기에서는, 부모는 어떤 이유에서든 함께 죽고, 첫 번째 이야기와는 달리 아이들은 어머니의 죽음을 알게 되는 슬픔을 겪게 된다.)

나는 신이 사랑하는 사람을 일찍 데려간다는 메난드로스(Menander)의 주장이 마음에 들지 않는다, 왜냐하면 이 경우는 너무 어리다. 죽을 때까지는 아무도 행복하다고 생각하지 말라는 솔론(Solon)의 조언을 따르지도 않는데, 왜냐하면 나는 그가 살아 있을 때는 재앙을 당할 수 있음을 의미한다고 생각하기 때문이다. 그러나 여기서는 에피쿠로스-루크레티우스의 입장과 관련이 있을 것 같다.

제프 맥마한(Jeff McMahan)은 죽음에 의해 해를 입은 사람은 슬퍼하는 사람들이라는 나의 주장에 동의하지 않는다. 그는,

> 애도에 대한 개념이 다소 빈약하다. 애도는 일반적으로 두 가지 차원, 즉 그가 겪은 불운 때문에 죽은 사람에 대한 슬픔과 자신의 삶에서 분리된 간극에 대한 고뇌이다. 첫 번째 차원이 비합리적이라고 주장한다면 합리적인 애도는 (자기자신처럼 그들의 삶에서 중요한 무엇인가를 상실한 다른 생존자들을 대신해 슬픔에 동참하는 것을 제외하고) 전적으로 자기중심적임을 암시하는 것이다.[11]

나는 많은 사람들이 동의하리라는 생각으로 이것을 인용하고 있다. 나는 그것이 실수라고 생각한다. 나의 절친이었던 사이먼 할리데이는 1975년, 스물네 살 때 죽었다. 몽테뉴가 라 보에티에 대해 슬픔을 느낀 것처럼 나도 그에 대해 슬픔을 느낀다. 그러나 내 슬픔은 —강력하고, 여러 방식으로 드러나고, 여전히 때때로 그가 죽었다는 것을 믿지 못하는— 나 자신과 그를 사랑하는 사람들을 위한 것인데, 왜냐하면 나는 그가 죽었을 때 아무 고통도 받지 않았다는 것을 알고 있기 때문이다.

죽는 불운을 겪었으리라는 생각 때문에 죽은 누군가에 대해 슬픔을 느끼는 사람들이, 그들이 살아가고 있는 인격의 개념과 관련해 실수를 저지르고 있다고는 생각하지 않는다. 실수는 그들이 살아가는 인격의 개념에 있다. 현재의 관점으로 이것은 일상의 삶에서 대개 감추어져 있지만 사례를 고려할 때 드러나는 근본적인 형이상학적 윤리적 오류다. 죽은 사람에 대한 슬픔의 느낌은 자연스러운 사랑의 표현처럼 그 상실이 사랑의 실패처럼 여겨지는 자연스러운 표현인 것 같다.

이것은, 사랑은 우리가 수행하지 않는 방식으로, 사람에 대한 그릇된 개념과 담합할 수 있기 때문인가? 나는 그렇게 생각하지 않는다. 나는 사랑이 실제로 이런 실수를 하지 않는다고 생각한다. 사실 사랑이 이런 실수를 할 리 없다고 생각한다. 나는 동의하지 않는 사람과 논쟁하는 것을 꺼리지만, 만약 내가 더 압박을 받는다면, 나는 빈약하다는 애도의 관점이 내 관점이 빈약하다고 판단하는 관점이라고 생각한다고 인정할 것이다. 그것은 훌륭한 양식일지 모르지만 경멸의 의미에서 피상적인, 그리고 감상적인 여러 가지 위험을 감수한다. 현재의 관점으로는 결국 상대방의 현실을 진지하게 받아들이지 못한다. 그것은 다른 사람의 존재를 이상하게 어쩌면 감동적으로 왜곡하는 것이다.

나나 다른 사람이 그녀에 대해 느끼는 어떤 것과 아주 무관하게 어떤 사람이 더 이상 존재하지 않는다는 것이 슬프다는 것이 사실이다. 똑같은 방식으로 나는 명화가 화재로 불타버려 더 이상 존재하지 않는 것을 유감 스러워할 수 있다. 그러나 그녀나 그 그림이 겪은 불운으로 인해 사라진 것을 슬퍼하는 것은 아니다.

11

"당신이 사랑하고 멀어진 누군가와 화해하거나 또는 전혀 존재를 알지 못했던 아이 또는 부모를 마침내 만난 지 사흘 안에 죽을 것이라는 사실을 알고 있다고 가정해보자. 이 때문에 당신은 지독하게 불행해질 수 있다. 그것은 (우리가 고통스럽지 않을 수 있다고 생각할지라도) 완전히 예상치 못한 죽음의 사례는 아니다. 그러나 겪지 못하는 미래의 경험을 생각하는 것이 실제로 잘못이 아닌 것 같다. 하지만 사흘 만에 죽지 않으면 잃어버리지 않을, 자신에 대한 상실인 것이다."

나는 감정의 힘에 동의한다. 그것은 부부가 소원해진 시기에 화해할 틈도 없이 아내가 갑작스럽게 세상을 떠난 후 토마스 하디(Thomas Hardy)가 1912–1913년 시기에 쓴 시에 훌륭하게 표현되었다. 하지만 나는 잘못 생각하기 쉽다는 것을 알았다. 만난 지 사흘 안에 죽을 사람이 당신이 아니라 당신이 만나고 싶어 하는 사람이라는 것을 알고 있다고 해도 당신의 느낌은 본질적으로 같다는 점에 먼저 주의해야 한다. 이것은 불행의 근원이 당신 삶의 어떤 시간적인 부분을 박탈당하리라는 생각이 아님을 보여준다. 이 다양한 사례에서 당신은 당신의 수명이 길 것임을 알 수 있다. 그들 죽음의 한 가지 결과는 당신이 그렇지 않을 때보다 더 오래 산다는 것을 알 수 있다는 것이다.

당신이 교차로의 왼쪽이 아니라 오른쪽으로 돌았더라면 작년에 만났을 수도 있었다는 사실을 발견했다고 하더라도, 이제는 너무 늦었다. 기본적인 감정은 동일하다. 후회의 감정은 겪지 않은 경험 때문에 생긴다. 그리고 기본적인 감정이 동일하다는 사실은, 또는 내 생각으로는, 어떤 사람으로부터 박탈되는 것이 당연하다는 방식으로 자기자신의 미래를 소유물로 생각하는 어떤 방식에 따라 감정이 전혀 달라지지 않는다는 점을 알려준다. 물론 이 방법으로 생각할 수도 있다. IPU 소멸의 원래 사례에서, 전혀 예기치 않은 그리고 전혀 경험하지 못한 죽음은, 물론, 유감의 여지가 없다.

가렛 에반스(Gareth Evans)는 죽어가면서 아내와 함께 나이 들지 못하는 것을 큰 유감으로 생각했다. 그녀가 50살일 때 얼마나 아름다울지, 그리고 그것을 보지 못하는 것이 어떤 것일지 생각했다. 나는 그것이 어떤 경험을 하지 못한다는 것이 유감스럽다는 종류의 유감일 뿐 자기자신의 미래를 일종의 소유물로 생각하는 방식에 따라 전혀 달라지지 않는다고 생각한다(물론 이 방법으로 생각할 수도 있지만). 두 사람 다 죽지는 않더라도 엘로이즈와 아벨라르의 경우처럼, 사랑하는 사람과 남은 삶 동안 돌이킬 수 없이 단절될 것임을 알게 되면 똑같은 유감을 느낄 것이다. 광속에 가까운 속도와 중력 효과로 우주여행를 하면 영화 〈인터스텔라〉(Interstellar)에서 극화한 것과 같은 결과를 만들어낼 수 있다.

우리는 지금 놓치고 있는 특정 경험과 과거에 놓쳤던 특정 경험을 유감스럽게 생각하는 것처럼, 우리가 어떤 경험을 하지 않을 수 있다는 것을 유감스럽게 생각한다. 대체로 우리는 우리에게 어떤 일이 일어나지 않으리라는 것을 유감스럽게 생각하는 것처럼, 어떤 일이 우리에게 일어나지 않으며 우리에게 일어나지 않았다는 것을 유감스럽게 생각할 수 있다. 또한 우리는 미래에 죽을 것이기 때문에 어떤 일들은 우리에게 일어나지 않는다. 확실한 것은 사람이 여러 가지 끔찍한 방법으로 고통을 겪을 수 있다는 것이다. 그러나 그들 중 **무소유**를 의심한 사람은 없다고 나는 생각한다.

이와는 달리 비록 내게 없는 형이상학적 동기를 가졌을지라도 나는 마르쿠스 아우렐리우스와 생각이 같다.

> 당신이 만약 3천 년 혹은 3만 년을 산다고 해도 잃는 것은 현재 당신이 영위하는 순간의 삶이다. …그것이 긴 인생이든 짧은 인생이든 마찬가지다. …잊혀지는 것 또한 한순간이기 때문이다. 인간은 과거나 미래를 잃을 수 없다. 그러므로 가장 오래 산 사람이나 가장 짧게 산 사람이나 잃는 것은 마찬가지다. 오직 현재라는 순간만을 잃을 뿐이기 때문이다.[12]

이와 관련된 생각은 아이리스 머독의 소설 《그물을 헤치고》(*Under the Net*, 민음사)에 표현되어 있다.

> 갖가지 사건들은 인파 모양 지나가고 그 개개의 모습을 볼 수 있는 것은 그저 순간에 지나지 않는다. 절박한 것은 영원히 절박한 것이 아니며 그저 일시적으로 그럴 뿐이다. 온갖 일과 사랑, 부와 명성의 추구, 진리의 탐구도 인생 그 자체도 지나가버리고는 무가 되는 순간으로 형성되어 있을 뿐이다. 그러나 과거와 미래 속에 우리의 불안정한 주소

를 마련하는 저 불가사의한 생명력으로 해서 우리는 이 허무의 구렁 속을 전진해간다. 이것이 우리의 인생이다. 하나의 정신이 부단히 죽어가는 시간, 잃어버린 의미, 다시 잡을 수 없는 순간, 잊어버린 얼굴을 묵상하며 그 위에서 배회하다가 마침내 우리의 모든 순간을 끝내버리는 마지막 단절의 시간이 찾아들어 이 정신은 그것이 생겨났던 허공 속으로 다시 가라앉는 것이다.[13]

12

"자, 당신은 심한 우울증을 겪었을 때 더 이상 살고 싶지 않았다. 이것은 미래의 무소유와 일치하지 않는다. 왜냐하면 어떤 사람의 미래가 어떤 사람으로부터 박탈될 수 있는 무언가가 아니라고 생각하는 이유는 미래가 어떤 사람이 안도할 수 있거나 구제될 수 있는 무언가가 아니라고 생각하는 이유와 똑같다."

이것은 불일치인가? 합리성(때로는 유용함)이 기대되는 방식으로 내 미래를 고려하게 되면 감정적으로나 정서적으로 중립을 지키지 않을 것이다. 아니면 완전히 합리적이고 일관성 있게 **무손실**이나 **무소유**를 천성적으로 믿지만 우울증에 빠지면 그 점에서 비합리적이 될 수도 있다. 우울증 외에 일어나는 극단적인 미래의 고통에 대한 생생한 생각은 우울증의 극심한 고통에 대해 생각하지 않는다 하더라고 더 이상 살고 싶지 않은 현재의 소망으로 이어지지 않는다. 따라서 그 영향은 심한 우울증의 관점으로 사물을 볼 때만 발생하는 것으로 보인다.

내가 극단적이고 만성적인 고통을 겪었지만 우울증을 겪지 않았다면 똑같은 기분을 느낄 수 있었을까? 아마도 그럴 것이다. 그러나 이 사례를 생각해보면, 우울증에 걸렸을 때 내가 원했던 것은 어떤 대가를 치르든 단순히 현재를 멈추는 것이었다—미래에 대한 생각은 전혀 없었다. 내가 관심을 가진 것은 미래가 아니고 유일하고 절대적으로 내가 살아가는 현재였다. 만성적인 극심한 통증의 경우에도 동일하게 적용될 것 같다.

내가 심한 우울증에 걸렸을 때 나의 일시적인 본성은 변하지 않은 것처럼 보였다. 미래의 그곳에 내*가 있을 수 없다는 것이 그 어느 때보다 분명하게 여겨졌다. 그러나 이것은 도움이 되지 않았다. 다시 한 번 말하지만, 모든 대가를 치루면서 도망쳐야 했던 것은 현재의 순간이었기 때문이다.

우울증에 걸린 나의 일시주의가 때로 약화되었는가? 그래서 우울증의 지속적 경험을 예상하며, 어떻게든 미래에 내*가 존재한다고 느꼈는가? 전혀 그렇지 않다. 그것은 전적으로 현재의 문제였다. 비록 내*가 미래에 존재할 것이라고는 생각하지 않았지만, 차라리 나는 가끔 내*가 미래에 존재할 것이라고 생각했어야 한다고 생각한다.

이것이 나의 경험이었지만 다른 사람들에게는 동일하지 않을 수도 있다. 람피넨(James Lampinen) 등은[14] 일반적으로 연속적인 사람들은 우울증에 빠질 때 더욱 일시적이 되며 시간의 틀이 축소된다는 증거를 제시했다. 우울증에 빠질 때 더 일시적인 사람들은 더 연속적이 되며 시간 틀이 확장된다는 증거가 드러나면 흥미로울 것이다.

13

래리 니븐(Larry Niven)의 공상과학소설 《링월드》(*Ringworld*, 새파란상상)[15]
에는 우연한 결과로 죽을 수 있으나 그렇지 않으면 (톨킨의 엘프처럼) 불멸
의 괴물 종족인 퍼페티어가 있다. 놀랄 것도 없이 아마도 그들은 우주선
을 위해 뚫을 수 없는 선체를 개발한 엄청나게 신중한 생명체일 것이다.
그들은 불멸성 질문을 다시 제기한다. 내가 퍼페티어라면 지금의 나처럼
느낄까?

　다시 말하지만, 나는 그렇게 생각하는 것을 좋아한다. 나는 비록 희미
하게나마 어떤 것들을 기대한다. 그러나 나는 죽기 때문에 그것들을 경
험하지 못하는 것을 빼앗기지 않는다. 나, 나라는 사람은 아무것도 빼앗
기지 않는다. 만약 내가 계속 살고 그들이 나타나지 않았다면 나는 그것
들을 빼앗겼을까? 한 가지 당연한 의미에서는, 물론이다. 나는 때가 되어
그들이 나타나지 않는다면 실망할지도 모른다. I–I–I. I라는 용어의 사
용은 괜찮다. 그럼에도 불구하고, 다음의 두 가지가 참임을 전제로 할 때,
생각이나 발화에 있어 형이상학적으로 근본적인 용어 I가 사용된다고 나
는 다시 한 번 생각한다.

　①내가 죽는다면, 기대하는 것을 경험하지 못할 것이라고 적절하게
　말할 수 있는, 지금 여기 존재하는, *I*라고 명명되는 실체는 없다.

　또한 *I*라는 근본적인 의미를 전제로 하면 죽음은 중차대한 것이 아니
다. 왜냐하면,

②내가 산다고 해도, 지금 자연스럽게 기대하는 것을 경험하거나 경험하지 못하는, 여기 그리고 지금 존재하는 *I*라고 명명되는 실체는 없다.

하지만 ②에 동의하지 않아도 ①에는 동의할 수 있다고 나는 생각한다.

4. 모든 것은 운에 달렸다

만약 달이 지구의 둘레를 도는 영원한 궤도를 완성하는 과정에서 자의식을 부여받는다면, 그것은 제 뜻대로 움직이고 있다는 것을 충분히 확신하게 될 것이다. 더 높은 통찰력과 완벽한 지능을 부여받은 존재가 사람들과 그들의 행동을 바라보며 자유의지에 따라서 행동하고 있다는 사람들의 환상에 대해 미소지을 것이다. _알버트 아인슈타인[1]

1

우리는 자유 행위자인가? 우리가 하는 일에 대해 도덕적 책임을 질 수 있는가? 철학자는 이 두 가지 질문을 구분하고 제각기 대답한다. 어떤 사람들은 "그렇다"라고 한다(우리는 전적으로 자유롭고 우리가 하는 일에 대해 도덕적으로 책임이 있다). 다른 사람들은 "그렇다"와 "아니다"라고 한다(우리는 확실히 자유 행위자이지만 우리가 하는 일에 궁극적인 책임을 질 수 없다). 세 번째 그룹은 "아니다"와 "아니다"라고 한다(우리는 자유 행위자가 아니므로 진정한 도덕적 책임이 없다). 소수의 사람들은 이상스럽게도 "아니다"와 "그렇다"라고 한다(우리가 자유 행위자가 아니더라도 우리가 하는 일에 대해 도덕적 책임을 질 수 있다). 이 마지막 견해는 드물기는 하지만 일종의 실존주의적 성향을 지니고 있으며 조지프 헬러(Joseph Heller)[2]의 소설 《폐회 시간》(*Closing Time*,

1994)과 일부 개신교도들에 의해 받아들여지고 있는 것 같다.

누가 옳은가? 내일은 휴일인데 무엇을 해야 할지 고민하고 있다고 가정해보자. 산을 오르거나 노자(老子)를 읽을 수 있다. 우쿨렐레를 조율하거나 동물원에 갈 수 있다. 지금 당신은 자유의지에 대해 읽고 있다. 독서를 계속하거나 지금 당장 그만둘 수 있다. 이 문장을 읽기 시작했지만, 끝내지 않아도 된다. 살면서 자주 그렇듯이 바로 지금 여러 가지 선택을 할 수 있다. 아무것도 당신에게 강요하지 않는다. 분명 당신은 전적으로 자유롭게 무엇을 해야 할지 선택하고, 당신이 하는 일에 책임을 지는가?

이것은 **양립가능론자**(compatibilists)가 생각하는 것이다. 그들은 앞선 질문에 "그렇다"와 "그렇다"라고 대답하며, 현재 큰 영향력을 끼치고 있다. 이들은 우주에서 일어나는 모든 일이 이미 이전에 일어난 일로 인해, 그 외의 방법으로는 일어나지 않을 그런 방법으로, 필연적으로 일어난다는 **결정론**(determinism)과 자유의지가 완전히 양립할 수 있다고 생각하기 때문에 "양립가능론자"라 불린다. 이들의 생각에 자유의지란, 결정론이 진실 또는 거짓인지와 상관없는 방식으로 **제한되거나 강요당하지** 않는 문제일 뿐이다. "지금 이 순간 당신 자신을 생각해보라"고 그들은 말한다.

아무도 당신의 머리에 총을 겨누지 않는다. 당신은 협박당하는 것도 아니고, 거칠게 다루어지는 것도 아니다. 당신은 마약을 한 것도 사슬에 묶인 것도, 또는 도벽이나 최면 후 명령 같은 심리적 압박감을 받는 것도 아니다. 그래서 당신은 전적으로 자유롭다. 이것은 자유 행위자의 상태**이다**. 이것이다. 그리고 당신의 성격과는 전적으로 무관하다. 총과 사슬 같은 것들, 자녀의 생명에 대한 위협, 심리적 강박관념 등은 자유와 책임을 제한할 수 있는 제약으로 간주된다. 당신이 공황 상태에 빠지지 않았거나(예를 들면, 손가락을 강제로 눌러 치명적 버튼을 누를 때처럼) 문자 그대로 당신이 어떤 일을 하도록 강요당하는 어떤 상황에서는 당신이 여전히 선택하거나 행동할 수 있는지 여부가 명확하지 않다. 납치된 항공기의 조종사를 생각해보자. 그들은 침착한 상태다. 그들은 납치범들의 요구를 따르기로 **선택한다.** 그들은 보통 이야기하듯이 책임감 있게 행동한다. 그들은 다른 일을 할 수 있지만 그렇게 하지 않기로 결정했다. 그들은 처한 상황에서 **모든 것**을 고려해 가장 원하는 일을 한다: 그리고 모든 상황은 어떤 방식으로든 개인의 선택을 제한한다. 어떤 상황은 다른 상황보다 한 개인의 선택권을 훨씬 더 크게 제한하지만, 그런 상황에서 선택할 수 있는 자유가 없는 것은 아니다. 문자 그대로 충동, 공포, 또는 통제할 수 없는 자극만이 자신의 성격이나 개성에 따라 선택하고 가장 하고 싶은 대로 할 수 있는 자유를 앗아간다. 심지어 손가락이 치명적인 버튼에 눌려져도, 납치범의 압력에 저항하거나 저주를 퍼붓는 등 여러 가지 방법으로 자유롭게 행동할 수 있다.

따라서 대부분의 우리는 깨어서 살아 있는 동안 전적으로 자유롭게 선택하고 행동할 수 있다. 우리는 우리에게 개방된 것으로 인식하는 선택사항 중에서 자유롭게 선택할 수 있다. 때때로 우리는 선택사항에 직면하지 않는 것이 낫지만, 그것을 직면해야 한다는 사실에 대한 인식을 회피할 수는 없다. 사람은 사슬에 묶이거나 우주에 떨어지는 경우에도 선택사항을 갖는다. 사람이 완전히 마비된 경우라도 다른 것보다 특정한 생각을 자유롭게 선택할 수 있는 한, 사람은 여전히 자유롭다. 사르트르가 관찰한 바와 같이, 우리는 자유를 누리지 않을 자유가 아니라 자유를 선고받았다고 느낀다.

　사람은 원하는 모든 것을 할 수 없을지도 모른다. 사람들은 생각만으로 미국의 모든 총기를 없애거나, 아무 도움 없이 날거나, 이달 말까지 콜카타의 거리에서 노숙하는 모든 사람들을 수용하기를 원할 수 있다. 그러나 사람이 원하는 모든 것을 할 수 있는 것이 자유의지라고 생각하는 사람은 거의 없다. 그것은 가능한 바람이지만, 양립가능론자들이 보다 더 분별력이 있다. 그들에 의하면, 자유의지는 행동에 대한 진정한 선택권과 기회가 있고, 가장 원하거나 좋고 생각하는 것에 비추어 그것들 중 선택할 수 있는 방식으로 구속받지 않는 것일 뿐이다. 한 사람의 특성, 성격, 선호, 그리고 일반적인 동기부여 조합이 유전적 유산, 양육, 역사적 상황, 우연한 만남 등 자신이 책임질 수 없는 것에 의해 전적으로 결정된다면 그것은 문제가 되지 않는다.

　이의 제기: 이 견해에 따르면, 개조차도 자유 행위자다. 하지만 개는 우리처럼 자유 행위자가 아니다. 그래서 뭔가 잘못되었다. 양립가능론자는 우리가 개와 구별되는 점을 설명해야 한다. 그들 중 대다수가 그것은 명시적으로 자의식적 사고를 할 수 있는 우리의 능력이라고 말한다. 자의식이 누군가를 결정론에서 해방시키기 때문이 아니다: 결정론이 사실이라면, 가지고 있는 그 자의식 사고가 무엇이든 간에 갖도록 결정되어 있다. 그 생각은 자의식이 자신을 선택에 직면한 것으로 분명히 인식하고 무엇을 해야 할지 추론하는 과정에 참여하는 것을 가능하게 한다는 것이다. 이런 방식으로 자의식은 어떤 무자의식적 행위자도 할 수 없는 방식으로 사람을 근본적으로 자유 행위자로 만든다. 선택의 상황에서 사람은 자의식적인 숙고하는 존재이므로, 최종적 분석에서 사람이 전적으로 어떤 식으로든 궁극적으로 책임이 없는 요소들에 의해 구성된다는 사실―

만약 그것이 사실이라고 해도—을 간단히 압도한다.

어떤 양립가능론자들은 인간은 분명하게 도덕적인 이유로 행동하는 능력으로 인해 개와 뚜렷이 구별된다고 덧붙인다. 양립가능론에는 많은 이설이 있다. 예를 들어, 해리 프랑크푸르트(Harry Frankfurt)[3]의 설에서는, 사람들이 실행할 수 있는 동기에 의해 행동하기를 원하는 경우 자유의지가 있다. 이러한 견해에 따르면, 자유는 단지 특정한 방식으로 조화를 이루는 성격을 갖는 문제일 뿐이다.

2

그렇다면 양립가능론자들은 "그렇다"와 "그렇다"라고 하고, "그렇다"와 "그렇다"라고 하기 원하는 사람들은 그것들을 따라야 한다는 권고를 받는다. 왜냐하면 결정론은 허위임을 입증할 수 없고 사실일 수 있기 때문이다. (현대 물리학은 공통된 견해와는 달리 결정론이 사실이라고 가정하는 것보다 거짓이라고 생각할 이유를 더 이상 제공하지 않는다.) 하지만 많은 사람들은 양립가능론자들이 실제로 자유의지의 문제를 설명하지 못한다고 생각한다. 그들이 자유를 결정론과 양립할 수 있는 방식으로 규정하는 것은 무엇 때문일까? 사람의 모든 행동이 그들이 태어나기 전에 일어났던 사건들에 의해 사는 동안의 행동이 똑같이 정확히 일어나기로 결정되었더라도 완전히 자유로운 행위자가 될 수 있는 방식으로 정의하기 위해서다. 그래서 삶의 어떤 시점에서도 그들이 행동했던 것과 다른 방식으로 행동할 수 없었다는 느낌이 불가피하다. 의심하는 사람들은 이것은 확실히 자유의지나 도덕적 책임감은 아니라고 말한다. 만약 사람이 하는 모든 것이 궁극적으로 사람이 책임질 수 없게 발생한 사건의 결정론적 결과라면, 사람이 진정으로 또는 궁극적으로 도덕적인 책임을 질 수 있을까?

이들은 **양립불가론자들**이다. 그리고 그들은 **자유주의자들**(libertarians, 엄격히 철학적·비정치적인 의미에서)과 **비자유이론가들**(no-freedom theorists)이라는 두 집단으로 나뉜다. 자유주의자들은 낙관적이다. 그들은 "그렇다"와 "그렇다"라고 말하고, 양립가능론자들의 자유에 대한 설명이 개선될 수 있다고 생각한다. 그들은 ①우리가 자유의지를 갖고 있으며, ②자유의지가 결정론과 양립할 수 없으며, ③결정론은 따라서 거짓이라고 믿는다. 그러나 그들은 다른 극도로 어려운 문제에 직면한다: 결정론이 거짓이라는 **비결정론**이 자유의지와 특히 도덕적 책임에 어떻게 도움이 될 수 있는지를 보여주어야 한다.

비자유이론가들 또는 비관론자들은 이것을 보여줄 수 있다고 생각하지 않는다. 그들은 자유의지가 결정론과 양립할 수 없다는 자유주의자에 동의하지만, 비결정론이 도움이 될 수 있다는 것을 부정한다. 그들은 진정한 도덕적 책임감을 위해 필요한 자유의지는 아마도 불가능하다고 생각한다. 그들은 "아니오"와 "아니오"라고 말한다.

그들은 모두가 무엇을 가져야 하는지를 부여함으로써 시작한다. 그들은 우리가 자유 행위자가 될 수 있는 명확하고 중요하며 양립가능한 감각이 있음을 인정한다. (제약이 없을 때, 우리는 형편에 따라 가장 원하거나 가장 최선이라고 생각하는 것을 선택하고 실행할 수 있다.) 그러나 그들은 이것으로 충분하지 않다고 주장한다. 그것은 우리가 자유의지라는 방식으로 원하는 것을 주지 않는다. 그것은 우리에게 우리가 가졌다고 믿는 것도 주지 못한다. 그러나 (그들은 계속한다) 양립가능론자들이 무엇인가를 놓친 것과 같지는 않다. 우리가 원하는 것, 일반적으로 우리가 가졌다고 생각하는 것을 우리에게 줄 수 없다는 것이 진실이다. 우리는 종종 비성찰적으로 우리 상태를 생각하는, 절대적으로 책임감이 없는 방식으로 도덕적 책임을 질 수 없다. 우리는 이런 방식으로 도덕적으로 책임을 지기 위해 필요한 "강한" 자유의지를 가질 수 없다.

3

비자유이론가들의 주장을 밝히는 한 가지 방법은 다음과 같다.

① 행동할 때, 당신이 처한 상황에서 당신이 존재하는 방식으로 인해 하는 대로 한다.

하지만 그렇다면

② 당신이 하는 일에 대해 진정으로 또는 궁극적으로 도덕적인 책임을 지려면 최소한 중요한 정신적 측면에서 자신이 존재하는 방식에 궁극적으로 책임을 져야 한다. (분명히 신장, 나이, 성별 등에 대해서는 책임지지 않아도 된다.)

그러나

③ 당신은 어떤 방식으로든 자신이 존재하는 방식에 대해 궁극적인 책임을 질 수 없다.

④ 당신이 존재하는 방식에 궁극적으로 책임을 지려면, 어쨌든 의도적으로 당신이 존재하는 방식으로 존재했어야 한다.

문제는 바로 이것이다.

⑤ 어떤 정신적인 측면에서 당신이 어떻든 의도적으로 당신이 존재하는 방식으로 존재했다고 가정하자. 당신이 M1에 대해 궁극적인 책

임이 있다고 할 수 있는 방식으로 어떤 정신적 본성 M1을 가졌다고 하자.

이것이 사실이기 위해,

⑥당신이 이제 M1을 가졌다는데 비추어 당신은 이미 M2라는 어떤 정신적 본성을 가지고 있어야 한다. 당신이 정신적 본성을 가지고 있지 않다면, 당신은 어떻게 될 것인지 의도나 선호를 갖지 않았고, 당신이 바뀌었음에도 불구하고 당신이 지금 존재하는 방식에 책임을 질 수 없다.

그러나

⑦당신이 지금 어떻게 존재하는가에 궁극적으로 책임이 있다는 것이 사실이려면, 당신이 지금 M1을 가졌다는 것에 비추어서 당신은 그 본성 M2를 가졌던 것에 대해 궁극적으로 책임을 져야 한다.

따라서

⑧당신은 M2를 가졌어야 했다.

그러나

⑨당신은 당신이 지금 M1을 가져야 하는 것에 비추어볼 때 M2를 가졌어야 했고, 이에 비추어 이전의 본성 M3가 당신에게 이미 존재했어야 했다.

그리고 등등. 이런 식으로 무한히 거슬러 올라갈 수 있다. **무엇을 했는가**에 진정으로 책임지는 방식으로 자신이 **어떻게 존재하는지**에 진정하고 궁극적으로 책임을 지기 위해서는, 불가능한 어떤 것이 사실이어야 한다. 어떤 본성을 갖게 하는 일련의 행위에서 시작점이 있을 수 있는 것이 아니라 반드시 있어야 한다. 궁극적인 자기기원의 행위를 구성하는 출발점이 있어야 한다.

요점을 설명하는 보다 간결한 방법이 있다. 궁극적으로 책임지기 위해서는 자신의 궁극적인 원인이나 기원인 **자기원인**(*causa sui*)이나, 적어도 정신적 본성의 어떤 중심적인 부분이 있어야 한다. 그러나 어떤 것도 결코 궁극적으로 자기원인이 될 수는 없다. **자기원인**이 되는 것의 특성이 신에게 속한다는 것을 어리석게 인정한다고 해도, 평범한 한계를 가진 사람이 소유할 수 있다고 설득력 있게 주장할 수는 없을 것이다. 한때 니체는 "**자기원인**은 지금까지 잉태된 최고의 자기모순이다"라고 논평했다.

> 그것은 일종의 논리 능욕과 왜곡이다. 그러나 사람의 호사스러운 자부심은 그저 이 모순 자체를 심오하고 두렵게 얽어버렸다. 불행하게도 어설프게 교육을 받은 사람들의 마음속에 여전히 남아 있는 최우선의 형이상학적 의미에서 "의지의 자유"에 대한 욕망: 자신의 행동에 대한 전체적이고 궁극적인 책임을 신, 세계, 조상, 기회, 그리고 사회에 전가하려는 욕망은 다름 아니라 무의 늪으로부터 머리카락으로 자신을 존재로 끌어올리고자 했던 뮌히하우젠(Münchhausen) 남작을 능가하는 야망으로, 바로 이 **자기원인**을 포함한다. …[4]

사실상 강력한 자유의지를 믿는 거의 모든 사람들은 궁극적인 자기기원이 필요하다는 의식적인 생각 없이 그렇게 할 것이다. 그러나 자기기원은 실제로 일반적으로 믿고 있는 강력한 자유의지의 토대가 될 수 있는 유일한 것이다.

비자유이론가들의 주장은 인위적인 것 같지만 본질적으로 동일한 주장을 좀 더 자연스러운 형태로 다음과 같이 표현할 수 있다.

ⓐ유전과 초기 경험의 결과로 자신이 존재하는 방식으로 존재한다.

ⓑ이것들은 분명히 사람이 어떤 식으로든 책임질 수 없는 것들이다.

(윤회가 존재한다면 사실이 아닐 수도 있지만, 이것은 문제를 뒤로 넘길 뿐이다.)

ⓒ유전과 경험의 결과로서 이미 존재하는 방식을 바꾸려고 노력함으로써 인생의 후반기에 궁극적으로 책임진다는 것을 기대할 수는 없다.

사람은 자기자신을 바꾸려고 노력하지만,

ⓓ자신을 변화시키려고 노력하는 특별한 방법과 변화를 시도할 때 성공하는 정도는 이미 유전과 경험의 결과로 이미 존재하는 방식에 의해서 결정될 것이다.

그리고,

ⓔ어떤 초기 변화가 일어난 후에만 일어날 수 있는 더 이상의 변화들은 차례로 초기 변화를 통해 유전과 이전 경험에 의해 결정될 것이다.

이것은 전체적인 이야기가 아닐 수 있는데, 왜냐하면,

ⓕ어떤 사람이 존재하는 방식의 변화는 비결정론이나 무작위 요인의 영향에서 비롯할 수도 있다.

그러나,

ⓖ어떤 사람이, 그 자신은 아무런 책임이 없는, 비결정론적이거나 무작위적인 요소들이 진정으로 혹은 궁극적으로 존재하는 방식에 대

해 그 사람이 책임지게 할 수 있다고 생각하는 것은 불합리하다.

그 주장은 사람들이 자신이 존재하는 방식을 바꿀 수 없다는 것이 아니다. 그들은 특정 관점에서는 그렇다(북미 사람들에 의해 과장되는 경향이 있고 다른 문화권의 구성원들에 의해 과소평가되는 경향이 있다). 그 주장은 단지 사람들이 자신이 존재하는 방식에 대해, 따라서 그들의 행동에 대해 궁극적으로 책임을 지거나 책임져야 하는 방식으로 스스로를 변화시켜야 한다고 주장할 수 없다는 데 불과하다. 아주 작은 부분까지 당신이 존재하는 방식을 최종 분석할 때 좋거나 나쁘거나 운의 문제라고 요약할 수 있다.

5

철학자들은 이제 이 궁극적인 책임이 정확히 무엇인지 궁금해할 것이다. 그들은 그것이 실제로 터무니없다고 주장할 것이고, 우리가 도덕적 책임에 관해 이야기할 때 그것에서부터 우리가 실제로 염두에 둔 것일 수 없다는 주장까지 나아가려고 노력할 것이다. 그러나 궁극적인 책임 개념은 대부분의 사람들에게 매우 분명하다. 극적으로 그것을 밝히는 한 가지 방법은 천국과 지옥의 이야기를 언급하는 것이다. 우리가 그것을 가지고 있다면, 우리들 중 어떤 사람은 지옥에서 고통으로 벌하고 다른 사람들은 천국에서 더없이 행복한 것으로 보상하는 것이 합당하다는 것이 **일리가 있는** 그런 종류의 책임이다. 우리가 하는 일은 전적으로 우리에게 달려 있기 때문에 그것은 일리가 있다.

내가 표현하고자 하는 궁극적인 책임이라는 개념을 이해하기 위해 천국과 지옥의 동화를 믿을 필요가 전혀 없기 때문에 "일리가 있는"이라는 말을 강조했다. 궁극적인 책임을 믿기 위해서는 동화를 믿을 필요가 없는데, 많은 무신론자들도 그렇게 한다.

궁극적인 책임을 밝히는 또 다른 방법이 있다. 실용적이거나 실제로 심미적 정당성을 갖지 않고 처벌과 보상이 공정할 수 있다면 존재하는 그런 종류의 책임이다.

이것은 약간의 성찰을 필요로 하며, 천국과 지옥의 이야기는 많은 사람들이 가지고 있다고 가정하는 절대적이거나 궁극적인 책임의 종류를 생생하게 보여주기 때문에 유용하다. 그러나 궁극적인 책임에 대한 우리 믿음의 가장 근본적인 기초가 되는 일상적인 상황을 기술할 때 그것을 떠올릴 필요는 없다. 마지막 10파운드짜리 지폐로 케이크를 사기 위해 국경일 저녁에 가게를 향해 출발한다고 가정해보자. 모든 것이 팔리고 10파운드짜리 케이크만 하나 남았다. 가게 계단에서 누군가 자선냄비를 흔들고 있다. 당신은 멈춰서고, 무엇을 할 것인지는 전적으로 당신에게 달렸다는 것을 분명히 알려주는 것 같다: 당신이 선택하는 무엇이든 궁극적으로 당신이 책임을 진다는 방식으로 당신은 진정으로 근본적으로 선택할 수 있다. 그렇다. 당신은 돈을 냄비에 넣거나, 들어가서 케이크를 사거나, 그냥 떠나거나 할 수 있다. 당신은 완전히 자유롭게 선택할 수 있는 것이 아니다. 당신은 자유로이 선택할 수 없다.

이 입장에서, 결정론이 사실이라고 믿을 수 있다. 5분 안에 지금 처한 상황을 돌아보고 그다음 무엇을 할 것인지 말할 수 있다. "내가 그것을 했어야만 했던 것은 결정되어 있었다." 그러나 당신이 전심으로 지금 당장 이 모든 것을 믿는다고 해도, 당신의 자유와 도덕적 책임의 절대성에 대한 현재의 감각은 건드리지 않는 것 같다.

그러한 상황에서 결정론이 사실이라고 실제로 믿지 않으면서, 또한 그 허구성이 자유를 가능하게 만든다고 생각하지 않을 수 없다고 이것을 진단할 수 있다. 그러나 그렇지 않더라도 궁극적인 책임감의 느낌은 피할 수 없는 것 같다. 자신의 행동에 대해 궁극적인 책임을 지기 위해서 (최소한 결정적인 정신적 측면에서) 아무도 **자기원인**이 될 수도 없고 **자기원인**이 될 필요도 없다는 비자유이론가의 주장을 완전히 받아들인다고 가정해보자. 이 입장에서 무엇을 할 것인지 궁금해할 때, 이것은 한 사람의 근본적인 자유와 책임에 영향을 미치지 않는 것 같다. 어떤 사람의 근본적인 책임은 그가 자신의 상황을 완전히 의식하고, 선택할 수 있고, 어떤 행동이 다른 행동보다 도덕적으로 더 낫다고 믿는다는 사실에서 단지 비롯되는 것 같다. 이것은 완전하고 궁극적인 책임을 지기에 바로 충분한 것 같다. 하지만 비자유이론가들에 따르면, 실제로 그렇게 되지 않는다. 어떤 사람이 실제로 무엇을 하든 간에, 사람은 자신이 존재하는 방식 때문에 하는 일을 할 것이고, 자신이 존재하는 방식은 자신이 존재하는 상황을 스스로 의식하더라도 책임질 수 없는 것이다.

6

비자유이론가들의 주장은 소화하기가 극히 어렵다(히틀러조차도 내버려둔 것 같다). 그것에 대한 한 가지 난제는 다음과 같다: "자, 어떤 사람이 도덕적 의무를 수행하는 A와 욕구를 따르는 B 사이에서 매우 어려운 선택에 직면했다고 가정해보자. 당신들 비자유이론가들은 이런 상황을 다음과 같이 표현한다. 사람의 **정신적 본성**을 감안할 때, 어떤 식으로든 반응한다. 사람은 A와 B 모두에 대한 찬반 이유에 의해 좌우된다. 어떤 사람은 A나 B를 선호하는 경향이 있고, 결국 그 사람에게 궁극적으로 책임이 없는 정신적 본성에 따라 이러저러한 것을 한다. 그러나 당신의 이런 설명은 **자아**를 잊는 것이다. 그것은 "행위자-자아"라고 하는 것을 잊어버린다. 행위자-자아로서, 사람은 어떤 면에서 정신적 본성과는 무관하다. 사람의 정신적 본성은 B가 아닌 A를 하도록 하는 경향이 있지만 [라이프니츠(Gottfried Wilhelm Leibniz)[5] 식으로 표현하자면] 반드시 B보다는 A를 해야 하는 것은 아니다. 사람은 행위자-자아로서 자신의 정신적 본성에 궁극적으로 책임을 지지 않는다고 해도 결국 자신의 결정과 행위에 궁극적으로 도덕적 책임을 지는 방식으로 개인의 정신적 본성의 모든 특성들과 무관한 자유결정 능력을 통합한다."

　비자유이론가들은 영향을 받지 않는다. "논쟁을 위해 행위자-자아의 이런 개념에 타당성을 부여한다고 해도", 그들은 말한다. "그것은 도움이 되지 않는다. 행위자-자아가 행위자의 정신적 본성에 **비추어** 결정하지만, 행위자의 정신적 본성에 의해 **결정**되지 않는다고 가정하자. 이 경우 다음과 같은 문제가 발생한다: 소중한 옛 행위자-자아는 **왜** 그런 결정을 했을까? 그리고 일반적인 대답은 분명하다. 그것이 결정하는 것이 무엇이든, 그것이 존재하는 전반적인 방식이 그렇기 때문에 그처럼 결정한다. 그리고 이 필요한 진실은 우리가 시작한 곳으로 우리를 되돌려놓는다. 어쨌든 행위자-자아는 그 결정이 궁극적인 책임의 원천이 되려면 그것이 존재하는 방식에 대해 책임을 져야 한다. 그러나 이것은 불가능하다. 어떤 것도 필요한 방식대로 **자기원인**이 될 수 없다. 행위자-자아의 본성이 무엇이든 간에 궁극적으로 운의 문제다. 아마도 행위자-자아는 결정 과정의 비결정론적 사건의 존재에 의해 부분적으로 또는 전체적으로 결정할 것이다. 그럴 수도 있고 그렇지 않을 수도 있다. 비결정론적 사건은 궁극적인 도덕적 책임에 결코 기여할 수 없기 때문에 이것은 차이가 없다."

어떤 사람들은 자유의지와 도덕적 책임이 이성(reason)에 의해 또는 대문자 "R"로 시작하는 이성(Reason)에 의해 좌우되는 문제에 불과하기 때문이라고 하면서 이 논쟁을 회피할 수도 있다고 생각한다. 그러나 이성(Reason)에 의해 좌우된다면 궁극적 책임이 비롯될 수 없다. 그것은 그것을 가진 사람들에게 궁극적으로 공정하거나 공평하게 처벌하는 속성이 될 수 없고, 그것을 가지지 않은 사람들에게 불공평하다. 이러한 견해에 따르면, 도덕적으로 책임을 지는 것은 단지 다른 사람들 사이에서 한 종류의 동기부여 세트를 갖는 것이다. 하지만 만약 당신이 이 동기부여 세트를 가지고 있다면, 당신은 단순히 운이 좋은 것이고, 그것이 정말 좋은 것이라면, 그것이 부족한 사람들은 운이 나쁜 것이다.

이것은 거부될 것이다. 진정으로, 어떤 사람들은 더 책임감을 느끼기 위해 고군분투하고 엄청난 노력을 할 것이다. 그러면 그들의 도덕적 책임은 이 경우에 운의 문제가 아니라고 말할 것이다. 그것은 그들 자신의 고된 업적이다. 그러나 비자유이론가들은 즉각적으로 대답한다. "당신이 도덕적으로 책임을 지려고 하고, 엄청난 노력을 하는 사람이라고 생각해 보라. 그것도 운의 문제다. 그런 노력을 할 수 있게 하는 성격을 가진 당신은 운이 좋은 사람이다. 그런 성격이 없는 사람은 그저 운이 없는 탓이다."

결국 모든 것은 운에 달렸다: 이것은 궁극적인 책임이 없다는 근본적인 관점을 전달하는 한 가지 방법이다. 이런 의미에서 아무리 자연적이거나 유용하거나 다른 방법으로 인간적으로 적합하거나 적절할 수도 있고 적절해 보일 수도 있다고 해도, 어떤 처벌이나 보상도 궁극적으로 공정하거나 공평하지 않다.

자유의지 문제는 회전목마와 같다. 많은 사람들은 결정론적 입장이 사실일지라도 우리가 완전히 자유롭고 도덕적으로 책임이 있다고 주장하면서, 양립가능론적 입장에서 출발한다. …그러나 양립가능론적 입장은 도덕적 책임에 대한 우리의 직관을 만족시킬 수 없다. …따라서 자유의지에 대한 **비**양립론적 그리고 실제로 자유의지는 결정론이 거짓이라는 것을 필요로 하는 "자유주의적" 설명이 필요한 것 같다. …그러나 그러한 설명은 비결정론적 사건이 아마도 도덕적 책임을 해결하는 데 도움이 안 된다는 비자유이론가의 반대를 즉시 촉발할 것이다. …만약 비결정론적이거나 무작위적인 사건이 그들의 인과관계에서 모종의 역할을 했다면, 사람은 자신의 선택과 행위나 성격에 대해 더 진정으로 도덕적인 책임을 져야 할 것 같지는 않다. …그러나 이것이 나타내는 것은 양립불가론자들의 "궁극적인" 도덕적 책임감이 **명백히** 불가능하다는 것이다. …그러나 그것은 우리가 할 수 있는 최선이기 때문에 우리가 양립가능론으로 되돌아 가야 한다는 것을 의미한다. …그러나 양립가능론은 아마도 도덕적인 책임에 대한 우리의 직관을 만족시킬 수 없을 것이다. …

우리는 어떻게 해야 하나? 형이상학적 회전목마에서 내려 심리학을 시작하자. 자유의지의 문제에 관한 주요 입장들은 명확하다. 수천 년의 논쟁 이후 근본적으로 새로운 선택사항은 등장하지 않았고, 남아 있는 흥미로운 질문은 주로 심리학적인 것이다: 정확히 **왜** 우리는 천국과 지옥의 이야기를 언급하는 특징을 나타내는 그런 종류의 궁극적인 책임을 가지고 있다고 믿는가? 이 믿음을 가지고 사는 것은 어떠한가? 그것의 변종은 무엇인가? 궁극적인 책임이 불가능하다는 견해를 중심으로 우리는 어떻게 변할 수 있을까?

　그 믿음에 대한 한 가지 이유는 이미 주어졌다. 이것은 자선냄비와 케이크에 맞서는 자의식적인 행위자와 같이 우리가 선택을 경험하는 방식과 관련이 있다. 그리고 이것은 흥미로운 질문을 제기한다. 선택을 마주한 모든 완전히 자의식적인 행위자는 자신이 스스로 강한 자유의지를 가졌다는 것을 경험한다는 사실을 자각해야 하는가, 아니면 근본적으로 자기결정을 내리는 것으로 스스로 경험해야 하는가? 비록 결정론이 사실일지라도, 우리 인간은 결정된 대로 우리의 선택을 경험할 수 없다고 느낀다. 하지만 이것은 어떤 가능한 자의식적인 행위자의 피할 수 없는 특징이 아니라 아마도 인간의 특성일 것이다. 그리고 아마도 그것은 사람들 사이에 보편적이지도 않을 것이다. 크리슈나무르티(Krishnamurti)는 "진실한 지적인(영적으로 발전한) 마음은 진실의 길만을 택할 수 있기" 때문에 "선택할 수 없다. …무지한 마음만이 자유의지를 갖는다"[6]고 주장한다. 그리고 관련된 생각은 《훔볼트의 선물》(Humboldt's Gift, 1975)에서 솔 벨로에 의해 표현된다. "사물들이 명료해지는 다음 영역에서, 명료함은 자유를 약화시킨다. 우리는 불분명함, 오류, 놀라운 한계 때문에 지상에서 자유롭다."[7] 스피노자(Spinoza)는 이 점을 신까지 연장시켰는데, 신은, 그에 의하면, "자유의지로 행동한다…고 전해진다."[8]

　케이크와 자선냄비 외에도, 강한 자유의지에 대한 우리의 믿음에 대해 다른 원인들도 제기될 것이다. 흄[9]은 우리의 우유부단한 경험을 강조한다. 칸트[10]는 우리의 도덕적 의무에 대한 경험 때문에 우리가 불가피하게 강한 자유의지에 대한 믿음을 가지며, 또한 우리가 그것을 가지고 있다는 점을 증명한다고 주장한다. P. F. 스트로슨[11]은 자유에 대한 우리의 믿음은 감사와 분노와 같이 우리가 포기할 수 없는, 다른 사람들에 대한 어떤 자연스러운 반응에 기초하고 있다고 주장한다. 자유의지에 대해 열심히 생각하는 사람들은 자유 경험의 복잡한 도덕심리학이 가장 유익한 연구 분야라고 결론지을 가능성이 높다. 그러나 새로운 세대는 계속해서 낡은 회전목마에 올라탈 것이고, 그 논쟁은 인간이 생각할 수 있는 한, 우리가 아마 강한 자유의지를 갖지 못할 것이라는 비자유이론가들의 주장이 우리가 가지고 있다고 믿지 않을 수 없는 사실과 계속 충돌할 것 같다.

사실은 분명하고 오래전부터 알려졌다. 자유의지의 형이상학에 관해서는 앙드레 지드(André Gide)의 말이 적절하다. "모든 것이 이전에 언급되었지만 누구도 듣지 않기 때문에 우리는 계속 돌아가서 처음부터 다시 시작해야 한다."[12] 우리가 가질 수 있는 유일한 자유는 양립가능론적 자유인 것 같다. 그것이 궁극적인 책임에 충분하지 않다면, 우리는 궁극적인 책임을 질 수 없다.

논쟁은 계속된다: 어떤 사람들은 철학이 전진해야 한다고 생각해왔다. 새로운 마음이 문제로 인해 유혹당할 때, 그럴 것이라고 기대할 만한 이유는 거의 없다. 그러나 사실은 분명하다. 어떤 식으로든 자신의 성격이나 정신적 본성에 궁극적인 책임을 질 수는 전혀 없다. 헤라클레이토스(Heraclitus), 노발리스(Novalis), 조지 엘리엇(George Eliot), 니체 등은 외부 상황 또한 운명의 일부이기 때문에 "성격은 운명"[13]이라고 (다양한 방식으로) 말하는 것은 옳지 않다고 한다. 그러나 자유의지와 궁극적인 도덕적 책임이라는 문제에 대해 기본적인 요점은 더할 나위 없이 그럴 듯하다.

5. 당신은 스스로 길을 찾을 수 없다

탬러 소머즈[1]와의 대화

탬러 소머즈(Tamler Sommers): 당신은 《자유와 신념》(*Freedom and Belief*, 1986)에서 자유의지 같은 것은 없다고 말하며 시작합니다. 자유의지는 정확히 무엇을 의미합니까?

갈렌 스트로슨(GS): 대부분의 사람들이 의미하는 것과 같습니다. 대부분의 사람들은 진정한 의미에서 그들의 행동에 진정으로 책임을 질 수 있는 방법으로 자신이 할 수 있는 일을 선택할 자유가 있다고 믿습니다. 말하자면 완전한 책임, 제한이나 예외 없는 책임, 전적이고 근본적인 궁극적 책임감이 있으며, 도덕적 문제에 관해 궁극적으로 **도덕적**인 책임을 져야 한다고 말입니다. 자유의지는 당신이 이런 과단성 있는 방식으로 책임을 질 때 가질 수 있는 것입니다. 그것이 내가 생각하는 자유의지라는 뜻입니다. 나는 우리가 이것을 가지고 있지 않고, 가질 수 없다고 생각합니다.

　나는 철학자들을 좋아합니다. 그들이 하는 일을 좋아하고, 내가 하는 일을 좋아하죠. 하지만 그들이 이 모든 걸 정말 엉망으로 만들어버렸습니다. 그들은 "자유의지"라는 말을 각각 다른 의미로 사용하면서, 그것이 각각의 철학자들이 **진정으로** 의미해야 **한다고** 결정한 의미라고 말했습니다. 하지만 그것은 대부분의 사람들에게 실제로 그것이 무엇을 의미하는지 혹은 가장 강력한 의미에서 우리가 자유의지를 가진다는 우리의 오래된 깊은 확신에 조금도 영향을 미치지 않았습니다.

TS: 그건 사실이에요. 생물학자, 인지과학자, 신경학자, 이들 모두 적어도 자유의지가 없다는 가능성을 고려할 수 있는 순조로운 시대를 만난 것 같습니다. 하지만 철학자들은 세상에 대한 다른 견해들과 상당히 불일치하는데도 불구하고 이 개념을 방어하려고 최선을 다합니다. 만약 자유의지가 없다는 것이 사실이라면, 왜 철학자들은 그것을 받아들이는데 그렇게 어려움을 겪는 걸까요?

GS: 곰돌이 푸우가 말했듯이, 이것은 아주 중대한 질문입니다. 철학의 병리학 또는 보다 일반적으로는 압도적으로 모순되는 증거에도 불구하고 종교나 신학 또는 무엇이든 소중한 신념에 대해 헌신하려고 하는 이상한 심리 메커니즘에 대한 질문입니다. 그렇긴 한데, 나 스스로는 그것을 진정으로 받아들일 수 없다고 고백하지 않을 수 없습니다. 내가 철학자이기 때문에 그런 것은 아닙니다. 철학자로서 나는 근본적인 자유의지, 궁극적인 도덕적 책임이 불가능하다는 것을 완벽하게 증명할 수 있다고 생각합니다. 나는 이 사실을 가지고 매일 매일 살 수는 없기 때문입니다. 당신은 그럴 수 있습니까? 흰 실험복을 걸친 과학자들이라면 그것을 받아들일지 모르겠습니다. 하지만 세상 밖에서는 근본적인 자유의지의 실재를 확신하는 다른 사람들과 같다고 나는 생각합니다.

TS: 그럼, 그 주장으로 넘어가보죠. "사람은 분명 자신이 원하는 것을 할 수 있지만, 자신이 원하는 것을 결정할 수는 없다"는 쇼펜하우어(Arthur Schopenhauer)의 유명한 말이 있습니다. 이 생각이 도덕적 책임에 반대하는 당신 주장의 핵심인가요?

GS: 그렇습니다. 그 생각은 오래된 것이죠. 홉스(Thomas Hobbes)가 한 말일 겁니다. 그리고 로크(John Locke)의 《인간지성론》(*Essay Concerning Human Understanding*, 동서문화사) 2권에 나오죠. 그리스 사람들은 거의 모든 것에 대해 이야기했기 때문에 어떤 고대 그리스인이 그 말을 했을 겁니다.

그러나 실제로 사실이 아닌 방식이 있습니다. 자신이 갖지 않은, 원하거나 선호하는 어떤 것을 얻기 원한다면 때때로 그렇게 할 수 있습니다. 당신은 그렇게 하기 위해 노력할 수 있습니다. 아마도 당신은 게으르고 건강하지 않으며 운동하기를 원할 수도 있습니다. 당신은 매일 그것을 할 수도 있고 그것을 좋아하게 되기를 바랄지도 모르죠. 그리고 당신은 그렇게 할 수도 있고, 중독에 빠질 수도 있습니다. 만약 올리브를 싫어한다고 해도 똑같이 할 수 있겠지요.

TS: 그렇다면 운동을 하고 싶은 욕구나 올리브에 대한 욕구는 어디에서

왔을까요?

GS: 맞아요. 거기에 요점이 있습니다. 당신이 갖지 못한 것을 얻기 원한 다고 가정해보세요. 문제는 욕구를 욕구하는 첫 번째 욕구가 어디에서 나 왔는가 하는 것입니다. 그것은 당신이 선택하거나 조작한 것이 아니라 그 냥 원래 있었던 것 같습니다. 음식, 음악, 신발, 섹스, 실내장식 조명 등 당신이 선호하는 것들과 마찬가지로 바로 거기에 있었던 거죠. 이론적으 로는 욕구하는 것을 욕구했다는 것이 가능합니다. 하지만 이것을 상상하 기란 매우 어렵지요. 그리고 그 욕구는 어디서 왔는가라는 질문이 다시 떠오를 것입니다. 이렇게 영원히 질문을 할 수는 없습니다. 어떤 시점에 서는 당신의 욕구는 그저 주어진 것이어야 합니다.

그들은 궁극적으로 당신이 말할 수 없는 당신의 유전적 유산과 양육 에 기반을 둘 것입니다. 달리 표현하자면, 당신 자신을 만들지 않았고 현 재의 당신 자신이 될 수 없다고 근본적으로 느낄 수 있습니다. 그리고 이 것은 당신이 말하듯이 궁극적인 도덕적 책임에 반대하는 기본 주장의 주 요 단계입니다. 이는 다음과 같습니다.

①당신이 존재하는 방식대로, 당신이 처한 환경에서, 할 일을 합니다.
②그래서 당신이 하는 일에 대해 궁극적으로 책임이 있다면, 적어도 당신은 어떤 정신적인 면에서 당신이 사는 방식에 궁극적인 책임을 져야 할 것입니다.
③그러나 (주어진 이유들 때문에) 당신은 존재하는 방식에 대해 궁극적 으로 책임을 질 수는 없습니다.
④그래서 당신은 당신이 하는 일에 궁극적인 책임을 질 수 없습니다.

TS: 사람들이 받아들이기 가장 어려워하는 것이 세 번째 단계라고 생각합니다.

GS: 네, 올바른 방식으로 그것을 바라볼 때 그 단계가 상당히 명확하게 보이지만 말이죠. 때로 사람들은 당신이 **자기원인**이 될 수 없다고 말하면서 3번이 사실인 이유를 설명합니다. 당신은 당신 자신의 원인이 될 수 없습니다. 당신은 어쨌든 진정으로 또는 궁극적으로 스스로 만들어진 것일 수 없습니다. 니체는 평소와 같이 재치있는 방식으로 다음과 같이 표현합니다.

> **자기원인**은 지금까지 잉태된 최고의 자기모순이다. 그것은 일종의 논리 능욕과 왜곡이다. 그러나 사람의 호사스러운 자부심은 그저 이 모순 자체를 심오하고 두렵게 얽어버렸다. 불행하게도 어설프게 교육을 받은 사람들의 마음속에 여전히 남아 있는 최우선의 형이상학적 의미에서 "의지의 자유"에 대한 욕망: 자신의 행동에 대한 전체적이고 궁극적인 책임을 신, 세계, 조상, 기회, 그리고 사회에 전가하려는 욕망은 다름 아니라 무의 늪으로부터 머리카락으로 자신을 존재로 끌어올리고자 했던 뮌히하우젠 남작을 능가하는 야망으로, 바로 이 **자기원인**을 포함한다. [2]

이 기본적인 주장에 대해 말할 것이 더 많고 사람들이 결론을 도출하려고 노력하는 방법도 많습니다. 하지만 그것들 중 어느 것도 효과가 없죠.

TS: 나는 그 주장이 결정론을 언급하지 않는다는 것을 압니다. 그러나 역사적으로 자유와 책임에 관한 논쟁은 결정론의 진실, 그리고 자유의지와 도덕적 책임이 결정론과 양립할 수 있는가라는 문제를 중심으로 이루어졌습니다.

GS: 그렇습니다. 많은 사람들은 우주의 역사가 완전히 고정되어 있고, 모든 것들은 이미 일어났던 일로 인해 엄격히 발생해야 한다는, 모든 것은 지금과 같은 식으로만 일어난다는 관점인 결정론이 궁극적인 도덕적 책임의 진정한 위협이라고 생각합니다. 그러나 궁극적인 도덕적 책임에 반대하는 기본 주장은 결정론이 참인지 거짓인지에 따라 결정됩니다. 철학자들이 말하는 것처럼 그것은 완전히 선험적인 주장입니다. 그것은 소파에 누워서 그것이 사실이라는 것을 깨달을 수 있다는 것을 의미합니다. 소파에서 일어나 밖에 나가 사물이 실제 세계에서 존재하는 방식을 조사할 필요는 없습니다. 과학을 할 필요도 없습니다. 그리고 실제로 과학은 도움이 되지 않을 것입니다. 그리고 실제로 현재의 과학은 도움을 주지 않을 것입니다. 궁극적인 도덕적 책임은 또한 상대성이론에 의해 배제됩니다. 아인슈타인 자신은 인도의 신비 시인 타고르(Rabindranath Tagore)에게 경의를 표하며 쓴 글에서 "더 높은 통찰력과 완벽한 지능을 부여받은 존재가 사람들과 그들의 행동을 바라보며 자유의지에 따라서 행동하고 있다는 사람들의 환상에 대해 미소지을 것이다"[3]라고 말했습니다.

TS: 그런 사람들이 자신의 행동에 대해 도덕적인 책임이 있다고 생각하는 것은 환상이라는 말인가요?

GS: 그렇습니다. 하지만 나는 "도덕적 책임"에 앞서 "궁극적인"이라는 말을 강조하고 싶습니다. 당신과 나와 수백만 명의 다른 사람들이 철저히 도덕적으로 책임을 지는 명확하고 미약하고 일상적인 "도덕적 책임"이 있기 때문이죠.

TS: 나는 운동을 사랑하게 되는 게으르고 건강하지 못한 사람이 이 약한 일상적 의미에서 그의 선택에 책임을 져야 한다고 가정합니다. 그는 선택을 했고, 그것에 따라 행동했습니다. 다른 한편으로, 이 사람이 자신의 결정에 대해 **찬사받을 자격**을 갖추려면 궁극적인 의미에서 그리고 더 깊은 의미에서 도덕적인 책임을 져야 할 것입니다. 실제로 그것은 무엇에 대해 진정으로 비난받거나 칭찬받아 마땅한 사람은 아무도 없다는 당신의 주장을 암시하지 않습니다.

GS: 글쎄요, "진정으로"라는 것은 유연한 단어입니다. 다시 말하지만 나는 "궁극적으로"가 더 낫다고 생각합니다. 그래요. 무엇에 대해 궁극적으로 비난받거나 칭찬받아 마땅한 사람은 아무도 없습니다. 그건 불가능합니다. 의심 없이 받아들이기 매우 어렵겠지만, 그게 실상이죠. 궁극적으로 모든 것이 운에 달린 문제입니다. 행운이건 불운이건 태어날 때의 운이 우리의 상태를 만들지요. 그다음에 일어나는 행운이나 불운이 우리를 형성합니다. 우리의 행위에 대해 절대적인 전적인 책임을 지는 것과 같은 방식으로 우리의 상태에 대해 궁극적으로 책임을 질 수는 없습니다. 동시에 우리가 절대적이고 전적인 책임을 갖는다는 것을 믿지 않을 도리도 없습니다.

TS: 많은 사람들이 이것을 그대로 받아들이기가 어렵다는 말에 동감합니다. 당신이 어느 에세이에서 썼듯이 그것은 모두 운에 귀결됩니다. "히틀러조차도 어쩔 수 없었다." 그렇다면 우리는 히틀러(Adolf Hitler)와 스탈린(Stalin), 그리고 역사의 다른 악당들을 어떻게 생각해야 할까요? 리스본 지진이나 전염병을 보듯 그들을 보아야 할까요?

GS: 결국 어떤 의미로는 그렇지요. 분명 받아들이기 힘든 일입니다. 어떤 사람들은 자신의 기질을 감안할 때 받아들이기가 불가능하다고 생각합니다(그들은 더 이상 자신의 삶에 대해 이해할 수 없을 수도 있습니다). 말했듯이, 나는 그것을 정말로 받아들일 수 없습니다. 나는 항상 그것을 염두에 두고 살 수 없습니다. 만약 누군가가 내 자녀에게 해를 입히거나 고문을 하거나 죽인다면, 다른 사람들이 느끼는 대로 모든 것을 느낄 것입니다. 아마도 나는 강력한 복수의 감정을 가질 것입니다. 그러나 그 감정은 사라질 것입니다. 결국 그것은 사소한 자기관념에 불과합니다. 슬픔만이 지속될 것입니다.

어쩌면 그것을 표현하는 한 가지 방법은 다음과 같습니다. 자기자신 안에 있는 사람은 악하지 않습니다. 그런 의미에서 도덕적인 악과 같은 것은 존재하지 않지만, 악은 존재하고, 커다란 악, 사람들은 그 악의 보유자가 될 수 있습니다. 자, 그들이 악의 보유자라면, 그들은 악일 뿐이라는 점을 직시해야 한다고 당신은 대답할 것입니다. 그러나 당신의 답변은 결국 피상적이라고 말할 수밖에 없습니다. 어쨌든 우리는 자연재해를 악이라고 하지 않습니다.

히틀러 사례에 관해 할 말이 더 있습니다. 그가 자신이 한 일에 대해 전적으로 그리고 완전히 책임을 져야 한다는 우리의 감각은 인지적인 동시에 감정적이기도 한데, 보통 이 두 요소가 서로 떨어질 수 없는 것처럼 보입니다. 그가 가능한 가장 강한 방법으로 전적인 책임을 진다는 절대적 객관적 사실이라는 의미인 인지적 부분은 도덕적 구토, 혐오감, 분노라는 비인지적 부분과 분리할 수 없는 것처럼 보입니다. 나는 그것을 무엇이라고 불러야 할지 모르겠습니다. 그것은 혈액이 생물체와 분리될 수 없듯 분리될 수 없는 것처럼 보입니다[《베니스의 상인》(The Merchant of Venice)에서 샤일록의 문제]. 그리고 비인지적인 감정적 부분은 분명 완전히 적절한 반응이기 때문에 인지적 부분도 그래야 할 것처럼 보일 수 있습니다.

그럼에도 불구하고 나는 그것들을 떼어놓을 수 있다고 생각합니다. 궁극적인 도덕적 책임이 없다는 사실에 직면할 때 많은 감정적 반응이 제자리를 잡을 수 있습니다. 우리는 육체가 부패하는 냄새에 대해 객관적으로 역겨운 것이 없다는 것을 깨달아도 무의식적으로 구토를 멈추지 않습니다. 의심할 여지 없이 우리의 어떤 감정적인 반응은 **본질적으로** 궁극적인 도덕적 책임에 대한 믿음과 연결되어 있습니다. 그러나 복수와 응징에 대한 가장 강렬한 감정적인 욕구조차 말하자면, 궁극적인 도덕적 책임을 전제로 하지 않는 방식으로 느낄 수 있습니다.

TS: 잘 모르겠습니다. 1995년 오클라호마시티의 앨프리드 P. 뮤러 연방 정부 청사를 폭파하고 168명을 살해한 티머시 멕베이(Timothy McVeigh)의 사례를 예로 들어보죠. 희생자의 가족들은 폐쇄회로 TV로 그의 처형 장면을 지켜보았습니다. 왜 그랬죠? 그렇게 함으로써 가족들은 "응징"을 경험할 수 있기 때문입니다. 그런 종류의 보복적 충동이 도덕적 책임에 대한 믿음을 전제로 한다고 생각하지 않습니까? 오작동하는 컴퓨터나 마우스가 사랑하는 사람의 죽음을 초래한 경우, 그것을 응징하기 위해 마우스(또는 컴퓨터)의 파괴를 지켜봐야 했을까요?

GS: 당신 말은 일리가 있는데, 어떻게 대답하면 좋을까요? 내가 싫어하는 사람이 내가 싫어하는 마우스나 컴퓨터와 같지 않다는 말만으로는 충분하지 않은 것 같습니다. "그렇죠"라고 당신은 말할 것입니다. 그것은 우리가 인간에게 궁극적인 도덕적 책임을 지우기 때문입니다. 매번 "궁극적인"이라는 말을 반복해서 유감이지만, 그것이 중요하다고 생각합니다. 근본적인 도덕적 책임(deep moral responsibility)을 간단히 말해 지금부터 DMR이라고 줄여 부릅시다(이것은 어떤 외래의 향정신성 약물 이름처럼 들립니다).

그래서 나는 당신이 맞다고 생각합니다. 이러한 복수와 보복에 대한 욕구는 자신이 싫어하는 사람이 DMR을 가지고 있다는 믿음이 없으면 정상적인 인간사가 되지 않을 것입니다. 그들은 예외적인 사람일 것입니다. 그렇다면 내가 왜 그런 말을 했을까요?

로라 블러멘펠드(Laura Blumenfeld)[4]의 《복수》(Revenge, 2002)라는 놀라운 책을 생각하고 있었기 때문입니다. 이 책에서 저자는 복수와 보복의 모든 일이 의식이 되는 문화를 묘사합니다. 나는 마피아가 복수와 보복의 강렬한 욕구를 느끼기 위해서 DMR을 믿어야 한다고 생각하지 않습니다. 보복에 대한 열망은 그런 종류의 것을 필요로 하지 않습니다.

그것은 뭔가 흥미로운 것을 떠올립니다. "생명에는 생명, 눈에는 눈, 이에는 이, 손에는 손, 발에는 발, 화형에는 화형, 상처에는 상처, 채찍에는 채찍"[5]이라는 구약보다 더 오래된 고대 규칙은 거의 보편적으로 잘못 이해되고 있습니다. 그것은 선천적인 복수심에 대한 것이 아닙니다. 그것은 보복을 절제하라는 중재의 권고를 의도하고 있습니다. 눈에는 눈으로 보복하되 그 이상은 안 된다는 것을 말합니다. 받은 대로 돌려주라, 그한계를 넘지 마라. 블러멘펠드는 알바니아 북부의 로마 가톨릭 지역으로가서 그 지역의 "철천지원수복수위원회"(Blood Feud Committee) 회원에게 다른 뺨을 돌려대는 것에 대해 물었습니다. 그 사람과 방에 있던 모든사람들이 킥킥대고 웃으며 말합니다. "알바니아에는 '내 뺨을 치면 죽여버린다'라는 말이 있지요." 사람들은 그들이 정말로 기독교의 요점을 깨달았다고 느낍니다.

TS: 그렇다면 보복이라는 생각은 중요한 실용적인 역할을 할 수 있지만, 깊은 도덕적 책임에 대한 실제적인 **믿음**이 사람 노릇을 하기 위해 필요하지는 않다는 말이군요.

GS: 불필요할 뿐만 아니라 해로울 수도 있습니다. 나는 심리학자인 엘리노어 로쉬(Eleanor Rosch)[6]가 지난 8월 "불교적 명상이 마음의 심리학에 어떤 것을 이야기해줄 수 있나"(What Buddhist Meditation Has to Tell Psychology About the Mind)라는 샌프란시스코 강연에서 이야기한 것이마음에 듭니다. 어느 시점에서 그녀는 끊임없이 분화되는 연기법(緣起法)에 대한 불교의 교리에 대해 토론하고 있었습니다. 그리고는 소견을 말했습니다.

이 연기법에 대한 이해는 임상적인 중요성을 갖습니다. 그것은 죄책감, 우울증 또는 불안에 시달리는 사람들에게 자기자신을 비난하거나무력감을 느끼지 않는 인연의 일부로서 자신을 바라볼 수 있게 해줍니다. 실제로 사람들이 사건에 대해 책임을 지지 않는 방식을 파악할 수 있을 때 비로소 개념을 넘어 책임질 수 있는 더 깊은 수준을 찾을 수 있고, 현상세계에 대해 (종교적 소속의 용어에 따라) 회개, 용서, 평온 또는 힘을 가질 수 있습니다.

문제는 이것이 아주 아주 어렵다는 것입니다. 그리고 설명이 필요합니다. 엘리노어 로쉬가 묘사하는 방식대로, 사건에 대한 책임이 없는 방식을 찾는다고 해서 당신이 무책임한 사람이 되는 것을 의미하지는 않습니다. 또한 우리 중 일부는 치열하게 자기비판적이며 자신을 편하게 하는 것이 좋을 테지만, 왜냐하면 자기비판은 또 다른 형태의 자기방종으로 바뀔 수 있기 때문입니다. 우리는 특히 히틀러와 그 친구들이 "평온"하기를 원하지 않습니다. 엘리노어 로쉬가 말하는 것에서 진실을 찾기 위해서는 성찰이 필요합니다.

TS: 일반적으로 불교의 명상과 불교 철학이 당신 책의 많은 부분에서 나타납니다. 당신은 명상을 하나요?

GS: 1960년대 말과 1970년대 초반에 영국의 케임브리지에서 학부생(머리카락을 허리까지 늘어뜨린 꽃다운 청춘)이었을 때 명상을 시도했었지만 그것을 지속할 수는 없었습니다. …25년이 지난 작년에 나는 교리에서 전적으로 자유로운 패트리샤 캐링턴(Patricia Carrington)의 "임상표준명상법(Clinically Standardized Meditation)"[7]을 사용해 다시 한 번 시도했습니다. 아주 흥미로웠지만 다시 중단했지요.

TS: 당신이 명상을 할 때, 내 말은 단지 이론적인 수준 이상으로 명상이 자유의지를 부정하고 DMR을 받아들이기 쉽게 만들어준다고 느꼈나 하는 것입니다.

GS: 내가 실제로 명상을 하거나 그것을 시도할 때 DMR이 부정된다고 느끼지는 않았습니다. 비록 그것이 더 자연스러운 것 같았다고 느꼈지만 말이죠. 하지만 당신은 명상이 내 남은 생애 동안 DMR에 대한 내 태도에 뚜렷한 차이를 만들었는지 묻고 싶을 것입니다. 내가 그것을 더 잘했거나 더 오래 계속했더라면 그랬을지 몰라도, 지금 나는 그렇게 생각하지 않습니다.

그래서 내가 이론적으로 자유의지와 DMR을 받아들이기보다는 그것을 부정하고 살 수 있을까요? 아마도 내가 무언가 나쁜 짓을 했다면 전적으로 책임감을 느낄 것입니다. 나는 후회와 유감 등의 감정을 느낄 것입니다. 하지만 후회는 그리 오래 지속되지 않을 것 같습니다. 그런 느낌이 너무 길게 지속된다면 어떤 근본적인 방식으로는 자기방종이 된다고 생각합니다. 실제로 나는 모든 **죄책감**이 자기방종이라고 생각하는데, 그것은 모두 자아에 관한 것입니다. 그것이 의식이 되면 그렇게 될 수 있지만, 후회와 가책 같은 것은 그렇지 않습니다.

질문으로 다시 돌아가, 명상이 우리로 하여금 깊은 도덕적 책임과 같은 것이 없다는 사실에 따라 살게 하는 것은 아니라고 확신합니다. 내가 더 깨달았다면, 그것은 단지 삶을 살았고, 오랫동안 철학에 헌신했기 때문입니다. 나는 철학이 시간이 지남에 따라 실제로 사람을 바꾼다고 생각합니다. 어떤 특이한 방식으로 사람의 마음을 확장합니다. 철학의 전문적 실천 그 자체가 일종의 영적인, 전적으로 세속적인 의미에서 어떤 "영적인" 학문인 것처럼 보입니다. 적어도 나에게는 그것이 영적인 학문이 될 수 있었습니다. 신체의 집중적 훈련이 신체의 모양을 바꾸듯 마음의 집중적 훈련이 마음의 모양을 바꾸지 않는다면 오히려 놀랍지 않을까요?

다음은 내가 15년 전에 쓴 "의식, 자유의지, 그리고 결정론의 사소함"(Consciousness, Free Will, and the Unimportance of Determinism)이라는 논문의 이상한 자기고백적 구절입니다. 최근 누군가가 언급할 때까지 나는 그것을 잊고 있었습니다.

> 나의 태도는…극적으로 모순된다. ⓐ나는 내가 가진 어떤 자질을, 그리고 내가 하는 모든 유익을 순수한 행운의 문제로 간주한다. 그래서 내가 강한 의미에서 그것들에 대한 인정을 받겠다는 생각은 터무니없는 것처럼 보인다. 그러나 ⓑ나는 다른 사람들의 업적과 선행을 순수한 행운이라고 생각하지 않으며 진정한 책임감을 전제하는 것에 존경심(그리고 적절한 경우, 감사)을 느낀다. 또한 ⓒ나는 내가 하는 나쁜 짓을 단순한 불운으로 여기지 않고, 그것들에 대해 진정한 책임을 부여하는 태도(시간에 따라 확실히 희미해질)를 갖는다. 마지막으로, ⓓ나는 (일상생활에서) 자연스럽게 다른 사람들이 하는 나쁜 짓을 진정한 책임을 전제로 비난하는 방식으로 설명하는 것이 부적절하다고 생각한다. 나는 이 패턴이 특별히 드물지 않을거라고 생각한다.[8]

TS: 흥미롭군요. 나는 그것이 아주 드물다고 생각하거든요. 우리가 우리의 업적과 선행에 대해 칭찬받을 자격이 없다고 생각하는 건가요? 어쨌든 그것은 미국인의 어떤 핵심적인 이상과는 반대되는 것 같습니다.

GS: 아마도 드물기는 하지만 희귀한 것은 아니라고 생각합니다. 나는 그것이 꽤 비미국적이라는 데 동의하지만, 전 세계적으로 그렇게 특이하다고는 생각하지 않습니다. 그렇지 않으면 내가 이상한 사람일까요? 사람은 분명 무언가를 해서 많은 즐거움이나 행복을 얻을 수 있지만, 무언가에 대해 인정을 받는 것은 키나 외모(성형수술은 제외하더라도)에 대해 인정받거나 책임을 지는 것과 같이 어리석은 것처럼 보입니다. 사람들은 때로 천부적인 재능은 인정받지 못하더라도 노력은 인정받아야 한다고 생각하지만, 결국 결단력과 인내심을 갖고 노력하는 것도 재능이자 행운의 일부입니다. 사람이나 풍경이 특별히 매력적이라는 것을 발견하는 것과 같은 방식으로 우리가 특별히 그것을 칭송하는 일이 벌어지고 있습니다.

TS: 그리고 ⓓ는 어떻습니까? 다른 사람의 나쁜 행동에 대한 비난이 부적절하다는 생각 말입니다.

GS: 그것은, 그것을 쓸 때 나는 괴상한 행동이 아닌 일상생활을 생각하고 있었다는 것입니다. ⓓ는 내 아버지가 다른 사람들에게 "객관적인 태도"라고 부른 것을 취하는 것과 관련이 있는데, 적어도 순간의 열기 이후 일상생활에서의 다른 사람들의 잘못에 관해서라면 나는 확실히 그렇게 생각합니다.

TS: 잠시 객관적인 태도에 대해 이야기해봅시다. 1962년에 당신의 부친 P. E. 스트로슨은 오늘날 자유의지에 대해 연구하는 사람들을 계속 사로잡고 있는 유명한 논문 "자유와 분노"(Freedom and Resentment)[9]를 출판했습니다. 이 논문에서 그는 다른 인간에 대해 객관적인 태도를 채택할 때 당신은 대인관계의 몇 가지 필수적인 특징을 잃는다고 주장했습니다.

당신은 오웰(George Orwell)식 시나리오와 관련해, 이 사람을 사회 정책의 대상으로, "치료"의 대상으로 간주하기 시작할 것입니다. 당신은 더 이상 그 사람을 완전히 사람으로 볼 수는 없습니다. 하지만 만약 자유의지나 DMR이 없다는 믿음을 받아들인다면, 우리에게 가장 가까운 사람을 포함해 **모든** 사람에 대해 객관적인 태도를 취해야 할 것입니다. 당신 부친의 제안처럼 이것이 냉혹하고 삭막하다는 의미일까요?

GS: 아니, 그렇게 생각하지 않습니다. 나는 일반적으로 누군가에게 객관적인 태도를 취한다고 해서 그들을 완전히 사람으로 대하는 것을 포기하는 것이라는 데 동의하지 않습니다. 실제로 나는 그것이 가장 가까운 인간관계에서 필수적이라고 생각합니다. 난 오히려 그것이 우리가 가진 아름다운 능력이라고 생각합니다. 그것은 연민과 사랑에 깊이 관여합니다. 나는 사랑이 맹목적이라고 생각하지 않습니다. 나는 사랑이 모든 결점을 보고 꺼리지 않는 것이라고 생각합니다. 객관적 태도는 우리 삶에 우주적 관점을 가져오는데, 그곳에서 (내가 아는 한) 환영받습니다. 우주적 관점은 배려와 보살핌의 일부일 수 있습니다.

TS: 당신의 책에서 부친의 논문에 대해 가장 효과적인 비판을 하고 있다는 것을 발견했습니다. 아버지와 공공연한 철학적 의견 대립이 있는 것은 어떤가요? 부친은 당신의 관점에 가까워졌나요? 아니면 우리 아버지가 나에게 하듯 당신을 멍청이라고 하나요?

GS: 아버지 입에서 "멍청이"(schmuck)라는 단어가 나오는 것을 상상하기란 매우 어렵습니다. 아마도 그를 술에 취하게 한 다음 스머커(Smucker)

의 잼 통을 건네주며 그게 뭔지 물었을 때나 가능할 것입니다. 사실 난 아버지가 내 입장을 어떻게 생각하는지 전혀 모릅니다. 나는 그가 객관적인 태도에 대한 요지를 인정하고 자신의 논문 뒤에 숨겨진 근본적인 생각, 자유의지에 대한 믿음이 다른 사람들에 대한 자연스러운 도덕적·정서적 태도에 깊게 자리잡고 있어서 철학적 논쟁이 단지 부적절하다는, 아주 부적절하다는 생각에 만족할 수 있다고 생각합니다. 개인적인 정체성에 대한 연구로 유명한 영국 철학자 데렉 파핏은 내 생각이 아버지의 생각보다 진실에 가깝다고 생각하지만 아버지의 논문이 계속 영향력을 끼칠 것이라고 말했습니다. 나는 그가 옳았다고 생각합니다.

오이디푸스 콤플렉스 같은 것이 지속된다고는 생각하지 않습니다. 일반적으로 이견, 현실적이며 실재하는 이견은 당신의 반대자가 틀린 것이기 때문에 문제가 되지 않거나, 그렇지 않으면 반대자가 옳은 경우 옳은 것은 옳은 것이기 때문에 또한 문제가 되지 않기 때문입니다. 그렇다면 당신은 무엇을 할 수 있을까요? 물론 문제를 바로잡는 것은 멋진 일입니다. 언제나 무엇이 진실이냐가 중요합니다.

TS: 다음 질문으로 넘어가볼까요? 책에서 당신은 우리에게 진리를 따라 살기 원하는 사람을 고려하라고 합니다. 그는 계속해서 자유의지와 DMR의 존재를 부인하고 싶어합니다. 우리는 이 사람이 다른 사람에 대한 분노를 줄이고 자기자신을 방종하는 죄책감에 사로잡히지 않으리라 상상할 수 있습니다. **그러나** 당신은 일반적인 선택의 상황에서 이 사람이 벽에 부딪힐 수 있다고 주장합니다. 이런 상황에서 우리가 무엇을 선택하든 우리의 선택에 대해 진정으로 또는 절대적으로 책임이 있다고 생각하지 않을 수 **없습니다**. 좋습니다. 이 사람의 입장에서 볼 때 자신이 특정 행동에 대해 비난(또는 칭찬)을 받아야 한다고 생각하는 초기 충동이 있음을 인정합니다. 반면에 그는 자유의지에 대한 이 개념이 일관성이 없고 불가능하다는 것을 알고 있습니다. 그렇다면 질문은 우리의 본성이 충분히 유연하여, 적절한 숙고 뒤에 자유의지와 DMR에 대한 신념이 완화되거나 심지어 제거될 수 있는가로 나아갑니다.

GS: 나는 이 질문이 자유의지 논쟁에서 남은 유일하고도 흥미로운 질문일 수 있다고 생각합니다. 왜냐하면 나머지 부분에 대한 답변은 지금으로서는 아주 분명하기 때문입니다. 그러나 내가 답변하기 전에 왜 우리가 DMR을 가진 것처럼 근본적으로 자유로운 것으로 우리 자신을 경험할 수밖에 없는지 그 이유를 설명하는 이야기를 들려드리겠습니다.

다른 모든 준비를 마치고 이제 남은 10달러 지폐를 가지고 케이크를 사기 위해 국경일 저녁에 한 상점에 도착했다고 가정해보십시오. 모든 것이 끝나가고 있습니다. 상점에는 케이크 한 개가 남아 있습니다. 10달러짜리입니다. 그리고 가게의 계단에서는 누군가 자선냄비를 흔들고 있습니다. 아니면 아주 곤궁한 누군가가 구걸하고 있습니다. 멈춰서서 이제 무엇을 할 것인지 **전적으로 당신에게 달려 있다**는 것은 아주 분명한 것 같습니다. 아주 분명하죠. 이런 방식으로 당신이 하는 일에 대해, 무슨 일을 하든 DMR을 가질 수 있습니다. 상황은 실제로 분명합니다. 당신은 돈을 냄비에 넣을 수 있습니다(또는 거지에게 줄 수 있습니다). 아니면 가게로 들어가서 케이크를 살 수 있습니다. 그런데 이 상황에서도 완전히 근본적으로 자유롭게 선택할 수 있는 것은 아닙니다. 당신에게 선택하지 않을 자유는 없습니다. 그렇게 느낄 것입니다. 사르트르의 말을 빌리자면, 당신은 자유라는 저주를 받았습니다. 당신은 이미 선택사항이 무엇인지 완전히 의식하는 상태에 있으며, 그 의식을 벗어날 수는 없습니다. 당신은 어떻게든 거기에서 빠져나올 수 없습니다.

TS: 당신의 다른 신념이 무엇이든 간에….

GS: 맞습니다. 당신은 결정론이 사실임을 확신할 수 있습니다. 5분 또는 2분 동안 지금 처한 상황을 되돌아보고 해야 할 것에 대해 진정으로 말할 수 있을 것입니다. "나는 그것을 하도록 결정되어 있다." 당신이 이 말을 철저히 믿는다고 해도, 당신이 지금 거기에 서 있는 권리가 있는 것처럼 당신이 지금 가지고 있는 DMR의 느낌에 영향을 미칠 것이라고 나는 여전히 생각하지 않습니다. 자선냄비의 예는 아주 극적이지만 이런 일반적인 종류의 선택은 드물지 않습니다. 일상생활에서 일반적으로 발생합니다.

이런 이야기입니다. 이제 당신이 한 질문에 대해 말하자면, 지금 남아 있는 유일하게 흥미로운 것일 겁니다. DMR의 경험이 일상생활에서 불가피하게 여겨지는 일임을 감안할 때, 우리는 그것을 자유롭게 떨쳐버릴 수 있을까요? 적어도 그것을 감소시킬 수 있을까요? DMR의 불가능성을 고취하며, 그것을 단순히 이론적인 맥락에서만 받아들이지 않고 우리는 어떻게든 진정으로 살 수 있을까요? DMR의 경험은 필연적으로 지엽적인 인간의 사실, 인간의 특질 또는 한계이거나, 자선냄비 유형의 선택을 마주하고 그렇다는 사실을 완전히 알고 있는 인지적으로 정교하고, 합리적이며, 자의식적인 모든 가능한 행위자에게 필연적일까요?

글쎄, 잘 모르겠습니다. 하지만 나는 사람에게 불가피한 일이 아닐지도 모른다고 생각합니다. 이에 대해 내가 좋아하는 인용문이 몇 개 있습니다. 인도의 신비주의 사상가 크리슈나무르티는 당신이 영적으로 나아갈 때 근본적인 선택의 경험은 단순히 사라져버린다고 알립니다. 그는 이렇게 말합니다. "당신은 선택하지 않습니다." "당신이 사물을 매우 명료하게 볼 때, 당신은 결정하지 않습니다. …오직 어리석은 마음만이 삶에서 선택을 경험합니다." 영적으로 진보하거나 "진정으로 현명한 마음은 선택할 수 없습니다." 왜냐하면 그것은 "진리의 길만 선택할 수 있기 때문입니다." "오직 어리석은 마음만이 자유의지를 가집니다."[10] 여기서 그는 근본적인 자유의지의 경험을 가리킵니다.

솔 벨로는 자신의 소설 《훔볼트의 선물》에서 이와 관련된 생각을 피력합니다. "사물이 보다 명료해지는 다음 영역에서, 명료함은 자유를 침해한다. 우리는 지상에서 자유롭다." "왜냐하면 흐릿함 때문에, 오류 때문에, 놀라운 한계 때문에." 우리는 우리 자신을 근본적으로 자유로운 존재로 경험합니다. 그리고 위대한 네덜란드의 철학자 스피노자는 그 요지를 신에게까지 확장합니다. 신은 "자유의지로 행동한다고 말할" 수 없다고 말합니다. 그 경우 그는 결국 전지적이기 때문에, 그런 식으로 하는 것을 생각하거나 느낄 수 없습니다.

신학은 제쳐두고, 크리슈나무르티는 케이크와 자선냄비에도 불구하고 DMR이 없어도 사람이 살 수 있다는 것이 실제로 불가능하지 않음을 확신시킵니다. 그가 말하는 것은 진리의 고리입니다. 그리고 여기 내가 엘리노어 로쉬에서 인용한 구절과 수렴하는 점이 있습니다. 말하자면, 나는 DMR의 느낌 없이 살아가는 것이 우리 대부분에게 현실적인 선택이라고 생각하지 않습니다.

TS: 이제 토론에 남은 흥미로운 질문이 **하나** 더 있을지도 모르겠습니다.

사실대로 살아가는 것이 아주 어렵게 이루어질 수 있다면, 꼭 **그래야만** 할까요? 다른 말로 하면, 누군가가 DMR이 불가능하다는 기본 주장의 결론을 받아들이면, 당신은 그가 이 믿음에 따라 살아야 한다고 권고하겠습니까?

GS: "사실대로 살기" 위해서는 수년 간의 영적 훈련이 필요할 수 있습니다. (실제로는 평범한 세속적인 숙고를 통해 상당히 많은 것을 얻을 수 있습니다.) 그러나 단추를 누름으로써 그것을 즉시 달성할 수 있다고 가정해봅시다. 당신은 당신이 그 단추를 눌러야 하냐고 묻고 있습니다.

　아마도 그것은 엄청나게 행복한 일일 것입니다. …하지만 당신은 정상적인 인간관계의 범위 밖으로 나오게 될 것입니다. 일단 거기에 있었다면 그 결과를 거리끼지 않을 것입니다. 나는 당신이 한때 그곳에 있었던 것이 옳다는 것을 절대적으로 분명히 확신할 것입니다. 그러나 이 돈독한, 사람을 위로하는 동료를 모두 남겨두고 그곳에 가려고 애쓰는 것은 두려운 일 같습니다. 슬프고 진정한 개인적인 관계를 배제하는 이 측면은 우울한 것처럼 보일 수 있습니다. 나는 우리가 평소에 그것을 생각한다면 그것이 낭만적인 사랑을 수용할 수 있을지 확신할 수 없습니다. 그러나 그것은 연민의 능력을 건드리지는 못할 것이고, 감사와 같은 감정적인 태도도 제거하지 못할 것입니다. 그것은 그것들을 내부에서 깊이 바꿀 것입니다. 그것들을 도덕적 태도에서 심미적 태도로 바꿀 것입니다. 결국 모든 것이 바로잡히게 됩니다.

TS: 정말 낭만적인 사랑이 배제될까요? 나는 모든 종류의 사랑이 어느 정도 완벽하게 남아 있다고 생각할 것입니다. 낭만적인 사랑을 경험하기 위해 DMR을 믿어야 하는 이유는 무엇이죠?

GS: 철학자답게 조심스럽게 낭만적인 사랑은 "우리가 보통 생각하는 대로"라고 말했습니다. 왜냐하면 우리가 일반적으로 생각하는 낭만적인 사랑은 감사를 느낄 가능성, 진정함, 자유를 전제하는 감사, 단순히 심미적인 느낌으로 근본적으로 변하지 않는 감사를 필요로 한다고 생각하기 때문입니다. 그것이 내가 《자유와 신념》의 마지막 장에서 주장한 것입니다. 그러나 나는 낭만적인 사랑, 기독교의 사랑보다 구체적인 개인에 대한 사랑, 일반적인 선행은 감사를 느낄 수 있어야 한다고 실제로 생각하지 않습니다. 나는 미셸 드 몽테뉴와 요절한 에티엔 드 라 보에티와의 널리 알려진 깊은 우정의 경우와 마찬가지라고 생각합니다. 그에게 그들의 우정에 대해 묻자 그는 "그 사람이었기 때문에, 그것이 나였기 때문에"[11]라고 간단히 말했습니다. 이것은 사랑과 동일합니다. 나는 이것이 깊고 진실한 것으로 보입니다.

좋습니다, 나는 당신의 질문에 대답했거나, 적어도 대답하려고 노력했습니다. 이제 당신 차례입니다. 당신은 그 단추를 어떻게 할 생각인가요?

TS: 내게 **만약** 돌아올 수 있는 선택권이 있다면, 나는 그것을 꼭 누를 것입니다. 내가 걱정하는 한 가지(낭만적인 사랑을 잃는 것 이상의 것)는 스포츠를 즐기는 능력을 잃는 것입니다. 그것은 모든 이론을 제치고 내 삶의 한 부분입니다. 레드 삭스가 지면 누군가는 책임을 져야죠!

GS: 당신이 다시 돌아올 선택의 여지는 없다고 난 상상하지만, 이번 단한 번만, 당신을 위해서, 좋아요, 하지만 당신이 돌아오리라고 기대하진 않아요. 그리고 당신과 레드 삭스는 괜찮을 겁니다.

6. 가장 어리석은 주장

물어봐야, 결코 알 수 없을 것이다.[1]

_루이 암스트롱(Louis Armstrong)

1

세상에서 가장 어리석은 주장은 무엇일까? 우열을 가리기 힘들겠지만, 그 대답이 어려운 것은 아니다. 어떤 사람들은 의식의 존재, 즉 의식적 경험, 경험의 주관적 특성, 경험이 "무엇과 같은지"(what-it-is-like)를 부정해왔다. 이 부정[나는 이것을 **부정**(the Denial)이라고 하겠다]에 비하면 알려진 모든 종교적 믿음은 풀이 녹색이라는 믿음보다 조금 덜 합리적일 뿐이다.

부정은 20세기에 시작되었고, 특히 심리철학자와 신경과학자, 그리고 인공지능 및 정보기술 연구자들 사이에서 오늘날까지 지속되고 있다. 그것은 어떻게 일어난 것일까? 첫 번째는 심리학에서 행동주의적 접근 방식이 등장한 것 때문이고, 두 번째는 실재에 대해 자연주의적인 접근 방식이 일방적으로 승리한 것 때문이다. 두 가지 모두 바람직한 방식이었지만 통제가 불가능해졌고, 엄청난 어리석음을 낳았다. 나는 그것을 차례로 고찰하고, 세 번째, 더 근본적인 다소 암울한 어떤 원인에 대해 말하고 싶다.

그 전에 나는 의식, 의식적 경험, 경험 등이 부정당하는 것에 대해 간략히 뭔가를 말할 필요를 느낀다.

대답은 쉽다. 무엇인가를 보았거나 들었거나 냄새를 맡은 사람—고통을 겪었거나, 배고팠거나, 만족스러웠거나, 뜨거웠거나, 차가웠거나, 후회스러웠거나, 놀랐거나, 당황했거나, 미심쩍었거나, 졸렸거나, 또는 갑자기 잊어버린 약속을 떠올렸거나 한 모든 사람—은 그것이 무엇인지 안다. 때때로 이 모든 것들은 근본적으로 다른 형태의 의식적 경험, 느낌인 "감각질"이라고 거북하게 알려진 것을 포함한다. 의식적 경험은 그것을 가진 생물체(사람, 개, 고양이 등)에게만 직접적으로 알려진 어떤 질적 특성을 갖는 사적이고 주관적인 경험이다. 발가락을 어딘가에 부딪혔을 때 아픔을 느끼는 네 살짜리 루시가 알고 있는 느낌이다. 또는 당신이 새로 나온 사탕을 주고 그것이 어떤 맛이냐고 물었을 때 다섯 살짜리 루이스가 주의를 기울이는 것이다. 그들은 이미 해당하는 것에 대해 아주 분명한 의견을 갖고 있다. 그들이 눈을 감고 빛(붉은색의 일종)을 볼 때, 그리고 눈을 가리고 그 붉은색이 희미해지는 것을 볼 때, 그들이 보는 색인 붉은색의 어떤 그림자에 대해 물어보라. 그들은 그 색이 실재하는 것이 아니라는 것을 안다. 단순하게 표현하자면 그들은 그것이 "그들의 마음에"만 있다는 것을 안다(더 알고 싶다면, 173-175쪽을 참조하라).

부정을 표현하는 한 가지 방법은 위에서 언급한 경험들 중 어느 것도 누구도 겪은 적이 없다는 부정이다. 따라서 대부분의 **부정자**(Deniers)는 그들이 **부정자**라는 것을 부정한다는 것이 놀랍지 않다. "물론 우리는 의식이나 경험이 존재한다는 것에 동의한다." 그러나 **부정자**가 "의식" 또는 "경험"을 말할 때 이것은 전혀 다른 것을 의미한다. 그들은 이들 단어를 "거울에 비추거나" "뒤집는다." 단어를 "거울에 비추거나 뒤집는" 것은 그 의미가 무엇이든 그것이 실제로 의미하는 것을 배제한다.

부정자는 누구인가? 나는 적어도 "철학적 행동주의"라 불리는 것에 동의하는 모든 사람들, 심리철학에서 "기능주의"라고 불리는 것에 완전히 동의하는 모든 사람들을 염두에 두고 있다. 아주 분명히 부정했던 사람은 많지 않지만, 분명히 부정했던 혹은 거의 분명히 부정했던 사람들 가운데는 브라이언 파렐(Brian Farrell), 제이 가필드(Jay Garfield), 파울 파이어아벤트(Paul Feyerabend), 키스 프랭키쉬(Keith Frankish), 조르주 레이(Georges Rey), 리처드 로티(Richard Rorty) 및 일반적으로 존경할 만한 대니얼 데닛과 같은 사람들이 있다. 네드 블록(Ned Block)은, 의식이나 "감각질"을 자신의 실재론에 맞추려는 데닛의 시도는 "미 공군이 그렇게 많은 베트남 마을에 대해 가진 감각질과 관련된다: 그는 베트남 마을을 구하기 위해 감각질을 파괴한다"[2]라고 말한 바 있다.

부정자가 말하는 가장 이상한 것 중 하나는, 비록 진실하고 부인할 수 없게 의식적 경험이 있는 것처럼 **보이지만** 실제로 의식적인 경험이 전혀 없다는 것이다: 그렇게 보이는 것은 **실제로** 완전한 환상이다. 이에 대한 문제점은 잘 알려져 있다. 그렇게 보이는 것이나 환상은 이미 환상이라고 이야기되는 것의 사례, 실제로 존재하는 사례다. 당신이 통증을 느끼는 최면상태에 있다고 하자. 당신은 실제로 몸이 아픈 것은 아니기 때문에 고통은 환상이다. 대답은 즉각적이다. 고통스럽게 느껴지는 것은 진실로 고통상태에 있는 것이다. 여기서 외관과 실재, 즉 **보이는** 것과 **존재하는** 것의 틈새를 벌릴 수는 없다. 만약 당신이 복부에 총을 맞았거나 당신의 아이들이 살해당했다고 믿도록 최면을 당했기 때문에 땅에서 뒹군다면, 우리는 최면을 끝낼 도덕적 이유가 있다. 그 경험은 실제적이고 끔찍하기 때문이다. 만약 당신이 진정으로 생생한 색-체험, 이를테면 적색-체험을 갖는 것 같다면 당신은 실제로 생생한 색-체험을 하는 것이다.

어떤 사람들은 의식의 존재를 부정할 뿐만 아니라 어떤 것이 존재해야 하는지 알지 못한다고 독특하게 주장한다. 네드 블록은 누군가 재즈가 무엇이냐고 물었을 때 루이 암스트롱이 대답한 "물어봐야 결코 알 수 없을 것이다"[3]라는 말을 사용해 이를 잘 다루고 있다. 비트겐슈타인(Ludwig Wittgenstein)을 따른다고 하는 사람들에게 비난을 받았지만, 다른 대답도 그럴듯하다. 누군가 의식적인 경험이 무엇이냐고 묻는다면, 당신은 이렇게 말할 수 있다. "이봐, 너에게 뭐가 있는지 잘 알잖아." ("여기에 좋은 예가 있지"라고 덧붙이며 당신은 그들에게 날카로운 발차기를 날릴 수 있다.) 의식적 경험은, 우리가 그것을 가지고 있기 때문에 그것에 대해 직접적으로 그리고 완전히 알고 있다고 원초적으로 느낄 수 있다. 갖는 것이 아는 것이기 때문이다. 따라서 사람들이 의식을 신비라고 말한다면, 그것은 틀렸다. 우리는 그것이 어떤 것인지 알기 때문이다. 물론 우리가 그것을 쉽게 말로 표현할 수 있음을 의미하지는 않지만, 어쨌든 그것은 우리에게 가장 친숙한 것이다.

사람들이 의식을 신비라고 말할 때 의미하는 것은 의식이 어떻게 뇌에서 물리적으로 일어나는 것에 불과할 수 있을까라는 점에서 신비하다는 것이다. 그러나 여기서 그들은 곰돌이 푸우식으로 말하자면, 아주 큰 실수를 하는 것이다. **우리가 물질이 무엇인지에 대해 충분히 알고 있기 때문에 뇌에서 물리적으로 일어나는 일이 의식적인 일일 수 없다고 생각할 만한 충분한 이유가 있다**고 생각하는 실수다. 우리는 알지 못한다.

2

의식의 정의에 대해서도 마찬가지다. 이제 **부정**의 두 가지 주요 원인이라는 몇 가지 아이디어의 긴 역사에 대해 살펴보자. 첫 번째인 행동주의는 의식적 경험의 실재를 충분히 인정했던 심리학자에 의해 엄격한 방법론적 전제로 출발된 실험심리학의 연구 프로그램으로 약 100년 전에 시작되었다. 의식에 대한 심리학자들의 반대는 의식이 존재하지 않는다는 것 때문은 아니었다. 그것은 의식을 진정한 과학(proper science)으로 다룰 수 없기 때문이었다. 진정한 과학이 되려면, 심리학은 정확하게 측정 가능하고 정량화될 수 있는 공개적으로 관찰 가능한 행동 현상만을 고수해야 했다.

일반적으로 1913년에 출판된 존 왓슨(John Watson)[4]의 논문 "행동주의자가 본 심리학"(Psychology As the Behaviorist Views It)을 기본 텍스트로 인정한다. 그러나 헨리 모즐리(Henry Maudsley, 마음이 뇌라는 "마음-뇌 동일성 이론"을 지지한 유물론자)[5]는 오귀스트 콩트(Auguste Comte)[6]가 30년 전에 그랬듯, 1867년 자기성찰을 사용하는 것에 대해 동일하게 근본적으로 반대했다. 그리고 1911년, 왓슨의 논문이 출판되기 2년 전, 철학자 에드윈 싱어(Edwin Singer)[7]는 비록 성급하게 이 발언을 한정했지만, "의식은 행동으로부터 추론된 어떤 것이 아니라, 행동이다"라고 썼다. 싱어는 1908년에 윌리엄 제임스[8]가 고안한 여성의 완벽한 환영, "영적으로 움직이는 처녀와 절대적으로 구분할 수 없는…영혼이 없는 신체"인 "자동연인"을 논했다. 이것은 오늘날 철학자들이 "좀비"라고 부르는 것이다.

방법론적 행동주의는 매우 훌륭하고 풍성한 아이디어였다. 몇 년 동안 모든 것이 잘 진행되었다. 그 다음에 철학자들이 등장해 방법론을 형이상학으로 변모시켰다. 그들은 방법론적 **행동주의**를 바꾸어, 의식을 제쳐두고, 마음의 과학적 연구를 행동으로 제한하고, 그것을 무모한 **형이상학적** 행동주의로 부풀렸는데, 이는 의식이란 행동 ± 행동경향에 불과하다고 주장한다.

이것의 문제점은 분명하다. 이 견해에 따르면, 의식은 존재하지 않는다. 철학적 행동주의는 경험과 관련해 "제거주의적"이다. 즉 이것은 행동경험을 부정한다. 그것은 케임브리지의 철학자 C. D. 브로드(Broad)가 1925년에 "환원적 유물론"[9]이라는 용어를 도입했을 때 지적했듯이, "환원적 유물론"의 한 형태이며, 환원적 유물론은 실제로 경험에 대해 제거주의적이다.

"아니다, 아니다"라고 환원주의의 옹호자들 다수가 한목소리로 말한다. "환원은 제거가 아니다." 공식적으로 말하자면, 이들은 옳다. 공식적으로 말하자면, X를 Y로 환원하려는 것은 X가 존재하지 않는다고 말하는 것이 아니다. 그것은 단순히 X가 "정말로" Y이다, X는 Y"일" 뿐이다, 즉 X는 Y "이상이 아니다"라고 말하는 것이다. 그리고 Y가 존재한다고 가정하기 때문에 X 또한 존재해야 한다. 비록 X는 Y일 뿐이지만 다름 아닌 바로 Y다. 화학 공정을 물리적 공정으로 환원한다고 해서 화학 공정이 존재하지 않는 것은 아니다.

모두 맞다. 그러나 의식을 행동이나 행동경향으로 환원시키는 것은 그것을 제거하는 것이다. 그것은 그 존재를 부인하는 것이다. 의식이 무엇인지, 그리고 그것이 무엇인지를 안다면, 의식이 행동이나 행동경향일 뿐이라고 말하는 것은 의식이 존재하지 않는다고 말하는 것이다.

환원주의자는 계속 의식을 거부하거나 의문시한다고 주장한다. 공식적으로 말해 그들은 의식을 의문시한다. 그리고 의문시하는 것은 잘 알려진 이론적인 죄다. 그러나 때때로 일이 아주 뒤죽박죽되면, 그것은 정확히 당신이 해야 할 일이다. 이것을 살펴보기 위해 의식의 환원주의 이론과 피자 이론을 비교하는 것이 도움이 될 것이다. 이것은 의식이 실제로 피자 자체라는 이론이다.

공식적으로 말하자면, 피자 이론은 피자가 확실히 존재하기 때문에 의식이 존재한다는 것을 완전히 허용한다. 마찬가지로 철학적 행동주의는 행동이 확실히 존재하기 때문에 의식이 존재한다는 것을 완전히 허용한다. 그러나 경험이 단지 피자라고 말하는 것은 의식이 존재하는 것을 부인하는 것이다. 우리는 의식적 경험이 존재하는 것을 알고, 적어도 우리 경우에 그것이 어떤 것인지 알고, 우리는 그것이 단지 피자가 아니라는 것을 알기 때문이다. 행동에 대해서도 마찬가지다: 의식적 경험이 단지 행동이나 행동경향이라고 말하는 것은 "의식"이라는 단어를 거울에 비추거나 뒤집는 것이다. 비교는 거친 것 같지만, 정확하다. "그가 의식이란 용어를 쓴 것은, 다른 용어 또는 의식이라는 용어가 실제로 지칭하는 것에 대해 누구도 의심하지 않을 용어를 썼을 때보다 문제 해결에 조금도 도움이 되지 않는다"고 1708년 앤서니 콜린스(Anthony Collins)가 새뮤얼 클라크(Samuel Clarke)를 언급한 바와 같이, 철학적 행동주의자를 언급할 수 있을 것이다.

이것이 즉 **부정**의 첫 번째 주요 버전인 **철학적** 행동주의다. 그것은 러셀이 《마음의 분석》(*The Analysis of Mind*)을 출판한 1921년에 이미 왕성했다. 그것은 4년 뒤인 1925년, C. D. 브로드가 자신의 책 《마음과 자연

에서의 그 위치》(*The Mind and Its Place in Nature*)에서 "모기 보고 칼 빼
는"[10] 것은 아닌지 모르겠다며 그것을 논박하는 데 몇 페이지를 할애하면
서 도마 위에 올랐다. 비교적 소수의 심리학자들이 노골적인 철학적 행동
주의에 빠져든 것 같았으며 그것은 대부분 철학자의 고민거리였다. 이미
1923년에 저명한 심리학자인 칼 래슐리(Karl Lashley)가 "'나는 의식한다'
라는 진술은 '내 안에서 이런저런 일들이 일어나고 있다'[11]는 진술 이상을
의미하지 않는다는 것을 보여주려고" 한 상호 영향은 있었지만, 20세기
중반의 선도적인 "조작주의적" 심리학자 중 한 사람인 E. G. 보링(Boring)
과 같은 엄격한 실험주의자조차도 1948년에 경험 혹은 "의식은 당신이
즉시 경험하는 것"[12]이라고 단호하게 주장했다.

하지만 2년 뒤 옥스퍼드의 브라이언 파렐은 보링의 주장이 "우스꽝스
럽고 병적인 언급"[13]이라고 판단한다. 파렐은 더 나은 시대가 올 것이라
고 생각했다. 서구 사회가 진정으로 관련 과학의 업적을 소화한다면 "경
험의 개념은 기만적인 것으로 폐기될 가능성이 매우 높다." 그러므로 "경
험'이라는 단어의 사용을 '날것의 느낌'으로 제한해야만 '경험'과 '행동'이
동일하지 않다는 관점을 지키는[지킬 수 있는] 것이다. 이런 식의 방어는 가
망이 없다." 우리의 언어의 현 상태에서 "경험'의 개념은 서구로 문화가
이입되는 과정에서 원시 공동체의 '마술'과 같은 신비한 개념과 유사한 것
일 수 있다." 다행스럽게도 과학은 "비실재적'이거나 '존재하지 않는 것'으
로… [경험을] 거부하려고 한다."

이 시기에 철학자들은 심리학자들이 어리석은 짓을 하도록 내버려두
었다. 철학자들은, 심리적 행동주의의 대가 B. F. 스키너(Skinner)가 1953
년 "내적인 상태에 대한 반대는 그들이 존재하지 않는다는 것이 아니라,
그들이 기능적 분석에서 관련이 없다는 것"[14]이라는 점을 명백히 하며 반

대의견을 피력했을 때, 이를 대수롭지 않게 여긴 것 같았다. 심리학자 울린 플레이스(Ullin Place)[15]가 1956년에 출간한 "의식은 뇌 과정인가?"(Is Consciousness a Brain Process)라는 논문과 1959년 오스트레일리아 철학자 잭 스마트(Jack Smart)[16]가 출간한 "감각과 뇌 과정"(Sensation and Brain Process)에 대한 토론이 격화되면서 파렐의 생각은 누구보다도 1962년 파울 파이어아벤트[17]라는 급진적 과학철학자와 1965년 리처드 로티[18]에게 영향을 미치게 되고 다양해졌다.

그러나 이때까지 무엇인가 작동하고 있었다. 로티와 같은 철학자는 그러나 지금까지는 뭔가 다른 것이 있었다. 로티와 같은 철학자들은, 적어도 기본적으로는, 의식의 존재를 부정할 때 행동주의를 고려하여 유발되지 않았다. 그들의 사고방식은 한 가지 뚜렷한 관점에서 볼 때 훨씬 더 나빴다. 적어도 의식은 실제로 존재하지 않는다는 철학적 행동주의를 따르기 때문이다. 그러나 이러한 철학자들은 자연주의를 신봉하는 관점에 따라 움직였는데, 그 때문에 의식이 존재하지 않는다는 데 동조하지 않았다.

3

어째서? 자연주의는 자연적으로 확실하게 존재하는 모든 것, 즉 시공간에 존재하는 모든 것이 완전히 자연스럽다고 말한다: 초자연적인 것 또는 그렇지 않으면 비자연적인 것은 존재하지 않는다(7장 "진정한 자연주의"를 참조하라). 그러므로 우리는 의식적인 경험이 존재한다는 것을 알기 때문에 자연주의자로서 그것이 전적으로 자연적 현상이라고 생각해야 한다. 그리고 우리가 특별히 **유물론적**이거나 **물리주의적** 자연주의자라는 사실을 감안할 때, 거의 모든 자연주의자들이 그렇듯이, 의식적인 경험이 완전히 물질적이거나 물리적이라는 점을 받아들여야 한다. [나는 "물질"(material, 유물론)과 "물리"(physical, 물리주의)를 상호교환적으로 사용하는 관습을 따른다.] 그래서 우리는 우리들의 경험과 같은 경험이 신경에서 일어나는 문제, 아주 자연스럽고 전적으로 물리적인 문제라는 것을 의심할 수 없다(전혀 의심할 여지가 없는 일이다). 경험이 물리적인 문제라는 사실은 오랫동안 당연시되었다. 1641년 홉스[19]에게 이미 충분히 명확했고, 1664년 마가렛 카벤디쉬(Margaret Cavendish)[20]와 1700년 베르나르 퐁트넬[Bernard de Fontenelle, 이사야 벌린(Isaiah Berlin)은 그를 "당대에, 그리고 실제로 역대에 가장 개화된 인물"이라고 했다][21]에게 완전히 명확했다. 1606년, 맥베스가 "뇌가 사라지면 인간은 죽을 것이다"[22]라고 했을 때, 나는 셰익스피어(William Shakespeare)도 그것을 그만큼 명백히 깨달았으리라고 생각한다.

그것이 사실이든 아니든 간에, 인간의 의식이 전적으로 신경의 문제라는 사실이 점점 더 명백하고 확연하게 드러난다는 점은 심리철학에서 현재 유물론을 전반적으로 신뢰하는 토대가 된다. 뇌가 물리학이나 신경생리학에서 나타나는 방식에서 출발할 때, 우리는 경험이 어떻게 전적으로 뇌에서 일어나는 신경의 문제일 수 있는지 이해하기 어려운 것은 사실이다. 하지만 뇌가 물리학이나 신경생리학에서 나타나는 방식을 경험에서 나타나는 방식보다 우선시할 근거는 없다. 러셀이 1927년이라는 빠른 시기에 실제로 그리고 그 당시로서는 대담하게도 의식적 경험이 실제로 문자 그대로 뇌를 만드는 물질의 부분이기 때문에 실제로 뇌의 물질에 대해 파악해야 한다고 말하기 시작했을 때, 많은 사람들이 화를 내거나 그를 상당히 조롱하기도 했다. "우리는 이제 물리적 현상이 감각으로 나타나는 경우를 제외하고는 물리적 현상의 본질적인 질에 대해 아무것도 알지 못하며, 따라서 어떤 물리적 현상이 감각이라는 것에 놀랄 이유가 없음을 깨닫는다."[23] 우리가 물리학에서 시작할 때 경험이 어떻게 뇌의 신경 문제가 될 수 있는지 이해할 수는 없지만, 양자역학이나 중력 또는 "암흑 에너지"를 이해할 수 없고 물리학이 의식을 밝힐 수 없다고 해서 경험이 전적으로 물리적이라는 견해에 반대하는 것으로 간주할 이유는 없다. 이렇게 생각한다면 물리학이 무엇인지, 그리고 무엇을 하는지에 대해 진부하고 기초적인 오류를 범하는 것이다.

나는 이 오류에 대해 곧 서술할 것이다. 당분간 상황은 이렇다. 경험이 전적으로 신경적이고, 전적으로 물리적인 문제라는 것은 의심할 여지가 없다. 우리가 신경 문제에 대해 알고 생각한다고 하는 다른 것들을 감안할 때 이것이 어떻게 그렇게 될 수 있는지 전혀 알지 못하지만, 실망스럽더라도 괜찮다. 무지는 당연하다. 우리는 경험이 존재한다는 것을 알고 있으며, 그것이 무엇인지 알지만, 우리는 여러 면에서 사물의 근본적인 본질을 깊이 인식하지 못한다는 것을 알고 있다. 물리학을 앞세운 위대한 자연주의 프로젝트는 우리가 근본적으로 무지하다는 느낌을 감소시키기는커녕 반대로 진보와 성공을 거두면서 그것을 증가시켰다. "**이그노라무스**"(*Ignoramus*)[24]라고, 1872년 독일의 생리학자 에밀 두 보이스레이몬드(Emil du Bois-Reymond)가 토로한 것처럼, 의식적 경험이 어떻게 신경 문제가 될 수 있는지 논할 때 우리는 알지 못한다. 나는 이언 매큐언의 소설 《토요일》(*Saturday*, 문학동네)의 신경외과 의사인 헨리 퍼론과는 생각이 다른데, 그는 그것이 가능할지 여부를 궁금해했다.

언젠가는 이것이 해명되는 날이 올까? 물질이 어떻게 의식이 되는지? 그 스스로는 만족할 만한 설명을 생각해낼 수 없지만, 그날은 오리라는 것, 그 비밀이 밝혀지리라는 것은 안다. 과학자들과 연구기관들이 본분을 지키는 한, 수많은 연구 성과들이 정련과 개선을 거쳐, 몇십 년 안에 더 이상 반박할 수 없는 의식의 실체가 밝혀질 것이다.[25]

4

우리는 이런 상태에 있다. 우리는 자연주의자, 열정적인 자연주의자다. 따라서 우리는 당연히 의식에 대해 철저한 실재론자다. 우리는 우리의 무지를 이해하고 고백한다. 우리가 특정 문제들, 신체적·심리적·철학적 문제들을 해결하기 위해 다시 연구해야 할 시간이다. 그런데 20세기 중반인 현재 특별한 일이 발생했다. 진정으로 엄격한 자연주의를 위한 표준적 신봉자라고 생각하는 작지만 영향력 있는 분석철학자 그룹의 구성원들이 진정한 **자연주의 유물론은 의식에 대한 실재론을 배제한다**고 생각하게 되었다. 그들은 의식의 존재가 자연과학(특히 물리학)의 발견과 양립할 수 없다고 생각한다. 그들은 의식적인 경험이 전적으로 자연현상이라는 사실에도 불구하고, 그것이 다른 자연현상보다 더 확실한, 존재가 확실한 전적으로 자연적인 현상이라는 사실에도 불구하고, 그리고 의식적 경험이 최소한 어떤 기본적인 관점에서 우리가 직접 얻는 본질을 가지는 전적인 자연현상임에도 불구하고 그런 결론에 도달한다. 이런 점에 동요되지 않고, 심지어는 아마도 이런 점을 경멸하며, 이들 철학자들은 자연적인 것의 개념에 집착하는데, 이에 따르면 경험은 자연현상이 아니며 자연현상이 될 수도 없다. 그래서 그들은 **부정**을 옹호한다.

문제는 이 철학자들이 유물론을 수반하는 자연주의를 취하는 것이 아니다. 나는 그들이 그렇게 하는 것이 맞다고 믿는다. 문제는 데카르트와 마찬가지로, **의식적 경험은 아마도 전적으로 물리적일 수 없다**고 주장하는 데 있다. 그리고 데카르트(또는 다소 공식적인 데카르트)와 마찬가지로 그들은 자신들이 이것을 알고 있다고 생각한다. 그리고 그들이 존재하는 모든 것이 자연적이고, 자연적인 모든 것이 물리적이라고 생각한다면, 경험이 실제로 존재하지 않는다고 결론을 내려야 한다. 의식과는 본질적으로 아무 관련이 없는 것을 의미하기 위해 "의식"이라는 단어를 사용함으로써 이것을 숨기고 있지만, 그들은 의식에 대해 "제거주의자"가 된다.

데카르트와 **부정자**의 동맹은 아주 괴상한데, 왜냐하면 그들은 데카르트를 일상적으로 매도하기 때문이다. 레우키포스(Leucippus)와 데모크리토스(Democritus)와 같은 원자론적 유물론자들로 2천여 년 전의 거의 모든 유물론적 선조들이, 경험이 물리적인 것이 될 수 없다는 견해를 완전히 거부하고 (모든 심각한 유물론자들이 그렇듯이) 대신 그 경험이 실제로 완전히 물리적이라고 생각할 때 더 괴상해진다.

러셀은 1927년에 "우리는 우리 외부 사건의 본질적 특성이 본성을 알고 있는 '정신적' 사건의 본질적 특성과 다른지 또는 다르지 않은지 여부를 알지 못한다"[26]고 말했다. 그는 생애 후반에도 이 관점으로부터 결코 동요하지 않았고, 가장 설득력이 떨어지는 실재의 본성 이론이라도 우리가 그 본성을 아는 우리 자신이 의식하는 정신적인 사건과 실재의 다른 모든 사건 사이의 절대적으로 기본적인 연속성을 가정해야 한다고 지속적으로 강조했다. 1948년에 그는 물리학은 "물리적 세계가 정신적 세계와 본질적인 특성에서 다른지 여부"[27]를 우리에게 알려줄 수 없다고 언급했고, 1956년에는 "우리가 정신적 사건을 직접 경험할 때를 제외하고는 물리적 사건의 본질적 질에 대해 우리는 아무것도 알 수 없다"[28]고 했다.

그러나 **부정자**들은 들으려고도 하지 않았고 여전히 듣고 있지 않다. 그들은 데카르트의 다른 견해를 계속해 비웃으면서도 아직도 그와 같은 침대에 누워 있다. 이것은 미묘한 아이러니다. 공식적인 입장과는 달리, 그리고 보헤미아의 엘리자베스 공주[29]와 서신을 교환하며 데카르트가 받았던 불가피한 반대에 직면해, 실제로 네덜란드의 철학자 레기우스(Regius)와 논의했던 가능성을 배제할 수 없다고 느꼈다는 사실에 의해 더욱 악화되었다. 그 가능성은, 레기우스의 말에 의하면 "마음은…신체적인 물질의 한 형태일 수 있다."[30]

따라서 이것이 의문이다. 왜 20세기의 제거주의 유물론자들은 저명한 유물론적 선구자들의 긴 계보를 무시하고 모든 사람들 가운데서 그들의 불구 대천지 원수인 데카르트와, 경험이 물리적일 수 없다는 것을 주장하여, 따라서 **부정자**를 지지할 수밖에 없다는 동맹을 맺었을까? 1827년, "아주 솔직한" 자코모 레오파르디(Giacomo Leopardi)는 물질이 의식이 될 수 있다는 믿음의 전반적인 거부나 무능력을 논의하며 "빈약하고 늙은 인간의 지성은 다른 어떤 사안에서보다 더 유치하게 행동했다"[31]고 쓴다.

대답은 이와 같다. 제거적 유물론자들은 데카르트(그리고 라이프니츠와 당시 많은 다른 사람들)와 적어도 어떤 매우 근본적인 측면에서 우리가 물리적인 것이 상당히 많이 덧입혀진 본성을 갖는다는 아주 커다란 가정을 공유하는 것으로 보인다. 더 온건하게 표현하면, 그들은 경험이 물리적인 것일 수 없다는 것을 확신할 정도로 물리적인 것에 대해 우리가 충분히 알고 있다고 가정한다. 그들은 우리가 (양자역학, 암흑 에너지 등과 같은 것이 난해한데도 불구하고) 본질적으로 정확할 뿐 아니라 적어도 어떤 근본적인 측면에서 그리고 특히 경험이 물리적인 것이 아니라는 것을 확신할 수 있는 물리적인 이론을 가지고 있다고 생각한다.

입자 충돌 역학이 전성기를 맞이했던 데카르트 시대에 이 두 가지 가정은 분명 옳아 보였을 것이다. 입자 역학에 따르면 물질은 다양한 모양으로 부딪치거나 서로 얽혀 있는 작은 입자들로 구성되었다. 그 이상 아무것도 없었고, 아마도 의식적 경험이 되거나, 그 운반자가 되거나, 바탕이 될 수는 없었던 것이 명백하다. 되돌아보면 직관이 상당히 허용되었던 것 같다. 아마도 지속적인 물체가 아니라 상대성 양자 장이론이 과거의 작은 입자를, 장의 진동운동의 방식으로 에너지 수준이 변화할 때 생산되어 떠다니는 입자와 유사한 외양으로 해석하는 오늘날보다 과거에는 더 허용되었던 것 같다. [나는 2013년의 데이비드 월리스(David Wallace)의 해설을 좋아한다: "많은 작은 점 입자들이 윙윙거리는 거동에 관한 입자물리학의 대중적 인상은 실제 입자물리학을 주기율표에 대한 흙/공기/불/물 이론으로 보는 것과 마찬가지다."[32]] 따라서 우리는 왜 두 가지 가정이 17세기에 그럴듯하게 보였는지 알 수 있다. 그러나 그것들은 홉스와 다른 사람들이 이미 그 당시에 알았고, 흄도 알았던 것처럼, 그때나 지금이나 완전히 부당한 것이다. 데카르트주의자 흄은 1739년에 데카르트주의는 "우리가 물질의 본질을 **완벽하게 깨닫는다**는 원칙에 따라 확립되었다"[33]고 했다. 이것은 매우 큰 실수였다.

250년이 지난 1994년, 우리 시대의 가장 영향력 있는 철학자 중 한 명인 데이비드 루이스(David Lewis)도 같은 실수를 저질렀다. 그는 "온건한 조건에서 평범한 물체의 물리적 성질을 매우 잘 이해할 수 있다는 것을 기억하라"[34]고 우리에게 요구한다. 이것은 완벽하게 숙지하고 있는 주장은 아니지만 최초의 데카르트식 가정의 한 버전이며, 그 중심 입장은 우리가 물리적인 것에 대해 충분히 알고 있기 때문에 경험은 물리적일 수 없다는 것이다.

데이비드 루이스조차도 그릇된 길을 갔다. 그러나 그는 "마음-뇌 동일성 이론"이 어떤 버전에서는 사실이라고 주장하며 동시에 의식의 경험이 마음-뇌 동일성 이론과 양립할 수 없다는 상식적 믿음을 지닌 많은 거짓 유물론자 중 저명한 인사의 하나일 뿐이다. 이 두 가지 견해를 지지하는 것은 의식이 마음의 일부가 아니라고 주장하는 것이어서 문제다. 그러나 의식은 확실히 마음의 부분이다. 따라서 이 마음-뇌 동일성 이론의 버전은 의식이 존재하지 않음을 수반한다. 그러나 (다시 한 번) 의식의 존재는 확실하다. 그것은 전적으로 자연적인 정신현상이 존재하는 기본적인 측면이다.

결론은 안전해 보인다. 정말 루이스와 다른 모든 사이비 유물론자들은 마음-뇌 동일성 이론을 거부한다. 당신이 실제로 동일한 것이라고 주장하는 두 개의 별개로 보이는 것 중 하나를 배제해버린다면, 당신은 별개로 보이는 두 개의 동일성을 주장할 수 없을 것이다. 나는 사이비 유물론자들이 1927년부터 1959년에 이르는 러셀[35]이나, 1958년의 헤르베르트 파이글(Herbert Feigl)[36]이나, 1978년의 그로버 맥스웰(Grover Maxwell)[37]이나, 1966년 또는 1974년도의 토마스 네이글[38]이나 그 이후 많은 사람들을 더욱 주의 깊게 참조해야 한다고 생각한다.

5

이렇게 일반적인 참사이자 더 나아가 신비. 20세기 후반의 자연주의에 근거한 **부정**의 확산에 관한 가장 이상한 것 중 하나는 20세기 초반의 마음에 대한 철학적 논의에서 공통적으로 물리학을 무시한다는 점이다. 나는 그것을 "물리학의 침묵"이라고 부른다.

물리학은 멋지다. 그 주장은 대부분 직접적인 진실이거나 진실의 아주 훌륭한 근사치다. 주기율표는 구체적 실재의 궁극적 본질에 대한 근본적인 어떤 것이다. 역제곱의 법칙도 마찬가지다. 그러나 결정적으로 완전하건 대략적이건 물리적인 것에 대한 이 모든 진실은 수 또는 방정식의 진술로 표현된다. 그것은 구체적인 실재에서 예시되는 양과 관계 구조에 관한 진리, 즉 사물의 본질적인 비구조적 속성이나 이들을 예시하는 사물에 대해서는 전혀 아무것도 알려주지 않는 진리들이다. 1928년의 상황에 대한 에딩턴(Eddington)의 평가는 그 당시와 마찬가지로 지금도 진실이다.

알려지지 않은 어떤 것이 우리가 무엇인지 모르는 것을 하고 있다.
그것이 바로 우리의 이론[물리학]이다. 그것은 특별히 비현실적인 이론은 아니다. 나는 어디선가 이런 것을 읽었다.

> 유연활달 토우브the slithy toves
> 언덕배기를 선회하며 뚫었다.Did gyre and gimble in the wabe[39]*

활동에 대해서도 동일한 주장을 할 수 있다. 활동과 활동하는 것이 무엇인지에 대해서도 동일하게 확정하지 못한다. 그리고 그렇게 가망 없

* 《이상한 나라의 앨리스》에 나오는 조어로 만든 시—옮긴이.

는 시작으로부터 우리는 정말로 어딘가에 도착한다. 우리는 서로 관련이 없는 것 같은 일련의 현상을 순서대로 나열하고, 예측하고, 우리의 예측은 빗나간다. 이 같이 진행되는 한 가지 이유는 우리의 설명이 미지의 활동을 수행하는 미지의 행위자들에게 국한되는 것이 아니라 그 설명에 **많은 숫자들이** 자유롭게 산재해 있기 때문이다. 전자가 원자를 중심으로 순환한다고 생각하는 것은 당연하다: 하지만 한 원자에서 순환하는 8개의 전자와 다른 원자에서 순환하는 7개의 전자를 고려함으로써 우리는 산소와 질소 사이의 차이를 깨닫기 시작한다. 산소에서는 8개의 유연활달 토우브들이 선회하고 뚫으며, 질소에서는 7개가 그런다.

러셀은 1948년에 "물리계는 시공간 구조의 어떤 추상적 특징과 관련해서만 알 수 있다"[40]고 썼다. 그는 1950년에 이 점을 되풀이했다. "시공간 구조를 제외하고는 물질을 만드는 사건에 대해 아무것도 알지 못한다."[41]

요점은 간단하다. 물리학은 논리–수학적으로 표현될 수 있는 한 물리적 실재의 구조에 대해 우리에게 많은 것을 알려줄 수 있다. 그러나 본질적 성격이 그 구조를 넘어설 때 실재의 본질에 대해서는 우리에게 아무것도 알려주지 않고 알려줄 수도 없다[170쪽의 스티븐 호킹(Stephen Hawking)을 참조하라].

이 점에 관해서는 이야기할 것이 많다. 현재의 역사적 과제는 단순히 그것을 기록하고 1920년대와 1930년대의 높은 가시성, 20세기 후반의 심리철학에서의 그 폐쇄성, 그리고 그것이 오늘날 자연주의에 기반한 **부정**을 (은밀히, 공개적으로) 지지하는 많은 사람들의 입장을 분쇄한다는 사실을 언급하는 것이다. 우리가 에딩턴의 말 "물리학에서 다루는 물체에 대한 우리의 지식은 오직 [계측기 다이얼의] 눈금 값 등의 지표로만 구성되어 있다"[42]는 측면을 깨달을 때, 실제로 우리가 깨달을 때, "원자[예]의 본성에 대해 우리가 알고 있는 지식이 무엇이며, 그것이 생각하는[즉, 의식하는] 물체를 구성할 수 있다는 가능성은 전혀 어울리지 않는가"를 물어야 한다. 답변은, 없다. "물리학의 다른 모든 것과 마찬가지로 물리적 원자는 눈금 값의 일람표다. 그 일람표는 어떤 미지의 배경에 고정되어 있다." 그러나 정확히 그것은 미지의, "얻을 수 없는" 것이다. 따라서 "생각[즉, 의식적 경험]과 부합하지 않는 소위 '확고한' 자연의 무엇인가에 그것을 고정하고, 그 생각이 어디서 왔는지 궁금해하는 것은 다소 어리석은 것 같다."[43]

    그러므로 자존감이 높고 고집이 상당히 센 물리주의 자연주의자로서 우리가 경험(의식)의 문제를 고려할 때 우리는 물리학의 침묵을 만나게 된다. 자칭 자연주의자들은 이 점을 무시하는 것 같다. 그들은 그 대신 물리학이 알려주거나 알려줄 수 있는 것을 지나친 상상화, 물리적인 것의 상상화에 의존한다. 그들은 러셀의 말에 의하면 실재의 "상상화에서 부지중에 그리고 고의적으로 혼동을 일으킨 죄"[44]를 지었는데, 그 경우에 경험은 전적으로 물리적이지만 그림에서 배제되어 있기 때문에 물리주의가 진정으로 맞다면 아마도 정확하지 않을 것 같은 그림이다.

7

우리는 20세기의 사실이라고 할 수 있는 **부정**의 사실을 목도하며, 우선 행동주의의 잘못된 해석(근본적 경험주의 변형)에서, 그 다음에는 자연주의적 태도가 요구하는 것에 대한 오류에서 그것이 어떻게 발생했는지 설명을 얻고 있다. 그러나 이런 실수가 어떻게 일어났는지에 대해 만족스럽게 설명할 수 없는 한 **부정자**를 만족스럽게 설명할 수 없는 실정이다. 우리가 확실히 알고 있는 유일한 일반적인 경험인 의식적 경험의 존재를 부정할 정도로 어리석은 행동을 어떻게 할 수 있게 되었을까? 그것이 어떻게 가능한가?

이것은 나에게 다소 비관적인 결론을 맺게 한다: 이제까지 주장되었던 것 중 가장 어리석은 주장이 어떻게 나타나게 되었는지를 설명하려는 시도이다. 내 생각에 그 설명은 간단하고 꽤 오래된 것 같다. 그래서 이 시점에서 나는 기원전 44년의 키케로(Cicero)부터 시작하여 나의 연장자들과 더 잘 설명할 수 있는 사람들에게 이 부분의 바통을 넘겨줄 것이다. 키케로는 "이처럼 터무니없는 말은 어떤 철학자도 하지 않을 것이다"[45]라고 말했다. 데카르트는 1637년에 "너무 이상하거나 믿을 수 없어서 어떤 철학자가 말한 것이라고는 생각할 수 없다"[46]며 동의했다. 2007년, 루이스 안토니(Louise Anthony)는 "너무 평범해서 어떤 철학자도 부정할 수 없는 평범한 것은 없다"[47]라고 동의했다. 토머스 리드(Thomas Reid)는 1785년에 "일부 철학자들은 너무도 터무니없는 주장을 한다"[48]며 동의했다.*

---

* 리드는 특히 (그가 매우 존경했던) 흄을 놀리기 좋아했으며, 흄의 견해 중 하나가 잘못 발표된 것을 꼬집어, "건강이 나쁜 사람이 명성을 손상시키지 않고 옷장에서 탈 수 있는 자전

데카르트는 할 말이 많다. 추상적인 문제에 대해 그는 "학자는…상식에서 멀어질수록…[자신의 견해에] 더 많은 자부심을…느끼게 된다. …왜냐하면 그를 설득하기 위해서는 훨씬 더 많은 기술과 전문성을 사용해야 하기 때문이다"[50]라고 말했다. 300년 후 C. D. 브로드는 이에 동의한다. 어떤 생각들은 "아주 학식이 뛰어난 사람만이 그것을 생각할 수 있을 정도로 터무니없이 어리석다."[51] "어리석은"은 적확한 단어처럼 보이며, 브로드는 이 용어에 대해 명확한 정의를 내린다: "'어리석은' 이론은 전문적으로 이야기하거나 글을 쓸 때 가질 수 있는, 그러나 정신병원의 수감자만이 일상생활에 사용할 것이라고 생각할 수 있는 것을 의미한다."

우리는 어리석은 일이 일어난다는 것을 알고 있지만, 그것이 어떻게 일어날 수 있는지에 대해서는 여전히 궁금해한다. 아마도 우리는 설명을 위해 다윈(Charles Darwin)의 진화 이론에서 탁월한 세부 이론인, 성선택(sexual selection)이라는 이론을 덧붙여야 할 것 같다. 아마도 야생의 견해는 공작의 꼬리와 같을 것이다. 우리는 정신분석학으로 눈을 돌려야 한다. 터무니없이 상식에 반하는 듯한 견해를 갖는 것은 흥미로워 보일 수 있다. 거기에는 무엇인가 오이디푸스적인 소름 끼치는 것이 있는 것 같다. 거기서 아버지 "피살자"[52]는 평범한 의견이라는 노신사다. 헤르베르트 파이글은 또 다른 정신분석적 논평을 덧붙인다. "학자들은 특정 아이디어를 너무 강하게 전달하고(주입하고) 그 관점은 너무 자만해져 단지 비판의 충격(혹은 보다 느린 부식효과)으로부터 마음에 드는 아이디어를 보호하기 위해 방어의 정교한 바리케이드를 세운다."[53]

이 사실들은 홉스가 1645년에 언급했듯이 "한때 반대 의견에 가담한

거와 같다. 그러나 만약 그것을 타고 외출해 교회나 시장이나 극장에 간다면, 상속자는 즉시 배심원을 불러 그의 재산을 빼앗을 것이다"[49]라고 말했다.

재치있고 학식이 있는 사람들에게는 논쟁이 거의 효력이 없다"[54]는 이유
를 부분적으로 설명해준다. 그리고 데카르트가 "우리는 무언가가 틀렸다
는 것을 알게 되더라도 그것을 듣는 데 점차 익숙해지고 사실이라고 간주
하는 습관에 빠지게 된다"[55]고 말한 것은 역시 맞는 말이다. "자신감이 있
는 주장과 빈번한 반복은 평범한 사람이나 사물을 신중하게 검토하지 않
는 사람들(철학자를 포함)에게 가장 무게있는 주장보다 더 효과적인 두 가
지 방법이다." 이것은 심리학자들이 현재 "친밀효과" 또는 "단순노출효
과"[56]라고 부르는 것이다. 이것은 대니얼 카너먼(Daniel Kahneman)의 최
근 저서 《생각에 관한 생각》(*Thinking, Fast and Slow*, 김영사)에 잘 설명되
어 있다. 그리고 이제 프랜시스 베이컨(Francis Bacon) 경도 1620년의 글
을 통해 등장한다.

> 일단 인간의 마음이 어떤 견해를 선호하게 되면 모든 것을 동원해 그
> 것에 동의하고 그것을 지원한다. 그것이 보다 강력하게 반박하는 생각
> 에 의해 허를 찔리게 되면, 이를 알아차리지 못하거나, 경멸하거나, 그
> 것들을 무력화시키고 거부하기 위해 미세한 차이를 만들어내…원래
> 입장의 권위를 손상시키지 않고 유지하려 한다.[57]

그렇다. 하지만 당신이 그렇다고 말한다고 해도, 결국 의식의 존재를
어떻게 부정할 수 있을까? 다시 러셀로 가보자. 그는 1940년에 이런 터무
니없는 말을 철학자들은 할 수 있다고 썼다. 왜냐하면 그들은 "오랫동안
부조리 훈련"을 받았기 때문이다. 그는 철학자들이 독특한 위치에 있다
고 생각한다. "오랫동안 부조리 훈련을 받은 철학자만이 성공적으로 믿
을 수 있다."[58]

어떤 이들은 너무 어리석다는 사실에 당황하지 않는다. 철학은, 네덜란드 역사가 요한 하위징아(Johan Huizinga)가 말한 바와 같이, 누구에겐가는 무엇보다 "논쟁적이고 놀이와 같은 것"[59]이다. 어떤 사람들은 자연적으로 또는 (아마도 고 파울 파이어아벤트와 같은 방식으로) 이론적인 다양한 외고집을 키우는 데서 일종의 희열을 느낀다. 많은 철학자들이 루브 골드버그/브레인스톰 교수의 자료보다 진실에 많은 관심을 두지 않는다. 그러나 산타야나(George Santayana)가 "여기 철학 체계가 하나 더 있다. 독자가 웃으려 하면 나 역시 그와 함께 웃고 있다고 장담할 수 있다"[60]는 매력적인 문구로 책을 시작할 때, 많은 사람들이 미소를 지으면서도 진실을 심각하게 생각하지 않을 수 없다.

그러나 러셀은 틀렸다. 철학자뿐만이 아니다. 모든 학자들이 피고석에 있다. 이제 마크 트웨인(Matk Twain)은 전체 종으로 일반화한다. "평범한 인간이 믿을 수 없는 너무 기괴하거나 너무 놀라운 것은 없다."[61] 조지 오웰은 다음과 같이 동의한다. "우리는 모두 우리가 사실이 아닌 것을 **알면서도** 믿을 수 있으며, 마침내 틀린 것으로 판명되어도, 우리가 옳았다는 것을 나타내기 위해 사실을 왜곡한다."[62] 대니얼 카너먼은 실험 데이터를 통해 이 점을 확인한다. "**사람들은 같은 생각을 가진 믿음의 공동체가 지지하면** 불합리한 어떤 주장에 대해서도 흔들리지 않는 신념을 유지할 수 있다는 것을 알고 있다"(강조한 부분 때문에 우리는 인터넷을 두려워한다).[63] 최근의 정치적 사건은 이 점이 보편적이라는 것을 알렸다. 우리는 실제로 일관성이 없는 두 가지 신념을 유지하게 해주는 일종의 "이중사고"와 "분식회계"에 몹시 숙달된 종이다. 이것은 20세기에 철학자들이 어떻게 역사상 인간의 사상 중 가장 어리석은 관점인 **부정**을 지지하게 되었는지를 기본적으로 설명해줄 것이다.

그것은 정말 가장 어리석은 견해일까? 나는 보다 어리석은 것을 생각해낼 수 있다고 생각하는 사람들과 이 점에 대해 논쟁하고 싶다. 나는 노력했다. 한때 나는 크세노크라테스(Xenocrates)가 마음이나 영혼을 "스스로 움직이는 숫자"[64]라고 주장한 것이 더 어리석은 것이라고 생각했다. 그러나 다소 매력적인 이 주장은 의식적 경험이 존재하지 않는다는 주장과 같은 급이 아니다. 초자연적인 일에 대한 주장은 어느 것도 **부정**에 비길 수 없다. 그래서 인간 정신의 가장 근본적인 기괴함을 드러내는 것은 종교가 아니라 철학으로 귀결된다. 나는 이것을 유감으로 생각한다. 그러나 적어도 철학은 손에 그렇게 많은 피를 묻히지 않았다.

데닛은 "내가 바로 곁눈질을 했을 때, 의식은 우리를 위해 그리고 우리에게 하는 모든 것에 더한 어떤 것, 어떤 로봇에도 없는 특별히 사적인 빛이나, **여기 내가 존재한다**는 무엇일 것 같다. …하지만 나는 그 직감을 믿지 말라고 배웠다. 완전한 실수거나 상상력의 실패라고 생각한다"[65]라고 말했다. 만약 그가 맞다면, 에볼라 바이러스 질병과 같은 고통스러운 질병이나 임상 우울증, 살인, 강간, 노예제도, 고문, 사별, 인종말살에도 불구하고 아무도 진정으로 고통받지 않았을 것이다. 아무도 아무에게 고통을 준 적이 없다. "적색의 붉음, 고통의 고통스러움'과 같은 이해하기 힘든 주관적 의식적 경험을 철학자들은 감각질이라고 부른다고? 완전한 환상이다."[66] "내 [의식]이론에 의해 수용되는 정보/기능적 특성에 **더해** '현상학적 속성'의 '현상학적 장' 같은 것이 있다는 생각은…다면적인 착시, 잘못된 이론화의 산물이다."[67]

진실, 특히 어려운 진실은 철학적으로 보편화되지 않는다. 그것은 종종 드문드문 나타나 잠시 호감을 얻지만, 그후 다시 방향이 잘못된 기발함, 부주의, 그리고 어리석음이라는 층 아래로 가라앉는다. 쇼펜하우어는 진실은 "역설적이라고 비난받거나 사소한 것으로 비하되는 긴 시간 사이에서 짧은 승리를 축하할 뿐이다"[68]라고 생각했다. 나도 동의한다. 철학의 어떤 것도 "사소한 것"으로 불리며 심각하게 비하된다는 생각을 제외한다면 말이다. 사소한 것이 되는 것이 진리가 되는 것이며, 그것은 철학에서 이미 당연한 것이다. 나는 대략 30년 전쯤, 브라이언 맥기네스(Brian McGuinness)가 논문을 발표하고 다소 긴장한 채 질문에 대답했던, 옥스퍼드 퀸스 칼리지의 프레디 에이어의 화요일 모임을 기억한다. 누군가가 "하지만 분명히 그것은 사소하다"고 말하면서 그의 대답 중 하나에 반대했을 때, 맥기네스는 한참 가만히 있더니 "사소하면 **좋겠다**"고 대답했다.

쇼펜하우어는 비관적이었다. 그것은 새로울 게 없다. 그렇다고 해도 나는 그가 경험의 존재를 의심하거나 부정할 만한 것이라고 상상했다고 생각하지 않는다. 나는 그가 윌리엄 제임스의 말에 동의했을 것이라고 추측한다. "여기에는 분명 확실한 진리가 하나 있을 뿐이고, 그것은 바로 가장 극단적인 비신론적 회의주의 그 자체가 남아 있는 진실이다. 즉 의식의 현재 현상이 존재한다는 진리다."[69] 그는 이것을 "한때 대부분의 다른 사실들이 철학적 의심으로 가득했던 뒤죽박죽된 세상 가운데서 **견고한 것**(무너뜨릴 수 없는 것)"[70]이라고 썼다. 하지만 제임스처럼 쇼펜하우어는 20세기를 셈에 넣지 않았고, 나는 그의 유명한 비관론조차도 그가 **부정**에 대비하도록 할 수 없었을 것이라고 생각한다. 최근의 정치적 사건들로 인해 인간의 속기 쉬운 성향에 대한 이러한 관찰 결과는 10년 전에 비해 그다지 놀라운 것이 아니다. 하지만 어리석음에 관한 한, 나는 의식의 존재를 **부정**하는 것이 최악이라고 생각한다.

7. 진정한 자연주의

보이다니요, 부인? 아니, 사실이 그렇죠.
그렇게 보이건 안 보이건, 그건 제가 알 바 아니죠.[1]

_윌리엄 셰익스피어

1

나는 자연주의자, 철저한 자연주의자, 철학적 의미의 자연주의자, 형이상학적 자연주의자, 실재—우주의 자연주의자다. 나는 초자연적이거나 비자연적인 어떤 것도 존재하지 않는다고 생각한다. 그러나 무엇이 자연적인지를 설명할 수 있어야 초자연적이거나 비자연적인 것을 구분할 수 있다.

한 가지 설명할 수 있다. 나는 실재, 즉 시공간에 존재하는 모든 것인 구체적 실재는 전부 **물리적**이라고 생각한다. 나는 물리주의적 자연주의자다. 나는 거기에 어떤 비물리적인 구체적 실재도 없다고 믿는다. 나는 자연주의가 물리주의와 같은 것이라고 생각한다. 그리고 이 글에서 나는 이것이 맞다고 가정할 것이다. 물질보다는 물리적 실재에 더 많은 것이 존재하지만, 물리주의와 유물론을 같은 것이라고 생각할 것이다. 그리고 나는 윤리는 제쳐둘 것이다.

여기까지는 좋다. 그러나 무엇이 물리적인지에 대해서는 중요한 질문들이 있다. 사실 그것은 해묵은 질문들이지만, 최근에는 충분히 주목받지 못했다. 이것의 한 가지 결과는, 아마도 오늘날 자연주의자라고 자처하는 많은, 아마도 대부분의 철학자들이 실제로 자연주의자가 아니라는 것이다. 그들은 거짓 자연주의자, 극단적인 반자연주의자들이다. 사람들은 그들을 "**비**자연주의자"(*noturalist*)라고 부를 수 있다.

분명 지난 50여 년 동안 의식이나 의식적 경험(나는 이것을 줄여서 "경험"이라고 하겠다)에 관한 질문에서 "자연주의"라는 단어에 아주 이상한 일이 일어났다. 환원적 열정과 존재론적 엄격함으로 철학의 자연주의를 대표하는 학자로 여겨졌던 철학자 W. V. 콰인(Quine)은 일부 거짓 자연주의자가 그런 것처럼, 경험의 존재를 한순간도 의심하거나 부정하지 않았다. 콰인은 그가 "경험의 즉각적인 풍성함…풍부한 경험"[2]이라고 부른 경험을 결코 부정하지 않았다. 이것도 놀라운 일은 아니다. 콰인은 철학사(모든 인간 사고의 역사)에서 채택된 가장 어리석은 견해에 결코 동조하지 않았다. 그는 확실히 알려진 자연적 사실, 즉 경험이 존재한다는 사실을 부정하지 않았다. 분명 신중한 자연주의자라면 이럴 수 없다. 그럼에도 불구하고 20세기의 어느 시점부터 많은 자칭 자연주의자들이 경험의 존재를 질문하거나 의심하거나 부정하는 것을 철저한 자연주의의 필수적인 부분이라고 생각하는 듯했다.

2

이런 경향은 어떻게 발생했을까? 그것은 20세기 초 행동주의의 변천에서 시작되었다(4장 "모든 것은 운에 달렸다"를 참조하라). 행동주의는 1910년경 심리학에서 엄격한 방법론적 명제로 전적인 대우를 받으며 매우 생산적인 방식으로 시작되었다. 행동주의는 대개 경험의 현상이 명백하게 존재하는데도 불구하고 연구할 가치가 없다고 했는데, 왜냐하면 그것들은 과학적으로 엄격한 양적 처리의 영향을 받지 않기 때문이다. 철학자들이 심리적인 행동주의에서 **철학적**인 행동주의로 진화하기 전까지는 모든 것이 괜찮았는데, 철학적인 행동주의는 전적으로 형이상학적인 명제로서, 행동과 행동에 대한 성향 이외에는 경험할 것이 없다고 기술했다. 즉 직설적으로 말하면, 경험은 실제로 존재하지 않는다는 것이다. 설상가상으로 1950년대와 1960년대의 경험의 존재 부정은 행동주의의 가정(또는 이후의 "기능주의"의 가정)과는 전혀 무관하게 자연주의적인 것으로 간주되기 시작했다. 경험의 의심스런 존재나 경험의 비존재는 단순히 자연주의의 핵심 원칙, 즉 모든 것이 전적으로 물리적이라는 시각에서 나온다고 생각되었다.

오늘날 많은 거짓 자연주의자들이 의식의 존재를 부정하고 있음을 부정한다. 그들은 그것이 존재한다고 믿으며 그것이 완전히 물리적이라고 생각한다고 주장한다. 그러나 그들은 "의식"이라는 단어를 **거울로 비춰보고** 그 용어가 의미하는 바를 배제하는 방식으로 용어를 사용하는 것이다. (철학적 행동주의는 "의식은 행동과 행동에 대한 성향으로 구성된다"는 거울의 분명한 예다. 아니, 그렇지 않다.)

3

만약 자연주의가 사실이라면, 경험은 전적으로 물리적인 것이다. 경험이 분명히 존재하고, 만약 자연주의가 사실이라면, 모든 것은 전적으로 물리적이다. 그 다음은? 바로 이어지는 한 가지는 물리학이 밝히지 못하는 물리적인 것의 본성에 관한 것인데, 왜냐하면 물리학은 경험의 본성을 밝히지 못하기 때문이다. 어떤 사람들은 "물리적"이라는 단어의 힘과 범위가 물리학이라는 과학에 의해 정해져야 한다고 생각한다. 그래서 만약 물리학이 어떤 것의 본성을 밝히지 못한다면, 그 어떤 것은 물리적인 것이 아니라고 생각한다. 하지만 이것은 명백한 실수다. "물리적"이라는 단어는 매우 일반적인 종류의 단어지만 "철"이나 "물"과 같은 "자연적인 종류"의 용어로 알려져 있으며, 철학에서 우리가 어떤 종류의 것들에 대해 본질적인 본성을 깊이 알지 못하거나 잘못 알더라도 그것들에 대해 언급하거나 이야기할 수 있는 예는 비일비재하다. 우리는 수소와 산소에 대해 알기 전에도 수천 년 동안 물에 대해 즐겁게 성공적으로 논의해왔다.

그러므로 우리는 물리적인 것의 본질적인 본성에 대해 매우 잘못 알고 있는지도 모른다. 우리는 물리적인 것의 본성과 한계를 알고 있다고 확신할 수 없다. 그래서 우리가 자연적인 것의 본성과 한계를 알고 있다고 확신할 수 없다: 자연적인 것이 물질적인 것이라고 하더라도 자연적인 것의 본성과 한계를 우리가 알고 있다고 확신할 수 없다.

사실 이것은 물리학과 우주론이 혼란 상태에 있기 때문에 그것을 온건하게 표현하고 있다. 그것은 우리가 물리적인 것의 본성과 한계를 확실히 알지 못하기 때문만은 아니다. 우리는 확실히 물리적인 것의 본성이나 한계를 알지 못한다. 물리적인 것이 시공간적이라는 것을 아는 만큼 물리적인 것을 명확히 파악했다고 해도 별로 도움이 되지 않는다. 왜냐하면 우리는 시공간의 본성에 대해 잘 알지 못하기 때문이다. 심지어 아인슈타인 이후에도 우리는 그것에 대해 매우 잘못 알고 있는지도 모른다. 상당수의 저명한 물리학자나 우주학자들은 실재를 시공간적으로 묘사하는 것을 피상적이라고 생각한다.

때로는 우리의 모든 불확실성 때문에, 물리학은 우리에게 물리적인 것의 기본 본성에 대해 상당히 훌륭한 해결책을 제공한다고 말하기도 한다. 저명한 분석철학자인 데이비드 루이스는 "온건한 조건 하에서 평범한 물질의 물리적 본성은 매우 잘 이해되고 있다"[3]고 주장한 바 있다. 하지만 이것은 사실이 아니다. 우리가, 경험의 존재가 전적으로 온건한 조건에서 뇌의 물리학과 신경생리학으로는 이것이 어떻게 그렇게 되는지 이해할 수 없다는 점과 함께 뇌에서 얻는 특별하지만 온건한 조건에서 평범한 물체의 물리적 본성의 문제라는 점을 제쳐둘 때조차 그것은 사실이 아니다. 이런 점들을 제쳐둔다 해도, 이론적으로 근본적인 불확실성, 예를 들어 소위 기본 입자의 특성에 대한 불확실성이 있고, 이 불확실성은 분명히 모든 온화한 조건을 포함해 기본 입자가 발견되는 모든 조건에까지 확장된다. 중력, "암흑 에너지", "암흑 물질"에 대해서도 마찬가지다.

그럼에도 불구하고 자연에 대한 물리주의적 개념은 많은 실체를 갖는다. 우리는 현재 물리학에 대한 많은 주장들이 진실 또는 진실의 매우 훌륭한 근사치라는 것을 확신할 수 있다. 간단한 예를 들자면, 주기율표는 실재의 궁극적 본성에 대한 근본적인 어떤 것을 다루고 있다. $f = ma$, $e = mc^2$, 만유인력의 역제곱법칙, 벨의 부등식 등과 같은 공식도 있다.

맞다. 하지만 이제 우리는 물리학의 주장이 어떤 의미에서 매우 추상적이라는 점을 고려해야 한다. 그것들은 구조적인 관계를 나타내는 수학

방정식인 숫자나 공식의 진술로 표현된다. 우리가 물리학이 제공하는 물리적인 것의 지식 특성을 검토할 때, 우리는 또한 물리적인 것에 대해 우리가 무지하다는 사실을 알게 된다. 물리학은 우리에게 물리적 실재의 구조에 대해 많은 것을 알려줄 수 있지만, 그것의 본질적인 본성이 그것의 구조 이상일 때에는 실재의 본질적인 본성에 대해 아무것도 알려주지 않고 알려주지도 못한다. 이 문제에 대해 물리학은 완전히 침묵한다. 스티븐 호킹은 그 점을 지적했다. 물리학은 "규칙과 방정식의 집합"[4]에 불과하다. 그것은 "무엇이 방정식으로 표현되고 그 방정식들이 우주를 묘사하게 만드는가"라는 질문을 던진다. 실재의 실체에 대해서 말하자면, 물리학은 일반적인 규칙과 공식으로 표현할 수 없는 말은 할 수 없다. 러셀의 말을 빌리자면 "물리학은 수학적이다." "우리가 물리적 세계에 대해 너무 많이 알고 있기 때문이 아니라 거의 알지 못하기 때문이다."[5]

이 문제가 잠잠해지려면 몇 년이 걸릴 수 있다. 때가 되면 드러날 것이다. 전통적인 "마음―몸 문제"는 사라진다.

4

진정한 자연주의의 첫걸음은 물리적 지식에 대한 우리 지식의 본성을 이해하는 것이며, 그것은 또한 물리적인 것에 대한 우리의 무지의 본성을 이해하는 것이다. 우리의 무지는 "물리적"을 자연적인 종류의 용어라고 말하거나 물리학 서술의 추상적인 수 구조적 본성에 대한 점(이것을 거쳤을 때, 물리학 그리고 모든 것에서 시공간적 측면을 모두 설명할 수 있는 점)을 강조함으로써 표현될 수 있다. 또 다른 대안은 원인력 자체가 아니라 규칙성만을 관찰할 수 있는 감각에 대한 흄의 (또한 로크가 주장한) 관점에서 시작하는 것이다. 우리는 이것을 널리 이야기되는 칸트식 관점으로 일반화할 수 있다. 우리가 현재 경험의 구체적인 실재 이외의 어떤 구체적인 실재 X에 대한 지식을 추구할 때, 우리가 우리 자신의 존재 방법을 감안하면 우리는 X의 존재 방법뿐만 아니라 X가 우리에게 영향을 미치는 방법의 함수일 수밖에 없는 외형, 오직 X의 외양에 접근할 수 있을 뿐이다. (칸트는 이런 제한이 있다고 해서 우리 자신의 현재 경험에 대한 접근을 면제해주지도 않는다.)

분명히 우리의 무지가 더할수록 물리적인 것에 대한 우리의 개념은 덜 실체적이 된다. 그러나 물리적인 것에 대한 우리의 개념은 여전히 매우 실체적이다. 나는 물리학의 많은 주장들이 단지 사실이라고 생각하며 그 모든 주장들을 지지한다. 동시에 나는 "물리적"이 자연적인 종류의 용어라는 점과 "시공간적"이라는 점, 또는 우리가 물리적인 것에 대해 알지 못하는 점이 많을 것 같다는 점, 확실히 많다는 점을 결코 잊지 않는다.

5

그래서 나는 자연주의자다. 나는 구체적인 실재는 완전히 물리적이라고 생각한다. 하지만 나는 잠시라도 물리학의 인간과학인 물리학이, 심지어 원칙적으로라도, 구체적인 실재의 본성을 완전히 표현할 수 있다고 생각하지 않는다. (나는 그럴 수 없다는 걸 안다.) 물리학이 원칙적으로 물리적인 것을 완전히 묘사하거나 밝힐 수 있다고 믿는 사람들을 지칭하기 위해 "물리-주의자"(physics-alists)라는 용어를 도입할 수 있다. 물리-주의자들은 확실히 실재적이거나 신중한 물리주의자들(physicalist)은 아니다.

왜냐하면 실재적이거나 신중한 물리주의자들은 모든 것이 완전히 물리적이라고 할지라도 물리학이 존재하는 모든 것의 본성을 분명하게 전달할 수 없다는 것을 알기 때문이다. 에딩턴과 마찬가지로 그들은 "물질에 대한 **구체적인** 정의를 원한다면, 물리학을 살펴봐야 소용없다"[6]고 말한다.

이것은 뉴에이지의 반과학주의가 아니라 바로 주관이 뚜렷한 물리주의다. 물리학이 엉터리라거나 어떤 면에서 부족하다는 견해가 아니다. 물리학이 무엇인지에 대한 기본적인 명확성이다. 어떤 것이 의도하지 않은 일을 하지 않는다고 비난할 수는 없다. 이것은 푸앵카레(Henri Poincaré), 에딩턴, 러셀, 호킹, 그리고 다른 많은 사람들이 깨달았듯 실제적이고 현실적인 물리주의(physicalism)다. 많은 문제에 대해 물리학은 침묵한다. 이것에 대해 명확하지 않은 사람은 아직 물리학이 무엇인지 이해하지 못한 것이다. 물리적인 것의 궁극적 구조를 능가하는 물질-특성은 에딩턴이 말한 대로 물리학으로 "얻을 수 없는"[7] 것이다.

그렇다면 우리가 명확히 아는 것은 무엇인가? 먼저 이 질문에 대한 오래된 답이 있다. 데카르트가 지적한 것처럼, 우리 각자는 우리가 존재하는 것을 알고 있다. 데카르트가 또한 지적했듯이 우리는 또 더 많은 일반적인 확실성에 직면하게 된다. 우리는 의식, 의식적 경험, 경험, 경험의 주관적인 질적 특성 또는 "현상학적" 사실들을 마주한다. 경험의 존재는 구체적인 실재에 대해 명확히 알려진 일반적인 사실이다. 그러므로 구체적인 실재를 전적으로 자연적인 것으로 받아들이는 사람에게는 확실히 알려진 **자연적** 사실이다. 따라서 어떤 실제적인 자연주의자에게도 그것은 확실히 알려진 **물리적** 사실이다. 그래서 우리는 출발점이 있다. 내가 주장하듯이 진정한 실제적 자연주의, 실제 자연주의의 필연적이고 불가피한 시작점은 경험, 의식적 경험에 대한 완전한 실재론이다.

"경험에 대한 실재론"은 무엇을 뜻하는가? 나는 오해할 수 없는 방법으로 "경험"이라는 용어를 정의하려고 한다(헛된 희망). 심리철학은 용어 혼란이 너무 심해서 공유 학문으로서 존립이 어려운 실정이다. 그래서 나는 지금 "경험"이 무엇을 의미하는지에 대해 그것이 **실제** 경험을 의미한다고, "경험에 관한 실재론"은 경험에 대한 **실제** 실재론을 의미한다고 대답한다. 이것은 허튼소리가 아니다: 문제는 경험에 대해 실재론자라고 주장하는 몇몇 사람들이 실제로 그런 실재론자들이 아니라는 것이다(그들은 거울에 비친 용어를 사용한다).

6

그렇다면 경험에 대한 실제 실재론은 무엇인가? 통증을 느끼거나, 색을 경험하거나, 타마린드를 맛보는 몇 가지 예를 들어보자. 경험에 대해 실제 실재론자가 되는 것이 무엇인지를 전달하는 한 가지 방법은, 그것이 단지 정신적 사건으로 간주되는, 색의 경험이나 맛의 경험 또는 고통의 경험을 계속해서 취하는 것이, 어떤 사람이 **어떤 철학을 하기 전에, 정확히 그것을 느낀 대로, 아주 비성찰적으로, 어떤 사람이 그것을 취하게 되는 것**이라고 말하는 것이다. 예를 들어, 여섯 살 때, 입맛에 맞지 않는 음식을 먹거나, 친구에게 어떤 맛이 나는지 혹은 그 맛이 좋은지 또는 닫힌 눈꺼풀 방향으로 밝은 빛을 비추고 주황색을 바라보다가 그다음에는 손으로 눈을 가려 주황색이 검게 희미해지는 것을 보았거나, 그 또래의 아이들처럼 형제나 자매나 친구가 자기자신처럼 색깔을 봤는지를 궁금해한다. 이 또래의 아이들은 끊임없이 경험으로 경험을 실험한다. 눈알을 찌푸려 둘로 보이게 하고, 닫힌 눈을 비벼 "별이 보이게" 하고, 귀를 막았다가 열었다 하고, 어지러울 때까지 빙글빙글 돌다가 멈춰 서서 세상이 빙글빙글 도는 것을 지켜보며 빙글빙글 도는 것은 세상이 아니라 자신의 경험이라는 것을 충분히 알게 된다. 그들은 일정한 색을 가진 것으로 알고 있는 물체들이 다른 조명에서는 다른 색으로 보이고, 그들의 얼굴과 친구들의 얼굴이 욕실 거울의 네온 불빛 아래에서 다른 색으로 보인다는 것 등을 잘 알고 있다.

경험에 대한 아이들의 실재론은 경험에 대한 실제 실재론이다(그것은 물론 모든 비철학자들이 생각하는 것이다). 그러나 경험에 대해 실제 실재론자가 과학자로부터 얼마나 많은 새롭고 놀라운 사실들—세상에 색이 실제로 존재하지 않는다는 감각에 관한 기초 과학적 사실이나 경험의 신경생리학에 관한 사실 또는 시각적 경험을 특징짓는 "감각 채움"에 관한 사실 또는 "변화 맹시"나 "부주의 맹시"에 대해[8]—을 배우든 간에 색의 경험이나 고통의 경험이 어떤지에 대한 기본적인 **일반** 이해는 철학을 하기 전과 정확히 같다. 다시 말해 경험을 쌓는 것은 어떤 사람이 그것에 관해 거의 숙고하지 않아도 이미 그것이 무엇인지 아는 것이라는 사실에 근거를 둔 전적으로 옳은 것이다. 경험에 관한 한, 경험을 **한다는 것은 아는 것**이라는 근본적인 의미가 있다. 그것은 "숙지"에 의한 지식이다. 어떤 특정한 경험의 경우, 적어도 어떤 면에서는, 그것을 가지는 것만으로도 그 기본적인 본질에 대해 직접적으로 숙지하게 된다. 존 로크의 오래된 예에서 파인애플[9]을 맛보는 것은, 파인애플을 맛보는 것이 어떤 것인지 아는 데 필요할 뿐만 아니라 충분하다.

좀 더 엄밀히 말하면, 어떤 사람이 그 당시에 가졌던 미각 경험의 본질을 아는 것이다. 즉 경험하는 것이 아는 것이다. 그러나 그것을 (그것에 대해 내린 판단이 아니라) **단지 경험하는** 것의 현재 경험의 질적 특성이 다소 잘못될 수 있다는 점이 드러난다 해도 그것은 문제가 되지 않을 것이다. 설령 그렇다 하더라도 여섯 살짜리가 경험하고 있는 것과 같이, 경험이 어떤 것인지에 대해 완전하고 정확하게 **일반적으로** 이해할 수 있을 것이다.

나는 "경험"을 정의하는 이런 방식이 도움이 된다고 생각한다. 왜냐하면 그것은 문제의 내용을 알지 못한다고 주장하는 사람은 누구든 부정직함이 드러나기 때문이다. 그것은 간단한 것이지만, 현재의 느슨한 철학적 풍토에서는 강조할 필요가 있다. "경험"이란 일반적으로 생각하듯이 보통 인식하는 경험의 생생한 질적 특성을 말한다. 만약 철학자나 심리학자가 아직도 그것이 무엇을 의미하는지 확실하지 않다고 말한다면, 나는 그들이 해야 할 일은 그들의 철학 이전의 과거를 되돌아보는 것뿐이라고 대답할 것이다.

7

이것을 적절하게 사용해 우리는 다음과 같이 말할 수 있다. 만약 자연주의자로서, 경험을 "제거"하기 위해, 그것을 어떤 비경험적인 것으로 "환원"시키기 위해, 자연주의가 이 평범하고, 기본적이며, 정확하고, 경험적인 것의 철학보다 앞서 이해될 수 있음을 의심하는 타당한 이유를 제공한다고 생각한다면, 잘못에 빠진 것이다. 그 사람은 경험에 대한 진정한 실재론자가 아니며, 그 결과 그는 진정한 자연주의자가 아니다. 그는 거짓 자연주의자, 실제로 반자연주의자다. 왜냐하면 일반적인 자연적 사실, 가장 확실하다고 알려진 일반적인 자연적 사실을 의심하거나 부정하기 때문이다. 이것은 중심 테스트다. 그것은 무지에 관한 어떤 관점과도 완전히 무관하다. 그것은 무지가 아니라 지식에 관한 것이다.

우리는 확실히 경험에 대한 실제 실재론에 의문을 제기할 수 있다. 우리는 실제로 경험이 환상이거나 비현실적이라는 가설을 수립할 수 있다. 이 경우 우리는 모두가 동의하듯이 실제로 아무것도 없다고 주장하면서도 경험이 **있는 것 같다**는 점을 인정해야 한다. 그러나 그것은 환상이라고 주장하는 가상적인 것을 자연스러운 사실, 따라서 전적으로 물리적인 사실 대신 남겨둔다. 그리고 이제 친숙하고 거부할 수 없는 주장이 그 가설을 반박한다. 문제는 그 환상이 가설에 의해 환상성이 가정되고 있는 바로 그 속성들을 이미 가지고 있다는 것이다. 경험이라고 보이는 현상, 즉 우리가 환상이라고 가정하는 현상은 실제로 경험이 없는 한 존재할 수 없다.

대니얼 데닛은 의식적인 경험을 의미하는 표준적인 방식으로 "현상학"이라는 단어를 사용해 이러한 움직임을 시도한다. 그는 "현상학과 같은 것은 없다"고 주장한다. **"현상학은 있는 것 같은데**…그러나 이것은 **실제로** 현상학이 **있다**는 부인할 수 없고 보편적으로 증명된 사실에서 나온 것이 **아니다."**[10] 하지만 사실 그것은 방금 제시한 이유로 인해 그 뒤를 따른다. 현상학이 있는 것처럼 보이는 것은 **단지** 현상학이 **있기** 때문이다. 경험에 관한 한, 당신은 그 둘의 차이를 벌릴 수 없다. 데카르트는 그의 "제2 성찰"(Second Meditation)에서 이 점을 다룬다.

데닛이 보여주듯이, 현상학처럼 보이는 것의 외면의 감각적 측면이 궁극적으로 환상적이라고 주장하는 것은, 그것들이 우리가 생각하는 방식에 따르면 감각 메커니즘의 산물이 아니라 어떻게 해서든 판단이나 믿음의 과정에 의해 생성되기 때문인데, 단지 이 풍요로워 보이는 것에 대한 놀라운 가설을 제시하기 위한 것이다. 그것의 존재나 실재를 의문시하는 것은 결코 아니다. 현상학처럼 보이는 것이 어떤 과정을 거쳐 일어나든, 그 과정의 최종 결과는 데닛이 동의하듯이, 최소한 이것처럼, 녹색 금빛 햇살, 비발디 바이올린 등등처럼 감각적으로 풍부한 경험을 갖는 것 같다. 그리고 만약 이렇게 풍부하게 보이는 것이 있다면, 다시 한 번, 현상학이 있는 것이다. 데닛은 이의 제기를 상상한다: "당신은 가장 의심할 바 없는 실제 현상이 존재한다는 것을 부인한 것 같다: 데카르트의 **성찰**에서조차 의심할 수 없는 실제와 같은 것이다." "어떤 의미로는, 당신 말이 맞다"[11]라고 그가 대답한다. "그것이 내가 존재를 부인하고 있는 것이다.…실제로 보이는 것 같은 현상이란 없다. 더군다나 어떤 것이 사실이라는 것을 어떻게 판단하든 간에 그런 현상은 없다." 철학자들이 "좀비"에 대해 말할 때 무엇을 의미하는지 설명한 후 "철학자의 좀비…는 행동으로 평범한 사람과 구별되지는 않지만 의식이 있는 것은 아니다. 좀비가 되는 것과 같은 것은 없다. 그저 관찰자에게 그렇게 보일 뿐이다."[12] 그는 계속해서 이렇게 말한다. "좀비가 가능할까? 그것들은 단지 가능할 뿐 아니라 실제다. 우리는 모두 좀비다" 규정된 철학적 의미에서는.

8

다시 한 번, 질문은 이것이다. 왜 이런 놀라운 방법으로 경험의 존재를 의문시하고 싶어할까? 물리주의적 자연주의자가 이것을 하려는 어떤 타당한 이유가 있을까? 분명 그들 중 많은 이들이 그렇다고 생각하지만, 틀렸다. 다시 한 번 말하지만, 우리는 경험(의식)이 존재한다는 것을 확실히 알고 있고, 그것이 완전히 자연적인 현상이며, 자연주의자든 아니든 우리 중 어느 누구도 경험적인 일이 전적으로 물리적인 문제라는 생각에서 문제점을 찾을 이유를 주는 물리적인 것에 대해 어느 것이든 우리가 알고 있다고 생각할 충분한 이유가 없다. 많은 거짓 자연주의자들은 경험이 물리적일 수 없다고 생각하는 합당한 이유를 **물리학**이 제공한다고 생각한다. 그들은 엄청난 실수를 했다. 그들은 물리학의 침묵을 이해하지 못했다.

진정한 자연주의자는 이해했다. 그들은 우리가 물리학으로부터 얻는 물리적인 것과 같은 종류의 지식을 바탕으로 해서는 경험이 물리적인 것, 전적으로 물리적인 것, 전하처럼 물리적일 수 없다는 생각을 할 수 없다는 것을 알고 있다.

물론 그 경험은 일상생활에서 평범하게 지각되기 때문에 발가락을 찧는 물리적인 물체와는 완전히 그리고 놀랍게도 다른 것처럼 보인다. 하지만 이것은 우리에게 경험이 완전히 물리적인 것은 아니라고 생각할 어떤 이유도 주지 않는다. 물리학 실험실에서 일반적으로 생각되듯이, 경험은 물리적인 물체들과 놀랄 정도로 다르게 보인다는 것도 사실이다. 그러나 이것은 다시 한 번 우리에게 경험이 완전히 물리적인 것은 아니라고 생각할 어떤 이유도 주지 않는다. 자신이 무엇을 하고 있는지 알고 있는 물리학자들은 호킹의 말을 기억할 것이다.

누군가는 이제 물리학의 침묵을 부인할지도 모른다. "물리학은 우리에게 단순한 수치적-구조적이 아닌 지식, 물리적인 것의 본질적인 본성에 대한 지식을 준다. 그것은 스핀과 전하, 또는 실제 움직임과 같은 속성의 본성에 대한 긍정적인 설명과 비수치적—구조적 지식을 제공한다." 그러나 우리는, 단지 논쟁 목적을 위해서만 이것을 허용할 수 있다. 왜냐하면 지금은 한 가지 점이 더 부각되었기 때문이다. 단순한 수치—구조적인 속성 이상의 이러한 본성에 대한 우리의 지식이 물리적인 것이 경험적일 수 없다는 견해를 뒷받침한다고 생각할 만한 타당한 이유는 없다. 로크는 이것을 깨달았다: 그는 우리가 그것이 의식적일 수 없다는 것을 알 만큼 물리적인 본성에 대해 충분히 알지 못한다는 것을 깨달았다. 조지프 프리스틀리(Joseph Priestley)는 매우 명확했다.

> 나는 [물질을] **확장**의 속성과 **인력 또는 척력**을 가진 물질이라고 정의한다. 그리고 아직 **감각**과 **사고**의 능력이 이것들과 양립할 수 없다고 주장된 적이 없기 때문에…나는 그렇기 때문에, 사람에서 지금까지 표현된 바와 같이 서로 매우 다른 두 물질이 존재한다고 생각할 이유가 없다고 주장한다.**¹³**

프리스틀리가 이 글을 쓴 이후 물리학은 상당히 복잡해졌지만, 그의 관점은 계속 빛을 발한다.

9

그래서 우리는 이곳에 있다. 우리는 경험이 존재한다는 것을 안다. 좋다. **비**경험적(*nonexperiential*)인 것이 존재한다는 것을 알고 있는가? 우리는 세상에 비의식적인 것들이 있다는 것을 알고 있는가?

실제로는 아니다. 건전한 자연주의자로서 나는 경험이 신경 전기화학 작용으로 시공간적으로 위치하는 사건임을 받아들이며, 질량·전하·모양·크기 등을 가지는 것에서도 경험들이 어떤 비환원적으로 비경험적인 구체적 속성을 가졌다고 가정할 수 있어 기쁘다. 그러나 이것은 가정이라는 점이 중요하다. 그것은 매우 실체적이고 입증할 수 없는 가정이다. 에딩턴—러셀—호킹 논점의 일부 버전을 받아들이자마자 사람들은 그것이 가정임을 인정해야 한다: ①물리학이 추상적인 구조 설명만을 제공한다고 근본적으로 느낀다. ②단지 추상적인 구조보다 구체적인 실재에 더 많은 무엇, 구조를 가지고 있거나 구조를 예시화하는 구체적인 무엇이 있어야 한다. ①과 ②를 수용하는 즉시 ③물리학의 어떤 것도 구조를 초월하는 구체적 실재의 본성이 특성상 근본적으로 또는 비환원적으로 비경험적이어야 한다는 것을 요구하거나 수반하지 않는다. 그리고 물리적인 것의 일상의 관념에 있어 그 어떤 것도 ③에 반할 수 있다고 생각해서는 안 된다. 그것은 의자에 앉고, 땅 위를 걷고, 문에 부딪히는 등 우리의 일상적 경험의 견고성이 견고성의 실제 물리적 특성, 즉 전하에 대한 통찰력을 줄 수 있다고 생각하는 것과 같다. 그럴 수 없다.

이의 제기: "X는 물리적이다"가 "X는 어떤 비경험적 특성을 갖는다"를 수반한다는 것은 "물리적"이라는 용어의 의미 중 바로 일부이다. 답변: 물리학에서 이 주장을 뒷받침할 수 있는 것은 아무것도 없다. 당신은 시공간적으로 확장되는 것이 어떤 비경험적인 것의 본질이나 존재를 갖는 것을 반드시 포함해야 한다고 느낄 것이다. 그러나 이 주장은 물리학에 의해 뒷받침되지 않는다.

이것은 받아들이기 매우 어렵고, 내가 여기서 설명하는 것보다 더 많은 공간을 필요로 하기 때문에, 나는 최대한 노력할 것이다: 철저한 물리주의는 "범심론"과 양립할 수 있다. 이것은 많은 사람들이 물리주의가 범심론과 양립할 수 없다고 분명히 생각하기 때문에 일반적인 관점을 생생하게 만든다. 그들은 범심론이 농담이라고 생각한다. 그들은 물리주의가 모든 구체적인 것이 경험적인 것이라는 **순수한** 범심론뿐만 아니라 모든 구체적인 것은 경험적 속성뿐만 아니라 비경험적 속성을 가졌다는 보다 온건한 버전의 범심론과도 양립할 수 없다고 생각한다. 이것은 실수다. 소위 "마음—몸" 문제에 대한 심각한 논의는 이 일어날 수 없는 실수에서 시작된다. 물리적인 것에 대한 우리의 무지를 이해하는 것은 표준적인 서구 철학사상 혁명적인 경험이다. 그것은 엄청난 지적 충격을 수반한다. 그것은 1990년대에 약 2주 동안 나를 멍하게 했다.

10

나는 자연주의자는 물리적인 것이 완전히 정신적이거나 사실 전적으로 경험적이라는 생각을 배제할 수 없다고 주장해왔다. 요점을 말할 필요가 있다. 그럼에도 불구하고 나는 현재로서는 물리적인 실재가 비경험적 구체적 속성이나 존재를 가졌다고 가정해왔다. 우리는 또한 그것이 경험적인 성격을 가지고 있다고 **가정할** 필요가 없다. 언급했듯이 이것은 확실히 알려진 사실이다. 언급했듯이 모든 물리적 현실은 어떤 경험적인 성격을 가지고 있는 것 같다. 그러나 우리는 이제 모든 버전에서 범심론이 거짓일 가능성과, 물리적 실재는 특정한 방식, 예를 들어 뇌에서 조직화되는 방식으로 조직화될 때만 경험적 성격을 가진다는 가능성을 배제할 필요가 없다.

어느 쪽이든 모든 실재론적 자연주의자들은 경험에 대해 철저한 실재론자인데, 부언하자면 그 존재가 가장 확실히 알려진 일반적인 자연적 사실이기 때문이다. 실제 자연주의자들은 경험의 기본 데이터를 존중하며, 특히 경험 그 자체를 존중한다. 그래서 "자연주의"로 널리 알려진 조야한 반자연주의 교리를 배격한다. "자연주의"는 다소 비밀스럽게 경험의 존재를 의문시하며 다루려 했고, 적어도 근본적인 면에서 보이는 그대로, 그리고 실제로 그렇다는 그것의 주장에 의문을 제기하며 지난 50년 동안 그것의 최초이자 근본적인 데이터—경험—를 마치 그것이 가장 큰 문제인 양 다루었다.

나는 거짓 자연주의에 대한 세 가지 주요 혐의를 요약하고 네 번째 혐의를 덧붙이려 한다. 첫째, 다시 한 번, 거짓 자연주의는 확실히 알려진 자연적 사실, 즉 경험에 대한 진정한 실재론으로 밝혀지고, 보통 그리고 정확하게 이해되는 의식적 경험인 경험을 부정하거나 적어도 의문시할 이유를 찾는다.

두 번째 혐의는 첫 번째 혐의에 부가된다. 경험에 관한 한, 우리는 경험이 있는 것처럼 보이지만 **실제로**는 어떤 경험도 없다고 이야기하는 방식으로 외형과 실재 사이의 "존재하는 것"/"존재하는 것으로 생각되는 것" 사이를 벌릴 수 없다. 그런 것처럼 보이는 경험은 이미 경험이기 때문이다. 이 경우 해당 외형은 해당 실재다.

셋째, 거짓 자연주의는 물리학에 관해 엄청난 실수를 저지른다. 이 점은 단순히 물리학이나 실제로 일반적으로 과학 혹은 물리계에서의 우리의 평범한 경험의 어떤 것도 경험의 존재를 어떤 방식으로든 부정하거나 의문시하는 것을 뒷받침하지 않는다는 것으로 요약될 수 있다. 물리학의 주장이 경험에 대한 실제 실재론에 의해 정확히 표현되는 경험적 사실과 어떻게 부합하는지 우리가 알 수 없다는 것은 사실, 항상 사실이다. 그러나 결정적으로 물리학의 주장과 경험의 사실들 사이에는 **실제적인 충돌이 없다.** 이 세계에는 체계 사이에서 단순히 음성적으로 충돌하거나 능동적이고 양성적으로 충돌하는 두 가지 서술체계를 통합하거나, 그것을 하나로 묶을 수 없는 차이가 존재한다. 그 세계에서는 하나의 체계에서 제기된 주장이 다른 체계에서 제기된 주장과 양립할 수 없다. 물리학의 주장과 능동적으로 충돌해야 우리에게 경험에 대한 진정한 실재론을 의심하는 어떤 이유를 제공할 수 있다. 하지만 능동적인 충돌은 없다. 그리고 사실 능동적인 충돌조차도 경험에 관한 실제 실재론에 의문을 제기할 이유를 제공하지 못했다. 그것은 우리에게 물리학의 주장을 의심할 만한 이유를 제공할 수 있을 뿐이다.

11

이 점은 다음과 같이 다시 표현할 수 있다. 자칭 자연주의자들이 물리주의나 자연주의에서 경험의 비존재까지, 또는 좀 더 부드럽게, 경험의 존재가 의심스럽다는 아이디어까지 주장할 때 그 주장은 단지 잘못된 것이 아니라 완전히 잘못된 것이다. 이것이 네 번째이자 마지막 혐의다: 주장은 정확히 잘못된 방향으로 진행된다. 우리가 경험을 "E"라고 부르고 어떤 비경험을 "비-E"라고 부른다고 가정해보자. 그렇다면 올바른(그리고 다소 복잡한) 주장은 다음과 같다.

①우리는 구체적인 실재가 E를 포함한다는 것을 안다.

②구체적인 실재는 또한 E 이외의 어떤 것, 예를 들면 일반적으로 비-E로 간주되는 물리적인 것을 포함한다고 가정하자.

③E와 비-E 사이에 존재한다고 가정하는 고도로 친밀한 관계를 감안할 때 비-E가 존재한다면 E가 어떻게 존재하는지 이해하기 어렵다고 가정하자(예: 뇌에서).

이 경우,

④비-E의 존재는 자연주의의 문제여야 하지만, E는 그렇지 않다.

우리는 자연주의자로서 다음을 말할 입장이 아니다.

⑤비-E는 확실히 존재하며, 비-E와 E 사이에 존재한다고 생각하는 관계를 감안하면, E가 어떻게 가능한지 불분명하다. 그리고 아마도 E는 가능하지 않다.

우리는 아마 이렇게 말할 수 있을 것이다.

⑥**만약** 비-E가 존재하는 경우, 비-E와 E 사이에 존재한다고 생각하는 관계를 감안하면, E가 어떻게 가능한지는 불분명하다.

그러나 다음 단계는 다음과 같아야 한다.

⑦글쎄, E는 확실히 존재한다: 따라서 비-E와 E 사이에 존재한다고 생각하는 관계를 감안할 때 E가 어떻게 가능한지 불분명하다면, E가 존재한다는 것을 감안할 때 아마도 비-E가 어떻게 가능한지 불명확하다: 그리고 우리는 사실상 비-E가 실제적이라고 믿을 만한 타당한 이유가 없다.

다시 말해 우리는 다음과 같이 생각할 이유가 없다.

⑧물리적인 것은 그 본질적 본성에서 전적으로 비경험적이다.

사실 우리는 다음과 같이 생각하지 않을 이유가 없다.

⑨물리적인 것은 근본적인 본성에서 전적으로 경험적이다.

⑨는 아주 이상하게 보일지도 모르지만 이론적인 경제성, 절약, 단순함, 우아함의 이유가 유리하게 작용한다. 왜냐하면 우리는 물리주의에 경도되었기 때문이다. 우리는,

⑩어떤 물리적인 것들은 그 기본적 본성과 어떤 관련을 갖는가와 상관없이 본질적으로 경험적이라는 것을 안다.

그리고 어떤 물리적인 것들이 본성상 확실히 경험적이라는 것을 고려하면, ⑨는 가장 단순한 가설이다: 모든 물리적인 것은 그 기본적 본성에서 조건과 측면에서 그리고 모든 방식에서 전적으로 경험적이다.

⑨는 순수한 범심론이다. 그것은 완고한 물리주의적 자연주의의 가장 그럴듯한 버전이라고 주장한다. 나는 그것을 "순수한"이라고 부르는데, 왜냐하면 그것은 모든 물리적인 것들이 비경험적 존재에 더해 경험적 존재를 갖는다는 범심론의 버전을 넘어서기 때문이다. 그것이 물리학과 완전히 호환된다는 것을 아는 것이 중요하다. 물리학에서 진실인 모든 것이 영향을 받지 않는다.

나는 여기서 범심론에 대해 논쟁하고 싶지 않다. 나는 물리학이 구조적 설명을 제공하는 에너지 패턴이, 특히 우리가 그것들이 본성상 경험적이라는 것을 알고 있기 때문에, 근본적으로 경험적이라는 관점에서, 비경험적이라는 관점을 선호할 이유가 없다는 점을 분명히 밝히고 싶을 뿐이다. 만약 우리가 물리학이 우리에게 스핀, 전하, 운동 등의 개념을 제공하는데 있어 순수하게 구조적인 정보 이상의 것을 제공한다고 해도 상황은 변하지 않는다는 것을 반복할 가치가 있다.

그것은 또한 우리가 물리학으로부터 얻은 물리적인 것의 직관적 전

모를 고려하도록 돕는다. 토마스 네이글은 "흐물흐물한 뇌"에 대해 이야기하고, 수전 그린필드(Susan Greenfield)는 "점액성 덩어리", 콜린 맥긴(Colin McGinn)은 "뇌 '점액'"을 말하며, "테크니컬러 현상학…이 어떻게 눅눅한 회색 물질에서 발생"할 수 있는지 물어본다.[14] 그들은 함께 우리의 일상적인 뇌의 전모의 일부를 생생하게 표현한다. 하지만 뇌를 고려할 때 물리학은 무엇을 발견할 수 있을까? 점액성 덩어리가 아니라 가볍게 퍼져나가는 진동, 거의 상상도 할 수 없이 비현실적인 에너지의 움직임, 흔들리는 근접 진공(만약 원자의 핵이 표준 이미지에서 바늘머리 크기로 확대된다면, 가장 가까운 전자는 100미터 떨어져 있을 것이다). 다시 말하면, 예를 들어 테이블과 같은 물리적 물체는 다른 것으로 보일 것이다. 더 자세히 조사하면, 이 특별한 물리적 물체인 뇌는 운동과 조직의 비상하게 복잡한 강도, 즉 계속해서 구부러진 시트와 질주하는 구름과 뉴런 내외부의 연속적인 전기화학 활성이라는 조합을 나타낼 것이다. 이런 단순한 고려는 물리적인 것이 경험적일 수 없다는 확신을 약화시키는 데 도움이 될 수 있다.

어떤 사람들은 우리가 여전히 물리적인 것들을 본성상 근본적으로 경험적이라고 생각하지 않는 긍정적인 이유가 있다고 말할 것이다. 왜냐하면 우리는 우리 뇌의 특별한 경우를 제외하고는 물리적인 것의 경험에 대한 확실한 증거가 없기 때문이다. 그러나 이것은 우리의 뇌를 구성하는 물리적인 것 이외의 물리적인 것들이 본성상 근본적으로 경험적이지 않다고 생각하는 긍정적인 이유가 될 수 없다. 우리는 역시 그것의 비경험성에 대한 증거가 없기 때문이다. 경험적 실재와 상대적으로 비경험적 구체적 실재의 존재에 대한 어떤 증거가 있는지 묻는다면, 답은 쉽고 수학적으로 정확하다. 증거가 없다. 비경험적인 구체적 실재의 존재에 대한 관찰 증거가 없다. 또한 거기에는 아무것도 없을 것이다. 거기 존재하는 모든 것은 하나의 커다란, 완전히 근거가 없는 완전히 의문시되는 이론적 직관이나 신념뿐이다.

사실상 이렇게 된다. 우리는 우리 주변의 대부분의 물체가 경험의 흔적을 나타내는 것으로 간주되는 일들을 하는 것을 보지 못한다. 우리 중 몇몇은 이것으로부터 그것이 경험적인 것이 아니라는 것을 깨닫고, 다른 식으로 생각하는 것은 터무니없다고 결론짓는다. 그러나 이것은 [P → Q]에서 [not-P → not-Q]까지 논쟁하는 것처럼 보인다. 이 주장의 틀은 매우 허술한 반자연주의적 **당대** "자연주의"의 거창한 토대처럼 보인다.

12

모든 자연주의가 성립하기 위해서는 비경험적인 구체적 실재의 존재를 인정해야 한다. 나는 어떤 사람들이 그러하듯, 경험이 존재한다는 것을 우리가 확실히 알기 때문에, 우리의 지식이 경험을 넘어설 수 없다고 주장하는 것이 아니다. 경험적 실재가 있다는 우리의 확실성, 그리고 무언가 존재한다는 상대적인 불확실성 그 자체로는 경험적 실재밖에 없다는 주장을 위한 어떤 근거도 전혀 제공하지 못한다. 또한 경험이 우리가 그 본성을 일부 직접적으로 숙지하는 단 하나의 구체적인 것이라는 사실도 구체적인 모든 것이 경험적이라는 견해의 토대가 되지 못한다. 또한 나는 (어떤 사람들이 그랬던 것처럼) 우리가 비경험적 구체적 실재에 대해 **긍정적으로 만족스러운 개념**을 가지고 있지 않으며, 따라서 비경험적인 구체적 실재가 있다는 가설조차 진정으로 공식화할 수 없다는 근본적인 감각이 있다는 주장을 통해 구체적 실재의 본성이 전적으로 경험적이라고 가정할 이유가 있다고 주장하는 것도 아니다.

나는 아직도 많은 사람들이 경험적인 것보다는 비경험적인 것을 실재의 기본적인 것으로 가정하는 것이 본질적으로 존재론적이거나 이론적으로 더 쉽다고 생각하리라는 것을 안다. 하지만 이것은 실수다. 그것은 쉽지 않다. 더 어렵다. 왜냐하면 우리는 경험적 실재가 있음을 알고 있고 비경험적 실재가 있다는 것을 모르기 때문이다. 그리고 우리는 이제 일종의 "근본적 창발" 방식을 사용해 비경험적 실재로부터 경험적 실재를 발전시켜야 하기 때문이다.

나는 예측과 도전으로 마무리하려 한다. 그 예측은, 동의하지 않는 철학자는 이 주장을 전혀 주목하지 않으리라는 것이다. 홉스의 말처럼 "일단 반대 의견을 갖게 되면, 논쟁은 재치와 학식이 있는 사람들에게는 효력이 없기"[15] 때문에 나는 이것에 대해 처절하게 자신할 수 있다("재치와 학식"의 단어는 선택적이다). 도전은 이것이다. 내가 말한 것이 어떤 식으로든 반자연주의적이라고 생각한다면, 나는 당신이 자연주의자가 아니라고 생각한다. 당신은 신중하고 진정한 자연주의자가 아니다. 당신은 진루하지 못했다. 당신은 홈 플레이트를 밟지 못했다.

8. 이야기되지 않은 삶

나는 양배추를 심는 것도, 아직 끝나지 않은 정원 가꾸기도
걱정하지 않고, 죽음이 나를 찾아와주기를 바란다.[1]

_미셸 드 몽테뉴

1

내가 믿지 않는 몇 가지 주장이 있다.

"우리는 모두 이야기꾼이며, 우리는 우리가 이야기하는 이야기다."[2]

"우리는 우리 자신을 발명한다. …하지만 우리는 실제로 우리가 만들
어낸 인격이다."[3]

"우리는 우리 삶을 이야기로 바꿈으로써…그것을 이해한다."[4]

"우리는 우리의 삶을 구성함으로써, 즉 우리의 과거에 관한 이야기를
엮어 우리 영혼을 구성한다."[5]

"우리가 '내 인생'이라고 부르는 것은 과거의 삶을 끊임없이 재작성한
것이다. '내 인생'은 우리 모두가 그것과 같이 그리고 그것에 의해 살아가
는 정신적 자서전이다. 실제로 일어난 일인지는 또 다른 문제다."[6]

"인생의 이야기는 주인공이 자신에 대해 말하는 진실 혹은 허구의 모든 이야기로 계속해서 재구성된다. 이 재구성은 삶 자체를 이야기로 엮어 만든 천이 되게 한다."[7]

"자아는…서사를 통해서만 존재한다."[8]

"인생은 누군가 살았던 것이 아니라 누군가 그것을 상세히 말하기 위해 기억하는 내용이자 기억하는 방식이다."[9]

"우리의 인생 목표는…성공적인 인생 줄거리를 갖는 서사적 전체성을 통한 충실한 의미이다."[10]

어떤 식으로든 이 작가들은 삶이 서사적 활동이라고 생각한다. 나는 그들을 "서사자"라고 부를 것이다. 우리는 우리 자신을 이야기하고, 우리는 우리의 이야기라고 그들은 말한다. 인문학뿐만 아니라 심리치료에서도 놀라울 정도로 이것에 대해 강력하게 의기투합하고 있는데, 이러한 자기서사는 좋은 것이며, 완전한 인간의 삶에 필요하다는 주장과 일반적으로 연결되어 있다.

나는 동의하지 않는다. 나는 모든 사람들이 자신의 이야기를 한다고 생각하지 않으며, 그것이 항상 좋은 것이라고도 생각하지 않는다. 비록 우리가 판단하는 사람들이 정신적으로 강건하거나 (내가 여기서 다루듯이) 적어도 정신적으로 약하지 않다고 하더라도, 나는 이것이 인간의 보편적인 진실이라고 생각하지 않는다. 어떤 사람들, 심지어 많은 사람들 혹은 대부분의 사람들이 사실로 생각하더라도 이것은 인간의 보편적인 진실이 아니다. 서사자들은, 기껏해야, 그들 자신의 경우를 너무 인간적인 방식으로 모두 일반화하고 있다. 나는 그들이 말하는 것이 심지어 그들 자신에 대한 정확한 묘사인지도 의심하기 때문에 "기껏해야"라고 말한다. 나는 사르트르가 자기 이야기라 할 수 있는 그의 소설 《구토》에서 불가피하기는 하지만 우리 자신의 삶에서 일종의 부재인 비진정성을 비난한 데에 동의하는 편이다. 나는 프루스트[《잃어버린 시간을 찾아서》(*À la recherche du temps perdu*, 민음사)]에서 프루스트의 서사재가 이에 동의한다고 생각한다.

2

서사자들이 이런 종류의 주장을 할 때 정확히 무엇을 염두에 두고 있을까? 나는 한동안 이것을 알아내기 위해 노력했다. 아직 성공하지 못했지만, 우리 사이에는 심오한 서사적 유형이 있는 것 같다(여기서 나는 초기 정의를 제시한다). 서사가 되는 것은 "자신의 삶, 시간에서 자기자신의 존재, 이야기의 형태를 가지고 있는 것, 또는 아마도 이야기의 모음, 그리고 어떤 방식으로 이 개념에 따라 살아가는 것으로 자신의 삶을 경험하거나 생각하는 자연스런 성향"이다.

서사적 관점의 인기는 그런 사람들이 있다는 증거라고 생각하지만, 그것이 결정적이라고 할 수는 없다. 인간은 실재와 거의 관계가 없는, 자신에 대한 많은 견해를 가지고 있다. 그리고 그런 의미에서 우리 중 많은 사람들은 서사적이지 않다. 셰익스피어의 로잘린드가 말한 것처럼 "시간은 사람에 따라 다른 속도로 흘러가며"[11], 그것은 또한 다양한 모습으로 이동한다.

우리 중 일부는 삶의 경험에 대해 당연히 서사적이지 않다는 것만이 아니다. 우리 중 몇몇은 자연적으로, 근본적이고 긍정적으로 비서사적이라는 것을 덧붙일 필요가 있다. 우리 중 일부는 근본적인 기질에 의해 뼛

속부터 반서사적이다. 우리가 일시적으로 연장된 일련의 사건들을 기억하려 할 때조차, 우리에게 전달되는 기억이 절망적일 정도로 단편적이고 혼란스러울 수도 있다는 것만은 아니다. 그것은 기억 이상의 것이다. 그것은 헨리 제임스가 "삶의 대혼란"[12]이라고 부르는 것의 모든 부분을 아우른다. 이 문구는, 제임스나 나에게, 우리가 우리 자신의 이력을 완벽하게 잘 알고 있고, 삶의 생물학적 시간 순서(출산, 유아, 소아, 청소년, 성인, 황금기, 성숙, 쇠퇴, 노년, 죽음), 그리고 관련된 문화적·시간적 순서 또는 통과의례(이 부분에서 운전, 결혼, 음주, 투표, 입양, 은퇴, 무료 버스승차권 획득 포함)를 완전히 알고 있음에도 불구하고, 거대한 규모의 인간 존재를 더 잘 밝히는 것처럼 보인다. 삶의 구조에 대한 이 모든 지식에도 불구하고, 비서사적인 사람들은 가장 평범한 아침이나 확실한 시간적 압박(직장에 지각) 속에서, 그리고 생생한 꿈을 꾸는 것만이 아닌(셀리의 경우처럼) 때에도 "영원히 허우적거리는"[13] 그들 자신을 발견한다.

비서사적인 사람들에게 어떤 것이 "정신의 잠을 깨웠는지"[14], 즉 그들의 과거를 몽유병처럼 보이게 하는 방식으로 그들을 깨웠는지는 아무런 차이가 없다. 이런 종류의 경험은 어떤 서술적 일관성 또는 서술적 자기결정 또는 "자기주도"의 느낌과는 특별한 관련이 없다.

"자기주도"의 경험, 즉 "삶-쓰기"나 서사적 자기구성의 어떤 과정을 통해 자기결정에 참여한다는 느낌은 나 같은 부류에게는 불가사의한 것이다. 그런 것이 존재하는지 여부와는 별개다. 아마도 어떤 사람들은 그것을 경험했거나, 그렇지 않으면 열망할 것이다: 어떤 사람들은 근본적인 자기창조의 가능성을 믿는 것 같다. 심리학자 대니얼 웨그너(Daniel Wegner)는 "자신을 제어하려는 경향은 인격의 특성이다"[15]라고 말하는데, 어떤 사람들은 이런 경향을 소유하지만 다른 사람들은 그렇지 않다.

자신의 생각에 대해 "주도적 감정"을 가진 사람과, 나처럼 그런 감정을 가지지 않고 자신의 생각이 단지 일어날 뿐이라고 느끼는 사람들은 잘 검증된 실험으로 구별할 수 있다. 이 차이는 매우 클 수 있고, 자기자신을 자기구성적이라고 느끼는 사람들과 그렇지 않은 사람들 사이의 차이를 추적할 수 있다.

어쨌든 자기구성, 자기주도의 **경험**은 충분히 실제적인 것 같다. 그러나 자기주도의 실제 존재에 관한 한, 삶에서 자기결정의 어떤 과정의 실재를 삶-쓰기로 보는 것에 나는 회의적이다. 메리 맥카시(Mary McCarthy)는 많은 사람들을 대변하며 다음과 같이 주장한다.

> 나는 모든 사람들이 자기자신을 찾는 것에 계속 관심을 가지고 있다고 생각하지만, 내 생각에 당신이 나이가 들었을 때 느끼는 것은, 당신이 진정으로 자기자신을 만들어야 한다는 것이다. 그것을 찾는 것은 전혀 쓸모없고, 찾을 수 없을 것이지만, 어떤 의미에서는 그것을 만들 수는 있다. 나는 마스크, 예이츠의 마스크를 만드는 것을 말하는 것이 아니다. 하지만 마침내 어떤 의미에서는 당신이 원하는 자기자신을 만들고 선택하기 시작한다.[16]

내 생각에 이것은 그녀가 어떤 일을 경험하는 방식이고, 흥미로운 정도의 주의력으로 그녀가 그런 것들이 존재한다고 믿는 방식이라고 생각한다. 저메인 그리어(Germaine Greer)는 더 직설적이다: 그녀는 "인간은 자기자신을 발명할 수 있는 양도할 수 없는 권리를 가졌다"[17]고 생각하며, 아마도 그에 어울리는 경험을 가지고 있을 것이다. 하지만 나는 에머슨과 생각이 같다.

우리는 부실한 마차를 타고 거리로 실려가는 유아처럼, 운명에 의해 잘 알지도 못하는, 무덤처럼 보이는 인생의 길로 인도된다.[18]

우리는 하루 종일 바쁠 수도 있고, 열심히 일에 몰두할 수도 있다. 그럼에도 불구하고,

밤이 전나무 가지에서 하루 종일 맴돌기 때문에, 잠은 우리의 눈에서 평생 떠나지 않는다. 모든 것이 유영하며 희미하게 빛난다. 우리의 삶은 우리의 인식만큼 위협받지 않는다. 우리는 유령과 같이 자연 속을 미끄러지듯 지나가고, 우리의 위치를 다시 알 수 없다.[19]

이것은 우리가 다른 동물들에서는 알려지지 않은 우리의 정신적 복잡성에 대해 지불하는 대가이고, 우리 조건의 큰 어려움인데, 하지만 지불할 가치가 있는 가격이다.

에머슨은 지나치게 강할 수 있고, 그런 이유로, 심지어 그가 옳을 때에도 도움이 되지 않는다. 그리고 그는 서사자처럼 언제나 유혹적인 단어인 "우리"를 사용한다. 더 나아가 그는 우리 모두가 동등하게 알 수는 없다고 말한다. 그는 보편적 인간 진리를 제안한다. 그래서 어떤 사람이 자신의 말을 사용해 한 집단의 사람들을 다른 집단의 사람들, 즉 서사자와 비서사자 또는 (다른 구분인데) 삶을 삶-쓰기로 믿는 사람들과 그렇지 않은 사람들로 구별할 수 있는지는 분명하지 않다. 그리고 어떤 자연스러운 서사자 유형은 에머슨의 말을 인용하는 것을 경험하기도 한다. 다른 사람들이 그들의 삶이 막연하지 않다고 느끼더라도 말이다. 그래서 나는 에머슨을 제쳐두겠다. 문제는, 모든 인간의 삶이 성격상 서사이고, 삶을 쓰는 문제

이며, 삶을 쓰는 것은 자존감 있는 어떤 인간에게도 필수적인 과제일 뿐
만 아니라 또한 적어도 최선의 경우에는 자기결정이라는 자율성을 발휘
한다는 것이다.

무엇보다 아인슈타인의 달(97쪽 참조)이나, 부처가 단 한 번의 공중제비
로 자신의 오른손을 벗어나려고 하는 손오공이라는 이름의 원숭이를 다
루는 《서유기》에서 너무도 인간적인 원숭이와 같이, 이 견해는 운명에 대
해 유별나게 달가워하지 않는 것처럼 보인다. 한 번의 공중제비로 3만 6
천 마일을 달릴 수 있는 원숭이는 도전을 받아들이고, 부처의 손바닥에서
뛰어올라 최대의 공중제비를 하고, 도착한 먼 곳을 기념하기 위해 "제천
대성 손오공 여기 다녀가시다"를 쓰고, 소변을 본 후 부처의 손바닥에 돌
아와 상을 달라고 했다.

> "너는 내 손아귀에 있다, 이 오줌싸개야." 부처가 그에게 소리쳤다. "너
> 는 내 손바닥을 떠난 적이 없다." 손오공은 "당신이 틀렸다"라고 대답
> 했다. "하늘 저 먼 곳까지 가서 보니, 살색의 기둥 다섯 개가 짙은 증기
> 로 뒤덮여 있었다. 나는 거기에 나의 표시를 남겼다. 나와 함께 가서 그
> 것을 보겠느냐?" "굳이 갈 필요 없다. 아래를 내려다봐라." 손오공은 불
> 꽃 같은 눈으로 부처의 오른손 가운데 손가락에 써 있는 "제천대성 손
> 오공 여기 다녀가시다"라는 글자를 내려다보았다. 손가락의 아랫부분
> 에서 원숭이 오줌 냄새가 났다.[20]

그래서 만약 삶이 삶을 쓰는 것이라는 것에 대해 변호할 수 있는 의미가 있다면, 나는 그것이 기껏해야 "자동 기술"(automatic writing)이라고 생각한다. 사람의 삶은 리쾨르의 말에 의하면, 다양한 허구로 엮은 "서술된 이야기들로 짜인 천"이 아니다. 이런 종류의 주장이 큰 고통을 겪은 사람들을 모욕하는 것처럼 보인다는 사실은 신경 쓰지 말아야 한다. 한 사람의 인생은 한 사람의 삶일 뿐이고, 그 실제 과정은 우주 역사의 일부이고 100퍼센트 논픽션이라는 확고한 사실에는 신경 쓰지 말아야 한다. 현재로서는 알래스데어 매킨타이어가 현재서사주의운동를 시작하면서 했던 말을 그대로 고수하는 것으로 충분하다. "우리는 우리 자신의 서사의 공동 저자보다 결코 더 뛰어나거나 때로는 훨씬 뒤처지지 않는다. 우리는 환상 속에서만 우리가 좋아하는 이야기를 살아갈 수 있다."[21]

모든 삶에는 반사실적인 요소가 짜릿하게 쌓여 있다. 사랑하는 사람을 만나거나 사랑한다고 생각하는 사람을 아주 쉽게 만나지 못한 적이 있을 수도 있다. 그리고 당신이 존재하게 된 가능성은 얼마나 될까? 그 가능성은 무시해도 될 정도로 작은 것 같다. 당신의 부모, 그리고 차례로 그들의 부모, 그들의 부모 모두 아주 쉽게 만나지 못했을 것이다. 그리고 Y가 아팠기 때문에 X로 가지 않았다면 Z를 결코 발견하지 못했을 것이다. 아이러니하게도 이러한 사후 가정은 좋은 이야기를 위한 훌륭한 자료이고, 경이와 섭리의 느낌을 쉽게 만들어낸다. 그러나 경이는 정당화될 수 없는데, 단지 극적인 사후 가정은 어떤 일이 일어나더라도 한 사람의 삶을 충실하게 유지시키기 때문이다. X를 생각해보라. Y를 만난 그의 놀라운 행운에 놀라라: 그것은 그렇게 쉽게 일어나지 않았을 것이다. 그러나 그가 Y를 만나지 않았다면, 그는 지금 Z를 만난 행운에 겨워 행복해하고 있을 것이다.

4

그래서 나는 알렉산더 네하마스(Alexander Nehamas)의 영향력 있는 책 《니체: 문학으로서 삶》(*Nietzsche: Lives as Literature*, 연암서가)에 대해 비평한 윌리엄 D. 브래트너(William D. Blattner)와 생각이 같다: "우리는 텍스트가 아니다. 우리의 역사는 서사가 아니다. 인생은 문학이 아니다."[22] 누군가 그것을 말해야 했다. 당신은 프루스트(또는 《잃어버린 시간을 찾아서》에서 프루스트의 서사자—나는 여기서 그들을 구분하지 않을 것이다)가 동의하지 않을 것이라고 생각할지 모른다. 그리고 그가 다음과 같이 말할 때, 그 자신이 서사 성향이 있음을 알려줄 뿐만 아니라 이론적으로도 서사자와 한편인 측면을 드러낸다.

> 따라서 실제의 삶, 마침내 밝혀지고 조명된 삶, 실제로 산 유일한 삶은 문학이다—어떤 의미에서는, 모든 사람이 예술가처럼 매 순간 살아가는 삶이다. [23]

그러나 프루스트의 서사자가 "문학"이라는 단어를 사용한 방식을 고려하면, 이것은 실수, 완벽한 실수일 것이다. 우리가 실제 삶에 어떻게 참여하는지에 대한 프루스트의 생각은 복잡하지만, 한 가지 분명한 것은 서사성, 즉 자기서사의 경향은 그렇게 하는데 가장 큰 장애물 중 하나라는 것이다. 실생활(*la vraie vie*)로서의 문학, 프루스트 서사자의 단어에 대한 특별한 감각에서 문학은 일반적으로 사람의 통제 아래 있지 않고, 서사성과는 전혀 관계가 없는 자기인식의 어떤 희귀한 상태에 관한 문제다. 대략 이야기하면, 그것은 사람이 가장 사랑하는 것에 집중하는 명료한 의식 상태다. 그것은 자신의 본질(주저하지 않고 사용해도 좋다고 내가 생각하는 용어)에 대한 어떤 인식, 즉 그 자체가 자신의 본질—사람이 일반적으로 소외되는 어떤 것에 참여하는 것에 대한 인식이다. 그리고 이런 인식은 서사의 문제가 전혀 아니다. 오히려 그것은 시간의 산물이다. 프루스트의 서사자에 따르면, 인간 조건의 불행한 진실은 우리의 실제 혹은 진실한 삶의 의미를 알지 못한 채 죽을 위험성이 크다는 것이다["우리가 알지도 못한 채 죽을지도 모른다는 그런 현실 말이죠"(cette realite que nous risquerions fort de mourir sans avoir connue)]. **24** 우리의 서사적 성향은 이것이 왜 그런지에 대한 주된 이유 중 하나이다.

키츠(John Keats)는 "어떤 가치가 있는 사람의 삶은 계속되는 우화"**25** 라고 말했다. 이걸 허용한다고 하자. 그들이 이것을 알아야 하는가 아니면 그것이 무엇인지 알아내려고 노력해야 하는가? 나는 그렇게 생각하지 않는다. 그것을 찾으면 그 목적을 막거나, 왜곡하거나, 파괴할 수도 있다. 더 나아가 우화들이 서사이고, 그래서 (키츠가 옳다면) 가치 있는 삶은 항상 어떤 의미에서 서사적이어야 한다고 가정해보자. 누구나 서사 유형이어야 한다거나, 모든 가치 있는 사람들이 서사 유형이어야 한다는 것이 명확히 도출되지 않는다. 키츠는 "자신의 삶의 신비를 파악할 수 있는 사람은 아주 적다"고 했고, 나는 이것이 앞에서 언급한 가치 있는 사람을 포함하고 있음을 알고 있다고 생각한다.

5

만약 프루스트가 삶, 그의 특별한 "규범적"이라는 용어의 의미에서 "실제 삶"에 대해 옳다면, 얼마나 사소하더라도 그리고 얼마나 쉽게 다른 방해물에 의해 무효화된다 하더라도(그것은 방해물이 없다는 단순한 부정적인 장점일 뿐 긍정적 측면은 아닌데) 비서사가 어떤 이점을 가질 수 있다.* 그러나 서사주의자들은 비서사적인 사람들의 실재를 인정하지 않을 수도 있다. "그런데, 우리는 당신이 스스로 비서사적이라고 주장할 때 그것이 진심이라고 확신하지만, 실제로 당신은 우리 나머지 사람들만큼이나 서사적이다." 지난 20년 동안 철학자 마리아 쉐크만은 서사적이 된다는 것과, 자기서사를 통해 자신의 정체성을 구성하는 것이 무엇인지 점점 더 정교하게 설명해왔다. 그녀는 이제 사람의 자기서사가 대부분 암묵적이고 무의식적일 수 있다는 점을 강조하는데, 그것은 한 사람이 완전한 사람으로서 발전하기 위해서는 완전하고 "명백한 [자신의 삶의] 서사"[26]를 가져야 한다는 그녀의 원래 "서사적 자기-구성 관점"의 강력한 입장과 비교할 때 상당히 양보한 것이다. 그것은 확실히 그녀의 원래 관점을 개선한 것이고, 그녀는, 나와 같은 사람들은 서사적이지만 단지 그것을 알아차리지 못하거나 인정하지 않을 수 있다는 입장을 갖게 되었다.

쉐크만은 최근 저서 《살아남기》(*Staying Alive*, 2014)에서 자신의 원래 명제를 더욱 변형시켰으나, 여전히 어떤 이력을 가진 단일하고 유한한 생물학적 개인으로서의 자기자신을 기본적으로 인식하는 것을 훨씬 뛰어넘는 어떤 방식으로 "사람들은 그들의 삶을 통일된 전체로 경험한다"[27]

* 프루스트의 규범적 의미에서의 한 사람의 실제 삶은 일반적으로 이해되는 실제 삶이 아니다. 그것은 어떤 사람의 본질에 대한 문제다.

고 생각한다. 그녀는 아직도 "우리가 세상을 경험하는 렌즈 역할을 하는 (대부분 암시적인) 자서전적 서사를 개발하고 작동시킴으로써…우리 자신을 인간으로 구성한다"[28]고 생각하는데, 나는 이것이 여전히 의심스럽다. 나는 그것이 보편적인—(다소) 정상으로 간주되는 사람들 사이에서 보편적인—인간 조건인지 의심스럽다. 나는 심지어 그녀가 "자서전적 서사를 갖는 것은 항상 (또는 영원히) 자신이나 다른 누군가에게 자신의 삶의 이야기를 의식적으로 다시 이야기하는 것과는 다르다"[29]고 말한 이후에도 이것이 의심스럽다. 나는 내가 세상을 경험하는 데 "자서전적 서사"가 중요한 역할을 한다고 생각하지 않는다. 나의 전반적인 관점과 행동이 나의 유전적 대물림과 특히 초기 양육을 포함한 사회문화적 시공간에 의해 깊이 조건화된다는 것을 알고 있고, 그리고 또한 보다 작은 규모로, 나의 버스여행 경험이 노팅힐에서 A와 나눈 대화와 켄티시타운에서 B를 만나러 가는 사실에 의해 모두 영향을 받는다는 것을 알고 있다는 사실에도 불구하고, 내가 세상을 경험하는 방식에 이것들이 중요한 역할을 한다고는 생각하지 않는다.

나는 쉐크만과 마찬가지로, 사람은 로크의 그 유명한 정의에 따라 "서로 다른 시공간에서 어떤 것을 동일하게 생각하는 자신을 그 자신으로 명백히 간주"[30]할 수 있는 생물이라고 생각한다. 나는 "예상되는 문젯거리가 당장 현재의 기쁨을 누그러뜨린다"[31]는 것이 어떤 것인지 안다. 내 기억력이 좋지 않은데도 불구하고, 나는 내 인생의 많은 사건들에 대해 꽤 많은 지식을 가지고 있다. 나는 병적이거나 계몽적인 방식으로 지금 이 순간에 몰두해서 살지 않는다. 하지만 나는 존 업다이크나 다른 많은 사람들과 마찬가지로 "나는 내 인생을…막 시작한 것 같은…지속적인 감각을 가지고 있다."[32] 페소아의 이명(異名, heteronym) 알베르토 케이루

(Alberto Caeiro)는 이상한 사람이지만, 그는 다음과 같은 글을 쓸 때 많은 사람들의 공통된 경험을 포착한다.

나는 끝없이 새로운 세상에
막 태어났다고 항상 느낀다. [33]

어떤 사람들은 이것을 즉시 이해할 것이고, 다른 사람들은 당황할 것이고, 아마도 회의할 것이다. 일반적인 교훈은 인간의 차이에 대한 교훈이다.

자신의 작품에 대해 말한 한 드문 인터뷰에서 앨리스 먼로(Alice Munro)는 이렇게 말했다.

당신의 작품을 보면 이런 피로와 당황스러움이 있다. ⋯그것은 완전히 이색적이다. ⋯내 말은, 그것은 당신에게서 완전히 사라졌다. ⋯그리고 당신이 진정으로 남겨둔 것이 당신이 지금 하고 있는 일이다. ⋯그리고 당신은 정체를 많이 드러낸 것 같다. 당신은 마치 작은 셔츠를 입고 밖에 있는 누군가와 같다. 그것은 당신이 지금 하고 있는 일이고 당신이 전에 했던 모든 일을 이상하게 증명하는 것이다. 그리고 아마도 이것이 내가 작가로서 어떤 공적 역할도 하지 않는 이유일 것이다. 왜냐하면 나는 스스로 거대한 사기만 저지를 수밖에 없기 때문이다. [34]

여기서 먼로는 구체적으로 글쓰기에 대해, 그리고 (내가 그녀를 이해하기로는) 그녀의 이전 작품과 동일시되고 있는 것에 대한 자신의 당황스러움에 대해 이야기하고 있다. 그러나 어떤 사람이 과거에 대해 갖는 일반적인 관계는 유사한 형태를 띨 수 있다. 어떤 경우건 근본적으로 비서사적일 수 있으며, 천 번 이상 "나는 기억한다"가 등장하는, 조 브레이너드(Joe Brainard)의 《나는 기억한다》(*I Remember*, 모멘토)에서 보는 것처럼 목록을 이상적인 형태라고 본다.

> 나는 아버지가 잘 자라고 하면서 "손을 이불 밖으로 내놔라"라고 말했을 때를 기억한다. 하지만 그는 그것을 멋지게 말했다.
> 나는 네가 나쁜 짓을 하면 경찰이 널 감옥에 가둘 거라고 생각했던 때를 기억한다.
> 나는 프랭크 오하라와 함께했던 해변에서의 매우 춥고 검은 밤을 기억한다. 그는 벌거벗은 채로 바다로 뛰어들어 나를 아주 두렵게 했다.
> 나는 번개를 기억한다.
> 나는 이탈리아의 야생 양귀비를 기억한다.
> 나는 2번가에서 3개월마다 피를 팔던 것을 기억한다. [35]

전기에 관한 업다이크의 불평에는 먼로의 경험이 반향된다:

> 문학 전기의 문제점은 아마도 그것이 주로 기록된 행동과 나날과 실망이 쌓이며 삶의 지루하고 세속적인 진부함이 드러난다는 점일 것이다. 그리고 영원한 현재의 시제 속에서, 실제처럼 보이는 자아에 수반되는 비현실적 결백을 실현할 수 없다는 것이다. [36]

업다이크를 약간 의심할 수도 있겠지만, 사람들이 자신의 지나간 과거가 "책임, 임무 그리고 의무의 영역에서 적당히 존재할 수 없다"[37]고 느끼거나, 책임을 회피하려는 깊은 욕구에 의해 동기를 부여받는다고 생각하는 것은 잘못된 것이다.

쉐크만에 따르면, "우리가 자서전적 서사를 가지고 있는 의미는…대부분 우리 삶의 진행과정에 대한 암묵적인 이해가 우리의 경험과 숙의에 영향을 미치는 방식으로 표현된다."[38] 그리고 이 주장이 분명 진실이라고 이해하는 것이 자연스럽다. 어떤 사람은 말하자면 견습 2년차이며, 이것을 알고 있다: 어떤 사람은 승진을 앞두고 있거나 은퇴 후 2년이 지났거나, X와 약혼을 하거나, Y로 이사할 예정이며, 임신 4개월 또는 불치병에 걸리는데, 이런 사실들에 대한 그의 지식이 당연히 그의 경험과 실제적 숙의에 영향을 미친다. 어떤 사람은 그가 얼마나 늙었는지를 알며, 사람들이 보통 얼마나 사는지를 알고, 어떤 나이가 지나면 근력이 쇠하는지를 안다. 그러나 이 기본적인 방식으로 이해한 쉐크만의 주장에서 명백한 진실은 그것이 어떤 그 이상의 의미에서도 진실이라는 생각을 뒷받침하지 못한다. 나는 그것을 진실에서 거짓으로 뒤집지 않고서는 더 강한 의미에서 주장할 수 있다고 생각하지 않는다. 몇몇 사람들에게는 여전히 사실일지라도 대부분의 사람들에게는 거짓이다.

6

쉐크만은 《살아남기》에서 더 많은 양보를 하며 서사성에 대한 토론을 맺는다. "이런 맥락에서 '서사성'의 어법을 포기하고 한 개인의 정체성을 서술적 통합이 아닌 단순히 어떤 사람의 삶에 대한 하나의 구조적 통합으로 정의하는 통합의 유형을 설명하는 것이 더 정확하고 오해를 줄일 것 같다."[39] 쉐크만의 말처럼, "실제 일을 하고 있는" 것은 "통시적으로 구조화된 단위"로서의 삶의 아이디어고, 통시적으로 구조화된 단위를 형성하는 많은 것들은 전혀 서사가 아니다. 그래서 나는 쉐크만이 "서사"라는 단어를 더 이상 사용하지 않는 것이 옳다고 생각한다. 그러나 지금 생각나는 것은, 쉐크만의 재구성에 비추어볼 때, 최소한 일부 사람들에게는 순간순간, 하루하루, 매달, 매해 그들의 존재 경험에서 구체적이고 통시적으로 구조화된 통합의 정도는 매우 부족한 것 같다.

이러한 부족은 어떤 인간의 삶에서도 실제로 존재하는 심오한 통시적/구조적 통합으로 볼 때 두드러지는(인정하기 어려운) 것 같다. 사람은 성인의 삶을 통한 인격의 항구성과 지속성이 자신의 신체적 항구성과 지속성만큼 강한 경향이 있는 단일한 신체를 지닌 생물이다(진정한 정신적 외상은 제쳐두고: "다시 태어난다"는 것은 근본적인 구조에 비해 피상적인 변화다). 많은 것들이 삶의 동시적 통합에 대한 한 사람의 경험을 뒷받침하기 위해 함께 작용한다. 왜냐하면 우리는 로크의 말처럼 "서로 다른 시공간에서 그들 자신을 그들 자신으로 명백히 간주할 수 있고, 간주하는 생물체들"이기 때문이다. 로크를 요약한 툴빙(Endel Tulving)은 우리는 "정신적인 시간 여행"[40]을 할 수 있고, 실제로 우리 중 몇몇은 시간 여행을 많이 한다(어떤 사람은 미래에 몰두하고, 다른 사람은 과거에 몰두한다). 미래에 관한 한, 우리 모두는 우리가 죽을 것이라는 사실을 알고 있다. 이것은 사소한 문제가 아니다. 그러나 이것들 중 어느 것도 일반적으로 설명하듯이 서사 명제, 즉 모든 인간의 삶은 어떤 의미에서 삶-쓰기이며 또한 그래야 한다는 명제를 지지하지 않는다. 우리는 서사 명제를 우리가 삶의 통합을 어느 정도 느끼고 있으며, 느껴야 한다는 빈약한 주장으로 분해할 수 있다. 하지만 나는 그것이 더 좋아 보이는 것 같지 않다. 분명히 통합은 존재하지만, 삶-쓰기를 해야만 하는 것은 아니다. 그것에 대해 생각하고, 그것을 진작시키기 위해 노력하는 것은 환상과 자기선입견의 위험에 빠지는 것이다.

당신은 "아니다"라고 말할 수 있다. "이것은 자아-소유의 필수적인 부분이다." 그런데 자아-소유란 무엇인가? 그것은 "자기주도"를 포함하는가? 그리고 자기주도는 자기-편집, 자기-축소와 관련되는가? 누군가가 매우 자기-소유되어 있다는 주장은 그들이 현실과 동떨어져 자기연민에 빠져 있음을 암시할 수 있다. 자기연민으로서의 자기-소유는 흔한 종류의 역설이지만, 그것은 진실을 포함한다.

위대한 루이스 토마스(Lewis Thomas)가 말했듯이, "당신의 인식, 심지어 그것을 자랑하는 것도 괜찮지만, 그것을 조종하려고 하지는 마라. 당신은 그 일을 감당할 수 없다."[41] 자제력이 어떤 경솔함과 관련되어 있는 것은 스포츠에서 비일비재하다.

7

사회심리학자 가운데 선도적인 서사주의자인 댄 맥아담스(Dan McAdams)에 따르면,

사춘기 후반과 성인기 초반에 시작해서, 우리는 우리의 삶을 통합, 목적, 정체성의 형태로 표현하기 위해 선택적으로 과거를 회상하고 희망적으로 미래를 기대하는 자신의 통합적인 서사를 구성한다. 개인의 정체성은 우리가 성인의 삶을 거치며 각자 작업하고 있는 내면화되고 진

화하는 인생 이야기이다. …나…나는 내 서사적 정체성에 대해 잘 알기 전까지는 내가 누군지 실제로 모른다. [42]

이 주장은 나를 당혹스럽게 한다. 나는 확실히 관련된 의미에서 정체성, 심리적 정체성을 가지고 있고, 나는 분명 과거를, 역사를 가지고 있다. 심지어 당신이 원한다면, 인생 "이야기"를 가지고 있다. 하지만 만약 내가 나의 정체성을 구성했다면, 혹은 나의 정체성이 나의 인생 이야기라면, 나는 충격을 받을 것이다. 나는 내 삶을 통합, 목적, 정체성의 형태로 표현하기 위해 선택적으로 과거를 회상하고 희망적으로 미래를 기대하는 자신의 통합적 서사 혹은 자신을 구성하는 것은 시간 낭비라고 생각한다. 이것이 인간의 보편성이라는 주장을 접했을 때, 나는 내가 조그 행성(the planet Zog)에서 왔음이 틀림없다고 생각했다.

일부 심리학자들은 "정체성"이라는 용어를 심리학적으로 어떻게 근본적으로 존재하는가가 아니라, 얼마나 오판하고 있는지는 상관없이, 자기 자신을 어떻게 생각하고 있는지를 가리키기 위해 사용한다. 어떤 이들은 또한 "자아"라는 용어를 이런 식으로 사용한다. 이 견해에 따르면, 자신의 자아는 단지 자신의 관념일 뿐이다: 자신의 정체성, 자신의 실제적 심리적 정체성은 스스로 자신을 어떻게 생각하느냐. 이것은 내게 폭스바겐을 롤스로이스(또는 그 반대)라고 말하는 것처럼 들린다. 왜냐하면 그것이 바로 그 사람이 생각하는 바이기 때문이다. 그것은 또한 다소 걱정스럽게 들린다. 그러나 이것은 아마도 단지 용어의 문제일 것이다: 그리고 맥아담스가 이 특별한 방식으로 "정체성"이라는 용어를 사용하고 있는 것일 수 있기 때문에, 우리 두 사람 사이의 의견 불일치는 드러나는 것보다 훨씬 적을 수 있다(예를 들어, 나는 아무도 자기기만적일 수 없는 결과를 낳는 것 같다는 그의 견해에 반대할 수 없다.)

내가 틀리고 맥아담스가 맞다고 가정해보자. 그런 다음 우리는 비서사적인 것뿐만 아니라 개인적인 정체성 결여에 행복해하지 않는 한, 에릭 에릭슨(Erik Erikson)과 메리 미즐리(Mary Midgley)가 묘사한 사람들에 대해서도 걱정해야 한다.

다양한 자아가…우리의 복합적인 자아를 만든다. 이 자아들은 지속적으로 그리고 종종 충격적으로 전이한다. "Ɪ"가 이 모든 조건으로부터 어느 순간이든 합리적으로 일관된 자아를 증명할 수 있는 방식으로 밝힐 수 있으려면 실제로 건강한 성격이 필요하다.[43]

[지킬 박사는] 부분적으로 옳았다. 우리는 각각 한 사람뿐 아니라 많은 사람이다. …우리 중 몇몇은 단지 약간 어려운 것을 하고 싶을 때마다 그것을 할 수 있는 능력을 가진 자아를 찾기 위해 회의를 열어야 한다. 우리는 내부 군중들을 조직하고, 내부의 동의를 확보하고, 그것이 전체적으로 작용하도록 하는 방법을 개발하기 위해 많은 시간과 독창성을 소비한다. 문학은 그 상태가 드물지 않다는 것을 보여준다.[44]

에릭슨과 미즐리는 놀랍게도 우리 모두가 이와 같다고 제안하고, 많은 이들이 이런 주장에 동의한다. 아마도 그 패턴에 맞는 사람들일 것이다. 나는 미즐리가 "다른 사람들은 물론 전혀 이렇게 느끼지 않고, 놀라워하며 그런 설명을 듣고, 그 사람들을 정신이 이상하다고 여기는 경향이 있다"고 덧붙였을 때, 그것을 고맙게 생각했다.

동시에 우리는 진실한 사람이 된다는 이들의 주장이 문제시되는 이론을 채택해서는 안 된다. 우리는 파울 클레(Paul Klee)를 내치고 싶지 않다.

내 자신은…드라마틱한 앙상블이다. 여기에 예언적인 조상이 나타난다. 여기 잔혹한 영웅이 소리친다. 여기 알코올 중독자는 박식한 교수와 논쟁한다. 여기 만성적인 사랑에 빠진 서정적인 뮤즈가 그녀의 눈을 하늘로 향한다. 여기 아빠는 현학적인 항의를 하면서 앞으로 나아간다. 여기에 관대한 삼촌이 중재한다. 여기서 고모는 수다를 떨었다. 여기서 하녀는 요란하게 낄낄 웃는다. 그리고 왼쪽에 뾰족한 펜을 가진 나는 놀라며 그 모든 것을 본다. 임산부는 그 즐거움에 동참하기를 원한다. 쳇! 나는 소리친다. "당신은 여기에 속하지 않았어. 당신은 분리될 수 있어." 그리고 그녀는 사라진다. [45]

또는 서머싯 몸(W. Somerset Maugham)은:

나는 내가 여러 사람들로 이루어져 있고 현재 우위를 점하고 있는 사람이 필연적으로 다른 사람에게 양보할 것임을 인정한다. 하지만 어느 것이 진짜 나일까? 전부 다? 아니면 아무도 아닐까? [46]

또 작가 필립 로스와 다소 친밀한 관계인 나단 주커만(Nathan Zuckerman)은:

내가 확실하게 말할 수 있는 모든 것은, 한 사람으로서, 나는 자아가 없다는 것이고, 자아의 농담을 나 자신에게 영구히 하는 것이 내키지 않거나 그렇게 할 수 없다는 것이다. …대신 나는 내가 내면화시킨 배우

집단이며, 자아가 필요할 때 내가 부를 수 있는 영원한 배우들의 모임인 나 자신뿐만 아니라 내가 할 수 있는 다양한 흉내를 낼 수 있다. … 난 극장이고, 극장에 지나지 않는다. [47]

만약 서사 통합의 옹호자들이 맞다면, 이 사람들은 무엇을 해야 할까? 나는 그들이 있는 그대로 계속해야 한다고 생각한다. 그들 내면의 군중들은 아마도 어떤 종류의 열광적인 자기서사를 공유할 수 있을 것이다. 그러나 마리아 쉐크만, 해리 프랑크푸르트, 크리스틴 코스가어드(Christine Korsgaard)가 제안한 우리 시대의 개인적 통합성을 선도하는 철학에서 그들에 대한 명확한 규정은 없는 것 같다.

스콧 피츠제럴드(F. Scott Fitzgerald)는 그의 《노트북》(Notebooks)에서 "훌륭한 소설가의 훌륭한 전기란 없었다. 그럴 리가 없다. 그에게 좋은 점이 있다면 그는 너무 많은 사람이라는 것이다."[48] 하지만 그가 무엇을 생각하고 있는지 알 수 있다.

8

이것들은 인간의 깊은 차이점이다. 그것은 우리가 (심리학에서) 어떻게 존재하고 (윤리학에서) 어떻게 살아야 하는지에 대해 일반화하려 할 때 근본적인 결과를 가져온다. 정기적으로 그리고 적극적으로 자신의 과거를 기억하는 사람들과 거의 하지 않는 사람들 사이에는 큰 차이가 있다. 그의 자서전 《내가 기억하지 못하는 것》(What Little I Remember, 1980)에서 오토 프리쉬는 다음과 같이 썼다: "나는 항상 현재를 중심으로 살고 있고,

오직 되풀이할 가치가 있는 것만을 기억한다. …나는 항상, 내가 이미 말했듯이, 여기와 현재에 살았고, 더 넓은 관점들을 거의 보지 못했다."[49] 비록 그들에게 되풀이할 것은 기억나지 않지만 나는 전반적으로 프리쉬의 편이다. 좀 더 일반적으로, 병적인 기억상실은 차치하고, 나는 특히 자서전적 기억에 관해서라면 "나는 내 자신의 행적을 거의 기억할 수 없다. 나처럼 끔찍하게 기억력이 나쁜 사람은 세상에 아마 없을 것이다"[50]라는 몽테뉴의 편이다. 몽테뉴는 이것이 오해로 이어질 수 있다는 것을 알았다. 예를 들어, 그는 "다른 어떤 것보다 우정이 더 낫다. 그러나 내가 이 고통[부실한 기억력]을 겪고 있다는 것을 인정하기 위해 사용되는 단어들은 배은망덕을 나타내기 위해 사용된다. 그들은 내 기억으로 내 애정을 판단한다"—완전히 잘못되었다. "하지만, 나는 불완전에서 위안을 얻는다." 나쁜 기억은 그를 불쾌한 형태의 야망으로부터 보호하고, 그가 횡설수설하는 것을 멈추게 하며, 다른 사람들이 한 말을 기억하지 못하기 때문에 스스로 생각을 하도록 한다.

또 다른 장점은 "…모욕을 당했을 때 나는 기억을 잘 못한다"는 것이라고 그의 《수상록》(Essays, 동서문화사)에서 말한다.

여기에서 우리는 문자 그대로의 의미로 자기자신의 삶에 관해 쓰는 것인 자서전에 관한 한 나쁜 기억력과 비서사적 성향이 방해가 되지 않는다는 점을 덧붙일 수 있다. 몽테뉴는 다음과 같은 사실에도 불구하고 아마도 가장 위대한 자서전 작가이자 가장 위대한 인간 자기-기록자일 것이다.

나는 글쓰기 방식에서 확장된 서사를 잘 다루지 못한다. 나는 호흡이 짧아 너무 자주 말이 끊기기 때문에 내 작품의 구조나 발전은 전혀 가

치가 없다. [51]

몽테뉴는 이야기되지 않은 삶(내가 중요하고 유일하다고 생각하는 삶)을 쓴다. 그는 이 말의 구어체 영어의 의미로 "편파적"이지 않다. 그의 정직은 극단적이기는 하지만, 과시와 감상이 없다(아우구스티누스와 루소는 불리하게 비교된다). 그는 전혀 계획되지 않은 삶−쓰기에서 자기−지식을 추구한다: "나는 내가 처음 만난 사람처럼 내 필기 종이와 대화한다." [52] 그는 자신의 기억이 절망적일 정도로 믿을 수 없다는 것을 알고, 자기−지식의 근본적인 교훈은 자기−무지에 대한 지식이라고 결론짓는다. [53]

9

기억에 대한 해석에 주의하는 사람은 어느 곳에서나 해석을 찾을 수 있다. 의견은 끊임없이 불일치한다. 나는 제임스 믹(James Meek)이 제임스 설터(James Salter)의 소설 《가벼운 나날》(*Light Years*, 마음산책)에 대해 정확하게 해설했다고 믿는다:

> 설터는 우리의 실제 기억에 존재하지 않는 소설적 연결인 서사적 전환과 설명과 상황 설명을 생략하고, 우리에게 기억된 조각, 즉 밝고, 추하고, 이해할 수 없을 정도로 사소한 것들, 연대기적 의미 외에는 쉽게 연결거나 전체적으로 결합될 수 없는 것들. 그것들이 모두 남아 있다는 느낌들을 남겨두었다. [54]

믹은 이것이 모두에게 사실이며 아마도 가장 흔한 경우일 것이라고 생각한다. 《가벼운 나날》에서 설터는 삶 그 자체에 걸맞는 단절을 발견한다. "완벽한 삶이란 없다. 그 조각만이 있을 뿐. 우리는 아무것도 가질 수 없는 존재로 태어났다. 모든 것이 손가락 사이로 빠져나간다."[55] 그리고 이것은, 다시, 공통된 경험이다:

> 평범한 날에 평범한 마음을 잠시 살펴보라. 마음은 경미하고, 환상적이고, 덧없거나, 강철의 날카로움을 새긴 수많은 인상을 받는다. 모든 면에서 그것들은 끊임없이 쏟아지는 수없이 많은 원자의 소나기로 온다: 그것들이 떨어질 때, 자신이 월요일이나 화요일의 삶으로 형성될 때, 예전과 다르게 방점이 내려왔다: 중요한 순간은 여기에 오지 않고, 저기에 온다: 그래서 작가는, 만약 그가 그의 작품을 관습이 아니라 자신의 느낌에 바탕을 두고 작품을 쓴다면, 의무적인 것이 아니라 선택한 것을 쓸 수 있다면, 어떤 용인된 스타일로 어떤 구성도, 어떤 희극도, 어떤 비극도, 어떤 사랑의 관심이나 파국도 사용하지 않고, 또는 본드 거리의 양복장이가 가지고 있을 것 같은 박음질한 단추를 사용하지 않는다면 노예가 아닌 자유인이다. 삶이란 대칭으로 둘러싼 늘어선 두 줄 램프가 아니라, 의식의 시작부터 끝까지 우리를 둘러싼 빛나는 후광이요, 반투명 봉투다.[56]

버지니아 울프로부터 이 문장의 모든 결과를 알아내기는 어렵다. 확실한 것은 우리 사이에 연습생과 작곡가가 있다는 점인데, 그들은 자연스럽게 그들의 추억을 말할 뿐만 아니라 일어나는 대로의 그들 삶도 이야기한다. 그러나 헨리 테일러(Henry Taylor)가 "상상력이 풍부한 사람은 자신의 삶에서 자신의 삶에 대한 이야기를 쉽게 알 수 있고, 그에 따라 좋은 삶보다는 좋은 이야기를 만들 수 있는 방식으로 행동하게 된다"[57]고 말했을 때, 그는, 사르트르처럼, 실수, 도덕적 위험, 진실성의 비법을 찾아내고 있는 것이다. 그러므로 우리는 서사주의자들이 맞고, 그리고 그런 자기-이야기 충동이 실제로 보편적인 것인가를 염려해야 한다.

다행히도 그들은 옳지 않다. 과거에 대한 그들의 이해력이 멋지고, 감동적으로 부지런하며, 사실적인 사람들이 있다. 사람들은 항상 자신의 과거를 긍정적인 방식으로 기억하지만, 우리 대부분은 전혀 그렇지 않은 사람들을 알고 있다. 빌럼 와게나르[58]와 같은 심리학자들은 그것이 보편적 사실과는 거리가 멀다는 더 공식적인 증거를 제공했다.

10

필립 라킨은,

제때에,

우리는 맹목적인 인상을 반쯤 드러낸다

우리들의 모든 행동이 가지는[59]

서사주의자들은 이것이 본질적으로 서사적인 문제, 본질적으로 우리 삶의 형태에 대한 서사적 해석이라고 생각한다. 하지만 우리 중 많은 사람들은 라킨의 절반-증명 정도까지는 이해하지 못하고, 이야기가 아닌 기껏해야 단편과 조각들을 얻는다. 우리는 라킨의 더 심한 주장에 놀란다.

일단 당신이 마음속을 다 걷고 나면,
당신이 주문하는 것은 선적 목록처럼 명료하다.

더 나이가 들어서도 우리는 여전히 우리가 무엇을 주문하는지에 대해 명확한 생각이 없다. 나는 내가 누구인지, 무엇인지 명확히 모른다. 이것은 내가 몽테뉴처럼 되고 싶거나, 무지에 대한 소크라테스의 말(그는 자신의 지혜가 자신이 아무것도 모른다는 사실을 아는 데 있다고 말한다) 혹은 가죽에 대한 니체의 말을 들어봤기 때문은 아니다.

인간은 어떻게 자신을 알 수 있는가? 그는 어둡고 가려진 존재다. 토끼의 가죽이 일곱 개인 반면, 인간은 일흔 개 가죽의 일곱 배를 벗겨도 "이것이 정말 당신이다. 이것은 더 이상 외피가 아니다"라고 말할 수 없다. [60]

나는 자신이 암으로 죽어가는 것을 알았을 때 쓴 《코다》(Coda, 2008)의 사이먼 그레이(Simon Gray)를 떠올린다.

사실 나는 내 자신에 대한 기본적인 것, 즉 욕구와 필요를 알지 못한다. 그것을 받아 적거나 말하기 전까지는 말이다. [61]

니체에서 위의 단락이 계속되는 것을 보면, 그레이는 아마도 현명한 것 같다.

게다가, 자신의 존재의 축을 따라 최단 경로로 길을 가도록 하는 것은 고통스럽고 이런 식으로 자기자신을 파고드는 것은 위험한 일이다. 의사도 치료할 수 없을 정도로 자기자신에게 피해를 입히기는 얼마나 쉬운 일인가. 게다가 우리의 우정과 증오, 우리가 보는 방식, 악수, 우리가 기억하고 잊어버리는 것, 우리의 책, 우리의 필적 등 모든 것이 우리의 존재를 증명하는 것인데, 왜 그것이 필요할까?

그러나 나는 이 인용문을 여기서 자를 수 없다. 왜냐하면 그것은 내 입장에 대해 의심을 불러일으키는 방식으로 계속되기 때문이다.

그러나 이 절대적으로 중요한 조사가 수행될 수 있는 방법이 있다. 젊은 영혼이 그 삶을 되돌아보며 스스로 묻도록 하라. 지금까지 너희가 무엇을 진정으로 사랑하고, 무엇이 네 영혼을 끌어냈으며, 무엇이 그것을 명령하고, 동시에 그것을 행복하게 하였느냐? 이러한 경외의 대상들을 당신 앞에 나열하면, 아마도 그들의 정체 그리고 그들의 순서에 따라, 그것들은 당신에게 진정한 자아의 근본 법칙을 내놓을 것이다.

"아마도 그들의 정체…그것들은 당신에게 진정한 자아의 기본 법칙을 내놓을 것이다." 이 주장은 지지하기 쉽다. 그것은 프루스트의 가장 위대한 통찰력이다. 카뮈도 그것을 안다. 그러나 니체는 좀 더 특이하다: "아마도 그들의 존재와 **그들의 순서에 따라** 그들은 항복할 것이다. …당신에게 진정한 자아의 근본 법칙." 여기서 나는 니체에 동의하지 않거나 서사주의자에게 어떤 것, 즉 자기-이해로 나아가기 위해 순서를 이해하는 것의 가능한 중요성을 인정해야 할 것 같다.

나는 인정한다. 순서, 당신이 원한다면 "서사"는 어떤 경우에 어떤 사람들에게 중요할 수 있다. 그러나 우리 대부분에게 있어 자기-지식은 기껏해야 (단지) 파편과 조각으로만 온다. 이 인정도 내가 시작한 전반적인 견해에는 아무 영향을 주지 않는다. 그것은, 올리버 색스의 말로는, 모든 인간의 삶은 삶-쓰기, 즉 "우리 각자는 '서사'를 구성하고 살아간다, 그리고 이 서사는 우리이자 우리의 정체성이다"[62]라는 견해다.

9. 2년의 시간

1

1967년에 열다섯 살이던 나는 "사랑의 여름"이라는 윈체스터 칼리지의 장학금을 받는 소년이었다. 그런 학생들은 칠십 명이었는데, 그 수는 학교가 세워진 1382년 이래 고정되어 있었다. 우리는 열세 살에서 열여덟 살 사이로 흰색 셔츠에 검은색 타이를 매고 회색 바지와 검은색 조끼, 소매가 부푼 검은 가운을 입었고 검은색 구두를 신었다. 가운은 무릎 아래 15센티미터 정도 내려왔는데, 우리는 가운을 바꿔 입을 새도 없을 정도로 빨리 성장했다. 우리 중 몇몇은 매야 하는 검은색 대신 어두운색 넥타이를 맸고, 때로는 위험을 감수하고 좀더 밝은 색조의 넥타이를 매려고 했다. 우리는 14세기 건물에 머무르며 일했다. 그해 여름, 나는 양복 조끼 아래 작은 구형의 종들이 달린 고리를 달았다.

나는 몽테뉴처럼 자서전적 기억이 신통치 못하고 시각적 기억은 거의 못하는 편이다. 내가 사건에 대해 기억하는 것은 고작해야 그 사건이 일어났었다는 것뿐이다: 나는 일어나는 사건들을 기억하지 않는다. 대부분의 경우 나는 명제나 언어만 기억한다. 하지만 어떤 경우엔 정서적인 상태를 감각한다.

1967년 1월 봄학기가 시작되고 얼마 지나지 않아 열다섯 살 생일을 맞기 직전에 아프간 블랙, 레바논 레드, 레바논 골드와 같은 대마초를 피우며 처음 마약을 경험했다. 우리는 대학의 록 그룹인 디얼스(The Earth, 보컬과 키보드: 사이먼 할리데이, 리드 기타: 프랜시스 던컨, 베이스 기타: 크리스 브라운, 드럼: 사이먼 레드워드)가 연습했던 자전거 보관소 위의 습하고 초라한 창고인 재즈룸에 있었다. 사이먼 할리데이가 거기 있었고, 그 외에 누가 있었는지는 정확히 기억나지 않는데, 아마도 팀 글러크만, 앤드류 탑스필드, 크리스 브라운이 있었을 것이다. 그들은 나보다 1~2년 선배였다.

나는 속이 거북했다(나는 담배를 피우지 않았다). 그래서 더럽고 닳아빠진 나무 계단을 내려가 문 옆에 혼자 있었다. 나는 어지러움과 메스꺼움이 멈추기를 기다렸다. 홀에서 저녁식사에 참석해야 할, 정상적으로 보여야 할 때까지 그것이 지속되면 어쩌나 두려웠다. 내가 토했는지는 기억이 나지 않는다. 그랬던 것 같지는 않다. 나는 이 그룹에 속하기를 아주 원했고, 따돌림을 당할지도 모른다고 생각했다. 나는 나이가 가장 어렸고, 담배를 피우지 않았다. 나는 대마초가 내게 어떤 영향을 미칠지 매우 걱정스러웠다. 그 당시 우리 중 누구도 그것에 대해 많이 알지 못했다.

나는 단순히 흡연 때문에 속이 메스꺼워지지 않도록 담배 피우는 법을 배워야 했다. 사이먼과 나는 예배당의 중앙난방장치에 급유하는 기름 탱크 곁을 지나 예배당 남쪽과 회랑 성벽 사이에 숨겨진 좁은 옥외 공간인 "투이어스타임"(Two Year's Time)에 갔다. 나는 담배 피우기가 어려웠다는 것을 기억한다. 어떻게 요령을 터득했는지는 기억이 안 나지만, 해냈다.

사이먼은 1967년 12월에 떠났고, 나는 디얼스에서 키보드를 맡았던 그의 자리를 이어받았다. 재즈룸에는 낡은 피아노가 있었고, 우리는 학교에서 한 소년이 만들었고 주기적으로 다시 튜닝을 해야 하는 작은 전기 오르간을 가지고 있었다. 우리는 "친애하는 판타지 씨"(Dear Mr. Fantasy), "더 이상 너를 원하지 않아"(Don't Want You No More), "우리는 잘못되어 가고 있어"(We're Going Wrong), "새로운 밍글우드 블루스"(New Minglewood Blues), 그리고 자작곡 몇 곡을 불렀다.

"꽃의 힘"(flower power)이라는 운동에 참여하는 것은 신나는 일이었다. 이상, 평화, 사랑이 옳은 것은 명백해 보였다. "언더그라운드"가 되는 것은 멋졌다. 우리는 제대로 된 세상을 향해 관대하다고 느꼈다(1960년대에 "제대로 된"은 마약을 하지 않는다는 것을 의미했다).

집에서 나는 오래된 스웨이드 신발에 주홍색 물을 들였다. 그것은 멋졌지만, 나는 너무 수줍어서 그것을 신고 한두 번밖에 나가지 못했다. 나는 핑거페인트로 옷장을 희미한 색으로 칠했다. 그것은 아직도 내 어머니 집에 있다. 나는 말머리 무늬가 있는 낡은 비단 실내복을 재킷 길이로 잘랐다["더 파이퍼 앳 더 게이츠 오브 돈"(The Piper at the Gates of Dawn)의 커버 사진 속 시드 배럿(Syd Barrett) 또는 로저 워터스(Roger Waters)의 것과 조금 비슷하게]. 나는 그것을 거의 입지 않았다. 어느 날 밤 나는 화장을 하고 긴 치마를 입고 시내에 갔다. 나는 모든 것을 속속들이 파헤치는 것 같은 시를 썼다. 나는 첫 번째 줄만 기억한다: "난 봤어. 오리 속에서."

1967년 4월에 우리가 학교로 돌아왔을 때, 내 친구 대럴 나이팅게일

(Darrell Nightingale)과 나는 군사활동이 우리의 원칙에 위배된다는 이유로 연합학생군단(Combined Cadet Force)에서 훈련하는 것을 거부했다. 회원 가입이 의무였기 때문에 이것은 사실이고 기분 좋게 도발적이었다.

우리의 항의는 진지하게 받아들여졌다. 교장의 사무실까지 이어지는 일련의 회의가 잇따랐다. 우리는 우리가 평화주의 원칙을 알고 있는 가정 출신이었으면 우리의 반대가 받아들여질 수도 있었다고 들었다. 우리가 연초에 우리의 소신을 알렸더라면 변화가 있었을 것이다. 하지만 그런 말은 우리에게 의미가 없어 보였다. 사람은 언제든 진정한 소신을 가질 수 있고, 그것은 분명 그의 가족에게 의존해 결정하는 사안이 아니라고 생각했기 때문이다.

교장실에서의 선택은 간단했다. 굴복하느냐, 떠나느냐다. 대럴은 아마 이것 때문에 떠났을 것이다. 나는 그렇게 생각하지 않지만, 기억이 나지 않는다. 어느 정도 양보가 있었다. 우리는 사격하는 법을 배울 필요가 없었다. 나는 최종 열병식에 참가하지 않아도 되었다. 대신 방에 갇혀 에세이를 써야 했다. 주제가 구체적이었는지는 모르겠다. 아마도 나는 평화주의 원칙을 소명하라는 요청을 받았을 것이다. 나는 종교적 문제에 관한 산스크리트어를 아주 많이 배웠다—*samadhi*(삼매), *bhakti*(헌신), *atman*(영혼), *brahman*(바라문), *brahmacharya*(금욕), *mithya jnanam*(미망), *moksha*(해탈), *sat-chit-ananda*(천복), *samsara*(윤회), *pratyagatman*(기) 등. 그리고 나는 내 에세이를 설명 없이 그 단어들로 채웠다.

1966년 12월, 두근거리는 마음으로 학교에서 한 부 얻은 〈인터내셔널 타임스〉(*International Times*)를 나는 기억한다. 나는 내가 참여하고 있었던 운동의 이상을 배반하는 것 같은 한 이슈에 화가 났다. 나는 LSD에 관한 그 헤드라인—산(酸)은 내 유전자에 구멍을 냈다—을 기억한다. 그것은 나를 혼란스럽게 했다.

1967년 6월 25일, 우리 그룹은 자지 않고 비틀즈 라이브 공연 "필요한 모든 것은 사랑"(All You Need Is Love)을 사감의 텔레비전으로 봐도 된다는 허락을 받았다. 그런데 얼마 지나지 않아 내 친구 스티븐 메트칼프 (Stephen Metcalf)와 몇몇 다른 녀석들이 A5 종지에 큼직한 붉은색 글씨로 "ALL YOU NEED IS LOVE"라는 말을 인쇄했다. 그날 저녁 우리는 예배당의 모든 찬송가 책에 복사물을 끼워넣었고, 다음날 아침 의무 예배에서 발각되었다. 이것은 당국의 엄청난 분노를 일으켰고, 우리는 놀랐다. 우리는 그 정서를 깊이 존중했고 또한 (우리에게 중요한 것은 아니었지만) 흠잡을 데 없이 기독교적인 것으로 받아들였다.

1967년 이전에 우리 모두는 학교에서 서로를 성으로 불렀다(어떤 이유인지는 모르지만 나는 예외였다. 모두들 나를 항상 "갈렌"이라고 불렀다). 그러자 누군가가 게시판에 모든 소년의 이름을 적은 목록을 붙였고, 그 뒤 서로를 이름으로 부르게 되었다.

우리가 낮 시간을 보내야 했던 다섯 개의 큰 방, 즉 기숙실에서 가장 어린 소년들은 하기 싫은 일(당번)을 수행해야 했다. 다섯 개의 방 중 가장 혁명적이었던 내 방 2호실에는 새로운 당번이 있었다. 방장을 비롯한 모든 학생들이 각각 자기역할을 했다.

1967년 8월, 나의 가장 친한 친구 사이먼 할리데이와 내가 방학 동안 윈체스터에서 온 한 소년에게 보낸 편지를 그의 어머니가 읽었다. 편지에서 우리는 대마초를 피우는 것에 대해 이야기했고, LSD를 피울 계획을 자랑했으며, 관련된 다른 사람들을 언급했다.

그녀는 우리를 학교에 신고했고, 열한 명의 학교 사감들이 긴급회의를 열었다. 그해 초여름에 이미 또 다른 명문교 럭비에서 마약 복용 문제로 몇 명의 소년들을 퇴학 처분한 터였다. 나는 그것이 첫 번째 사건이라고 생각한다. 나는 뚱뚱한 사감인 마틴 스콧(Martin Scott, "Pot")이 옥스퍼드에 있는 내 부모님을 방문했던 것을 기억한다. 2년 선배인 앤드류 탑스필드(Andrew Topsfield)는 그가 앞뜰의 길을 걸어가는 모습을 촬영했다.

나는 투표가 6 대 5로 끝났다고 들었다. 팀 글러크만(Tim Gluckman)이라는 소년 한 명만 퇴학 처분을 받았는데, 그는 얼마 전 맨체스터에서 윈체스터로 건너왔고, 1964년 영국 14세 미만 체스 챔피언이었다. 우리들 나머지는 나쁜 짓을 한 번 더 저지르면 퇴학을 당한다는 "마지막 경고"를 받았고, 학교 은어로 "찍혔다." 마약에 대한 두려움이 컸던 그 당시로서는 매우 관대한 결정이었다.

막 열여섯 살이 되었을 때인 1968년 봄방학에 나는 LSD를 몇 번 시도했다. 나는 여름 학기를 위해 여자친구를 남겨두고 여행을 계속하며 학교로 돌아왔다. 나는 동료학자들과는 차원이 다른 중요한 새로운 지식을 갖춘 영적 여행자로서 고독하고, 영웅적이며, 어둠의(le ténébreux), 외로운(le veuf), 위로받지 못한(l'inconsolé) 감정을 느꼈다[나는 네르발(Gérard de Nerval)의 소네트 《폐적자》(El Desdichado)를 마음 깊이 느꼈다]. 나는 방학 동안 처음으로 적당히 취해 몽상적인 섹스를 했다(그 당시의 언어로는 사랑을 나누었다). 나는 LSD를 복용하고 사랑하면 상대방에게 평생토록 애착을 가질 수 있다는 내용을 읽었다. 나는 그것을 성취하고 싶었다.

그날 저녁 나는 의무적인 예배에 출석하지 않고 곧장 잠자리에 들었다. 나의 위반사항은 당연히 알려졌으며, 나는 사감의 서재로 불려갔다. 열세 살 때 나를 위해 산 우스꽝스럽게 작은 잠옷과 실내복 차림으로 갔을 것이다. 무슨 일이 있었는지는 모르지만, 그는 내가 가끔 오르간을 연주했던 저녁 예배를 소중히 여기는, 친절한 사람이었다. 나는 1967년인가 1968년인가 예배가 끝난 후 독주로 "끝없는 딸기밭"(Strawberry Field Forever)을 연이어 연주했던 것을 기억한다.

나는 엄밀히 말해 정통적인 경험을 많이 했다. 나는 케루악(Jack Kerouac)의 《길 위에서》(On the Road, 민음사)를 읽고 이틀 동안 잠을 잘 수 없었다. 대럴은 퇴학당했을 때 내게 밥 딜런의 "집으로 모두 돌려줘"(Bring It All Back Home)와 "다시 찾은 61번 고속도로"(Highway 61 Revisited), 존 바에즈(Joan Baez)의 "안녕, 엔젤리나"(Farewell, Angelina)라는 세 개의 레코드판을 남겼는데, 그것들이 내 인생을 바꾸어놓았다. 나는 휴일에 집에서 매트리스를 바닥에 깔고, 사랑을 갈망하는 크림(the Cream)의 싱글 "나는 자유롭다"(I Feel Free)를 듣고, 건성으로 프루스트를 읽었다. 우리 집엔 텔레비전이 없었고 나는 신문을 포기했었다. 그래서 1972년경까지 1968년 5월의 파리에서 벌어졌던 68운동에 대해 거의 들어본 적이 없다.

1967년에는 모든 것이 틀에 박혔고, 히피나 꽃의 아이들─현존하는 이름들은 골칫거리이기 때문에 나는 그들을 시리안족이라고 부를 것이다─은 여기저기 돌아다니며 기쁨과 상냥함을 발산했다. 1968년 봄에 이르자 달라졌다. 특히 다른 시리안족을 지나갈 때 거리에서는 가능한 한 엉망으로 보여야 했다. 이것이 영국에서의 방식이었다. 당신이 지나갈 때, 영국식 자제력으로 적당히 유지되었지만 상호인식의 전파라는 연대적 분위기가 있었다. 그러나 공유된 지식은 달랐다. 즉 제대로 된 세상은 구제불능이고 적대적이었다. 시리안족은 비록 굽히지 않았지만 다시 격퇴당하고 있었다. 당신이 다른 시리안족을 지나갈 때 지미 헨드릭스(Jimi Hendrix)의 질문 "당신은 경험했나?"에 대한 대답은 긍정적이었다. 당신과 그들은 경험했고, 그들도 알고 있었다. 그러나, 그 지식은 버거웠다.

현재의 시리안족의 의미로는 버겁지 않고 그저 견디기 힘들다. 어떤 사람은 부자연스러웠고, 오히려 가장 낮은 곳에 있는 아라곤(Aragorn)처럼 고귀하게 견뎌야 했다. 어떤 사람은 사회의 부당한 짐을 지고 있었다. 그리고 아마도 어느 날 아침, 어떤 사람은 자신이 부분적으로 천박하다는 것을 알게 되었다.

나는 1960년대의 이상을 열정적으로 받아들였다. 그들은 삶에 서사시적 특성을 부여했다. 명백히 바람직한 것이었다. 나는 과거에 대한 직접적인 기억이나 내면의 기억이 없기 때문에 내가 잘 느꼈던 것을 설명할 수 없다. 하지만 내 느낌이 여자친구를 갖는 꿈과 얽혀 있었다는 것을 안다. 나는 사랑과 (나의 관점으로는 한층 유력한 이유로) 섹스에 대해 완벽하게 이상주의적이었다. 나는 몇몇 사람들이 보편적이라고 생각하는 남자아이들의 허세와 야비함에 대해서는 아무것도 몰랐다.

신문을 읽을 수 있는 도서실이 있었다. 그곳에서 나는 일상적인 도발적 여성의 사진을 발견하고(나는 집에서 〈타임스〉를 보았을 뿐이다) 다시는 그런 사진을 보지 않기로 결정했다. 나는 동성애 성향의 교장들에 대해 알고 있었지만, 근친상간이란 그저 성경에 나오는 것이라고 생각했다. 나는 가정 내에 성적 학대가 존재한다는 것을 전혀 몰랐고, 그때 나는 20대 초반이었다. 열여섯 살 때 이탈리아의 한 해변에서 자고 있었는데, 그때 오럴섹스에 대한 생각이 떠올랐다. 내가 아는 한, 나는 그것에 대해 생각해 본 첫 번째 사람이었다.

나의 첫 번째 철학책의 교정쇄에서 삭제한 각주는 이 이상주의의 무엇인가를 기록하고 있었다. "젊고 경험이 없으며 사랑에 빠진 사람들"은,

성적인 관계가 다른 면에서 아무리 성공적이었다고 해도, 종종 그들이 사랑하는 사람의 몸을 다른 사람의 몸처럼 완전히 혹은 진실하게 대하는 데 어려움을 겪는다. 다른 사람은 실제로 단지 마음일 뿐이다. (사람의 생각이 이 점에서 기본적으로 혼란스럽다고 해도) 그것이 바로 사람이 사랑하는 것이다. 사랑받는 사람의 신체적 특성과 신체적 욕구는 그 혹은 그녀에게 다소 부수적이다. 아마도 걱정스러울 정도로 벌거벗음은 부끄러울 수 있고, 단순히 육체적인 욕망은 사려를 배반하거나 나쁜 믿음을 배반한 것처럼 보일 수 있다. (연령에 따라 우리는 다른 사람을 정신물리학적 전체로서 대하는 데 훨씬 능숙해진다.) 이렇게 느끼는 사람에게, 육체적인 성관계로 사랑을 나누는 것은 대화와 (마음표현인) 얼굴표현으로 사랑을 나누는 것만큼 쉽지 않다. 키스를 통해 사랑을 나누는 것은 마음이 표현되는 얼굴, 즉 마음이 체화되는 곳인 얼굴과 키스하는 것이기 때문에 더 쉽다. 그래서 육체적인 성관계를 통해 사랑을 나누는 것은 종종 배워야 할 어떤 것이다.

1968년 12월에 학교를 떠났을 때 나는 열여섯 살이었다. 나는 학기가 끝나기 약 열흘 전인 마지막 대학 입학시험을 치른 날 저녁에 떠나야 했다. 이것은 내가 퇴학당할 일을 하다가 잡히는 것을 막기 위한 것이었다. 아니면 아마도 그것은 내가 다른 사람들을 곤경에 빠뜨리는 것을 막기 위한 것이었을 것이다.

지난 2년 동안 우리는 정기적으로 학교 선생님이 한 명도 오지 않는 마을 술집으로 갔다. 우리는 보통 9시에 저녁 예배가 끝난 후 욕실 창문을 통해 튼튼한 금속 배수관을 타고 기어 내려와 작은 다리를 가로질러 벽 위로 올라갔다. 상당히 위험했다. 나는 킹스 암스(King's Arms), 퍼스트 인 라스트 아웃(First In Last Out), 그리고 무엇보다 윌로우 트리(Willow Tree)를 기억하는데, 그곳에는 주크박스에서 하울링 울프(Howlin' Wolf)

의 "굴뚝에 치는 번개"(Smokestack Lightening)가 연주되고 있었고 멋진 테이블 축구대가 있었다. 나는 두꺼운 작업복을 입고 20개에 3실링 6펜스짜리 6밀리 시가를 주머니에 넣고 마을까지 걸어갈 때 감수해야 하는 일련의 위험성에서 규칙을 어겼을 때 느꼈던 흥분감을 느꼈다. 우리는 넓고 깨끗하고 빠르게 흐르는 이첸강에 걸쳐진 어살을 따라 겨울밤엔 비교적 안전하게, 멋진 저녁이나 여름에는 뙤약볕을 받으며 걸었다.

나는 초록빛 잡초더미로 휘감긴 강, 그 도시의 낭만을 기억한다. 우리는 대개 우리가 왔던 길로 되돌아와 배수관을 타고 올라왔다. 하지만 가끔, 내 생각으로는, 우호적인 수위가 근무 중일 때는 정문을 통해 돌아왔다. 우리는 또 많은 중요한 열쇠들을 가지고 있었다. 대럴은 실장에게 폐쇄된 방이나 찬장 열쇠를 달라고 부탁했었다. 대럴은 커다란 열쇠 상자를 받아, 이전의 많은 열쇠가 담긴 그 상자에서 맞는 열쇠를 확인했다.

나는 대럴과 모든 곳에 열쇠를 시도했고, 우리는 밤에는 잠겨 있는 오래된 회랑에 열쇠를 꽂고, 또 회랑의 뒤에 있는 작은 문에도 열쇠를 꽂았다. 그렇게 함으로써 우리에게는 올라가기 쉬운 단 하나의 문만 남았다. 나는 학교를 떠날 때, 불복종의 전통을 이어가기에 가장 적합할 것 같은 소년에게 열쇠들을 건네주었다.

2

1969년 7월에 내가 어떻게 이스파한에서 테헤란으로 돌아왔는지 모르겠다. 버스를 타고 있었음에 틀림없다. 나는 분명 그때 버스 라디오에서 "아포로 야즈다"(Apo-lo yazdah)라는 단어를 반복해서 들었다. 이것이 아폴로 11호라는 것과 그들이 달 착륙에 대해 이야기하고 있었다는 것을 언제 알았는지 모르겠지만, 아마도 7월 20일이나 21일이었을 것이다. 세상에서 혼자 지내는 잠시 동안 모든 책임을 회피하고 있었던, 버스 안에서의 그 안도감을 기억한다. 나는 돈이 별로 없었다. 친구들은 모두 비상금을 가지고 있는 것 같았다.

나는 지금 앞 단락이 틀렸다는 것을 안다. 내가 이스파한에서 만난 친구는 (그의 여행 메모에 따르면) 7월 20일에 우리는 이스파한에서 150마일 남쪽에 있는 검은 텐트에서 카슈카이 족과 함께 지내고 있었다고 알려준다. "23일에 너와 나는 이스파한의 쿠랑 호텔로 돌아왔다. 24일 점심시간에 미한 관광버스를 타고 테헤란으로 돌아와 집으로 왔다. 내 기억으로는 이스파한의 거리에서 흥분한 청년들이 우리에게 '아프-오-올로!'라고 계속해서 외쳐댔다. 처음엔 이해가 안 됐고, 그때 예정된 달 착륙이 생각났다."

테헤란에서 집으로 돌아왔을 때, 나는 내가 히치하이킹을 시작할 수 있는 장소, 서쪽 행선지로 적당할 장소를 찾으면서 서쪽으로 몇 시간 동안 걸어 도시를 통과했다. 나는 빨간 이층 버스를 기억할 것 같다. 나는 한 문장을 기억해두었다: (약간 틀릴지는 모르지만) "헤흐 펄 나다람"(heech pul nadaram), 즉 나는 돈이 없다는 말을 준비했다. 그날 나는 차를 얻어 탈 수 없었다. 마른 페타치즈가 연상되는 퇴락해가는 교외의 작은 식당 밖 벤치에서 잠을 잤다.

다음날 나는 차를 얻어 탔다. 그들은 나에게 독일인인지 물었다. 나는 그때 그들이 왜 영국인이라는 내 대답에 냉담하게 반응했는지 몰랐다. 나는 독일인보다는 영국인이 되는 것이 더 나은 일이라는 생각에 익숙했다. 그러나 그들은 내가 지금 이해하는 이유로 내가 독일인이기를 원했을 것이다.

나는 그들이 나를 얼마나 멀리 데려다주었는지 모른다. 나는 내가 어떻게 이란과 터키 국경에 도달했는지 기억이 없다. 나는 때때로 국경지대를 둘로 나누는 낮은 성벽에서 보초를 서고 있던 터키 군인들이 성벽의 한쪽 끝에서 다른 쪽 끝까지 아주 의례적인 경직된 동작으로 행진했던 것을 기억한다. 그들의 이란 측 상대 군인은 완전히 군기가 빠진 자세로 어슬렁거리며 성벽 건너편에서 그들과 동행했을 것이다.

국경 너머 터키 건물에서 나는 두 명의 활기찬 호주 히치하이커를 만났다. 그들은 테헤란에서 빈 차로 돌아오는 커다란 무게 불가리아 트럭을 타고 있었다(내 기억에 이 트럭은 버터를 싣고 있었는데, 이것은 믿기 어려울 것 같다). 그 트레일러는 대략 길이가 10미터 정도의 나무 바닥이었고, 옆면은 1미터가 조금 안 되었다. 이스탄불에 도착했을 때 나는 운전자들에게 약간의 돈을 주자는 제안에 동의했다. 호주인들은 나보다 몇 살 많았고, 나는 그들과 같은 팀이 되기엔 무능하고 어리다고(나는 열일곱 살이었다) 느꼈다. 그들은 아침에 활석가루 병에 든 DDT를 머리카락에 뿌렸다.

그것은 이란 국경에서 이스탄불까지의 놀라운 히치하이킹이었다. 나는 트럭 짐칸에서 사흘 밤을 잤다고 생각하는데, 아마 2박 3일 정도 여행한 것 같다. 한밤중에 터키 한가운데서 기도하라는 부름을 들은 기억이 난다. 체포되어 감옥에 갇힐 위험이 있기 때문에 터키 전역에서 마약을 소지하는 것은 매우 현명하지 못한 일이라고 들었다.

우리가 앙카라에서 동쪽으로 160킬로미터 정도 근접할 때까지 포장도로를 달린 것 같지는 않다. 나는 매끄러운 쇄석 도로로 접어든 것을 기억한다. 그 전에는 도로가 단단한 땅과 돌로 되어 있어 계속 흔들려 버티면서 꽉 붙잡고 앉아 있어야 했다. 때때로 트레일러 전체가 옆으로 덜커덕거렸다. 여행하는 1킬로미터마다 히치하이커가 누리는 특별한 즐거움을 느끼며 그것을 견디는 것은 쉬웠다.

3

우리는 영적으로 발전하기를 원했다. 우리는 수면 위의 모래알처럼 힌두, 그리스도교 신비주의, 수피 무슬림, 그리고 더욱 끊임없이 티베트 불교 등을 섭렵했다. 우리는 구르지예프(George Gurdjieff)와 게리 스나이더(Gary Snyder)를 읽었다. 때때로 우리는 더 깊이 들어가려고 노력했다. 사이먼 할리데이와 나는 1969년에 동양 과학, 이슬람학을 읽기 위해 케임브리지에 갔다. 우리는 이드리스 샤(Idries Shah)의 《수피》(*The Sufis*, 1964)와 《수피의 길》(*The Way of Sufi*, 1968), 마틴 링스(Martin Lings)의 《20세기의 수피 성자》(*A Sufi Saint of Twentieth Century*, 1961)에 관심이 있었다.

우리는 이 문제를 몇 시간 동안 논의했다. 우리는 우리가 필요하다고 믿었던 세상을 단념하는 것이 두려웠다. 우리는 우리가 그것을 해야 한다는 것을 알았지만, 가슴이 답답했다. 오랫동안 이야기를 나눈 후 우리는 불명료함 속에서 메스꺼움을 느꼈다. 에밀리 디킨슨은 "소리 내어 신성한 문제를 이야기하고—내 개를 당황케 하는" 사람들과 마찰을 빚었고, 우리의 문제는 그녀의 개와 같았다.

우리는 몇 가지를 바로잡았다: 우리는 자기자신을 좋아해야만 한다는 것을 깨닫기 위해 고군분투했다. 그것은 매우 어려웠다. 우리는 아주 진지했다. 1969년 10월 케임브리지에 도착했을 때, 나는 일에 필요한 것 말고는 모든 마약, 커피, 차, 술, 그리고 책을 포기했다. 나는 책을 읽는 것과 헤로인이 큰 차이가 없다고 생각했다. 둘 다 현실을 회피하는 형태였다.

한 학기 후 나는 자리를 옮겼고, 한 무리의 친구들과 함께 그 학기 내내 매일 마약을 피웠다. 우리 넷은 새벽 3시에 트리니티 거리를 의기양양하게 걸어 내려와 한 줄로 쪼그리고 앉아 함께 "새벽 정찰을 하는 코끼리"(elephants on the dawn patrols)라고 큰 소리로 속삭였다. 그런 거리가 갑자기 뒤집어지는 것처럼 보여서 나는 그 학기 마지막 주에 갑자기 담배를 끊었다. 그리고 다른 차원으로 들어갔다.

1972년 또는 1973년에 우리는 스코틀랜드 로우랜드에 있는 에스크데일뮤어의 티베트 불교 센터인 삼예링(Samye Ling)에서 며칠 묵었다. 만우절에 그들은 떨어진 잎사귀로 만든 맛있는 샐러드를 대접했다. 매일 밤 우리는 두목 테드(그는 장소 물색을 도와주었다)와 함께 고래고래 소리를 지르며 미니에 있는 몇 킬로 떨어진 펍을 돌아다니며 위스키와 입가심으로 맥주 여러 파인트를 마셨다. 아침 6시에 푸자(puja)가 있었는데, 그것은 긴 시간의 명상이었다.

친구들과 나는 기타를 연주했다. 나는 2주 동안 베이스 주자로 헨리 카우(Henry Cow)라는 밴드와 시범 공연을 했다. 우리는 음악에 대한 열정에 정통했다. 사이먼과 나는 킹스 셀러(King's Cellar)에서 그의 멋진 노래인 "참새를 좇아"(Chasing Sparrows), "번개의 도시"(City of Light), "다이아몬드 아이즈"(Diamond Eyes), "어두워진 후"(After Dark), 그리고 전통 블루스곡을 연주했다. 밥 딜런이 중심이었고, 존 콜트레인(John Coltrane)과 핑크 플로이드(Pink Floyd)의 곡도 연주했다. 1969년 사이먼과 내가 케임브리지에 도착했을 때, 우리는 시드 배럿을 만날지도 모른다고 상상하며 밤새 시내를 돌아다녔다. 나는 재니스 조플린(Janis Joplin) 버전의 "서머타임"(Summertime)—퍼셀(Henry Purcell)의 오페라 "디도와 에네아스 (Dido and Aeneas)에서 "디도의 탄식"(Dido's Lament)만이 이것에 필적한다—에 압도되어 빅브라더 앤 홀딩 컴퍼니(Big Brother and the Holding Company)의 앨범 "Cheap Thrills"를 사기 위해 내가 소중히 여겼던 물건들을 팔았다. 우리는 빌리 홀리데이(Billie Holiday), 소니 보이 윌리엄슨 2세(Sonny Boy Williamson II), 존 리 후커(John Lee Hooker), 미시시피 존 허트(Mississippi John Hurt), 오티스 러시[(Otis Rush, "베이비 나는 너를 떠날 수 없어"(I Can't Quit You Baby)], 베시 스미스(Bessie Smith), 머디 워터스(Muddy Waters), 주니어 웰스(Junior Wells), B. B. 킹(King), 하울링 울프, 에타 제임스(Etta James), 존 메이올(John Mayall), 크림(Cream), 인크레더블 스트링 밴드(the Incredible String Band), 버트 잰쉬(Bert Jansch), 존 렌번(John Renbourn), 제퍼슨 에어플레인(Jefferson Airplane), 폴 버터필드 블루스 밴드(the Paul Butterfield Blues Band), 셀로니어스 멍크(Thelonious Monk), 벨벳 언더그라운드(the Velvet Underground), 닐 영(Neil Young), 반 모리슨(Van Morrison), 조니 미첼(Joni Mitchell)을 들었다. 나는 캡틴 비프하트(Captain Beefheart)를 좋아하는 사람들에게 당황했다. 나는 의심할 바 없이 그것이 애정이라고 생각했다. 그러나 프랭크 자파(Frank Zappa)는 괜찮았다. LP 커버는 닉 드레이크(Nick Drake)의 앨범 "Five Leaves Left"처럼 접을 수 있게 되었다. 레코드를 빌려주고 잃어버렸다가 다른 것을 사는 과정을 반복했다. 한때 나는 압둘 하림 자파 칸(Ustad Abdul Halim Jaffer Khan)이 켜는 시타르에 빠졌고, 그다음에는 (불손하게 처음으로) 베르크(Alban Berg)의 현악사중주에 빠졌다. 이때 나는 현대 클래식 음악이 음악 자체의 음악이라고 생각하기 시작했다. 즉 음악 자체가 비밀리에 가장 좋아하는 음악이다. 1971년에 나는 이슬람 연구로 R. A. 니콜슨 이슬람 연구상을 수상했다. 나는 릴투릴테이프리코더를 구입하고 가장 느린 속도로 저렴한 테이프에 수백 시간 분량의 음악을 녹음했다.

1973년 킹스 바나나(저렴한, 킹스칼리지 버전의 메이 볼)에서 도시를 가로질러 거칠게 울려 퍼지던 더 크레이지 월드 오브 아서 브라운(The Crazy World of Arthur Brown)의 아서 브라운이 소리질렀던 "파이어"(Fire)가 생각난다. 나는 이미 무시하고 여자친구와 함께 침대에 누워 있었다. 우리는 메스칼린에 완전히 취해 몸의 경계를 잃었다.

우리가 그녀의 파란색 미니(Mini)를 고그마곡힐스의 숲에서 떨어진 너도밤나무 낙엽들로 채우기 전 가을. 그것은 깨끗하고 건조해져서 운전하던 우리의 어깨 위로 떨어졌다.

저자 서문

1 Saul Bellow, "There Is Simply Too Much to Think About", *Forbes*,
September 14, 1992.

2 René Descartes, "Letter to Father Dinet", in *The Philosophical
Writings of Descartes*, trans. John Cottingham et al., vol. 2
(Cambridge: Cambridge University Press, 1984), p. 386.

* 영어 이외의 다른 언어를 인용한 경우, 기존에 출판된 표준 번역을 인용했지만 때로는 변
형하거나 새로 번역하기도 했다.

0. 서론

1   Sylvia Anthony, *The Discovery of Death in Childhood and After*, 1971 (Harmondsworth: Penguin, 1973).

2   Søren Kierkegaard, *The Sickness unto Death*, 1848, trans. Howard V. Hong and Edna H. Hong (Princeton, NJ: Princeton University Press, 1980), p. 124.

3   Patrick Stokes, *The Naked Self: Kierkegaard and Personal Identity* (Oxford: Oxford University Press, 2015), p. 15.

4   Johann Wolfgang von Goethe, *Maxims and Reflections*, 1833, trans. Elisabeth Stopp (London: Penguin, 1998), p. 161.

5   Iris Murdoch, "On 'God' and 'Good'", in *The Sovereignty of Good* (London: Routledge and Kegan Paul, 1970), p. 67.

6   Albert Camus, "L'été à Alger", in *Noces* (Paris: Gallimard, 1939).

7   Bertrand Russell, *The Analysis of Mind* (London: George Allen and Unwin, 1921), p. 16.

1. 자아의 감각

1   Elizabeth Bishop, "In the Waiting Room", 1971, in *Elizabeth Bishop: Poems, Prose, and Letters* (New York: Library of America, 2008), p. 150.

2   Anthony Kenny, *The Metaphysics of Mind* (Oxford: Clarendon Press, 1989), p. 87.

3   Clifford Geertz, "From the Natives' Point of View: On the Nature of Anthropological Understanding", 1974, in *Culture Theory*, eds. Richard A. Shweder and Robert A. Levine (Cambridge: Cambridge University Press, 1984)을 보라.

4   Emil Cioran, *On the Heights of Despair*, 1934, trans. Ilinca Zarifopol-Johnston (Chicago: University of Chicago Press, 1992), p. 85.

5   George Berkeley, *Three Dialogues between Hylas and Philonous*, 1713, ed. Jonathan Dancy (Oxford: Oxford University Press, 1998), p. 116.

6   Johann Gottlieb Fichte, *The Science of Knowledge*, 1794-1802, eds. and trans. Peter Heath and John Lachs (Cambridge: Cambridge University Press, 1982), p. 97.

7   Immanuel Kant, *Critique of Pure Reason*, 1781-1787, trans. Norman Kemp Smith (London: Macmillan, 1933), p. 336 (A354).

8   William James, *The Principles of Psychology*, 1890, vol. 1 (New

York: Dover, 1950), p. 298.

9   Ian McEwan, *Enduring Love* (London: Cape, 1994), p. 187.

10   Jean-Paul Sartre, *Being and Nothingness*, 1943, trans. Hazel E.
     Barnes (London: Methuen, 1969), p. 349 (translation modified).

11   Gerard Manley Hopkins, "Commentary on the Spiritual Exercises of
     St Ignatius Loyola", 1880, in *Sermons and Devotional Writings*, ed.
     Christopher J. Devlin (London: Oxford University Press, 1959), p.
     123.

12   James, *The Principles of Psychology*, vol. 1, p. 299.

13   David Hume, *A Treatise of Human Nature*, 1739–1740, eds. L.
     Selby-Bigge and P. Nidditch (Oxford: Oxford University Press,
     1978), p. 252.

14   James, *The Principles of Psychology*, vol. 1, p. 239.

15   James, *The Principles of Psychology*, vol. 1, p. 243.

16   James Joyce, *Ulysses*, 1922 (Harmondsworth: Penguin, 1986), p. 40.
     《율리시스》, 김종건 역(범우사, 2014[1쇄 1997]).

17   Joyce, *Ulysses*, p. 642. Compare Flora Finching in Dickens's Little
     Dorrit.

18   Dorothy Richardson, *Pointed Roofs*, 1915 (London: Virago Press,
     1989), p. 73.

19   Virginia Woolf, "A Romance of the Heart", 1923, in *The Essays of
     Virginia Woolf*, vol. 3, 1919–1924, ed. Andrew McNeillie (London:
     Hogarth Press, 1987), p. 367.

20   Ezra Pound, "Hugh Selwyn Mauberley", 1920, in *Selected Poems of*

Ezra Pound (New York: New Directions Paperbook, 1957).

21 Malcolm Lowry, *Under the Volcano*, 1947; *Dark as the Grave Wherein My Friend Is Laid*, 1968을 보라.

22 John Updike, *Self-Consciousness* (London: Deutsch, 1989), p. 239.

23 Harold Brodkey, *This Wild Darkness* (London: Fourth Estate, 1996), p. 40.

24 Ernst Pöppel, "Time Perception", in *Handbook of Sensory Physiology*, vol. 8, eds. R. Held et al. (New York: Springer, 1978), pp. 713–729; and Eva Ruhnau, "Time–Gestalt and the Observer", in *Conscious Experience*, ed. Thomas Metzinger (Thorverton: Imprint Academic, 1995), pp. 165–184를 보라.

25 Miroslav Holub, *The Dimension of the Present Moment* (London: Faber, 1990), p. 5.

2. 우리 시대의 오류

1   Emily Dickinson, Letter to Mrs Holland, 1870, in *Emily Dickinson: Selected Letters*, ed. Thomas H. Johnson (Cambridge, MA: Belknap Press, 1971), p. 211.

2   Jerry Bruner, "The 'Remembered' Self", in *The Remembering Self: Construction and Accuracy in the Self-Narrative*, eds. Ulric Neisser and Robyn Fivush (Cambridge: Cambridge University Press, 1994), p. 53.

3   Bruner, "Life as Narrative", *Social Research* 54 (1987), p. 15.

4   Oliver Sacks, *The Man Who Mistook His Wife for a Hat* (London: Duckworth, 1985), p. 110.

5   Marcus Aurelius, *Memoranda to Himself* (or *Meditations*), ca. 170 ce, translated and with an introduction by Maxwell Staniforth (Harmondsworth: Penguin, 1964)을 보라.

6   Henry James, Letter to Rhoda Broughton, 1915, in *Henry James: A Life in Letters*, ed. Philip Horne (London: Penguin, 1999), pp. 562–563.

7   Petrarch, "With age all things are gradually consumed; in living we die and are snatched away while we are still here. In that passing I shall not seem myself: another brow, other habits, a new form of mind, another voice sounding." Epistle to Barbato da Sulmona, ca. 1330; quoted in Samuel Coleridge, *Biographia Literaria*, 1817, ed.

George Watson (London: Dent, 1956), p. 126.

8   Rainer Maria Rilke, *The Notebooks of Malte Laurids Brigge*, 1910, trans. Stephen Mitchell (New York: Random House, 1983), p. 91.

9   Sartre, *La nausée*, 1938 (Paris: Gallimard, 1996), p. 64.

10   Daniel Dennett, "Why Everyone Is a Novelist", *The Times Literary Supplement*, 1988, p. 1029.

11   Marya Schechtman, *The Constitution of Selves* (Ithaca: Cornell University Press, 1996), pp. 93, 119.

12   Charles, *Sources of the Self* (Cambridge: Cambridge University Press, 1989), pp. 47, 52.

13   Douglas Coupland, *Generation X*, 1991, (London: Abacus, 1996), p. 8.

14   Charles V. Taylor, *Sources of the Self*, pp. 51-52.

15   Paul Ricoeur, *Oneself as Another*, 1990, trans. Kathleen Blamey (Chicago: University of Chicago Press, 1992), p. 158.

16   Alasdair MacIntyre, *After Virtue* (London: Duckworth, 1981), pp. 203-204.

17   John Campbell, *Past, Space, and Self* (Cambridge, MA: MIT Press, 1994), p. 190.

18   Earl of Shaftesbury, "Philosophical Regimen", 1698-1712, in *The Life, Unpublished Letters, and Philosophical Regimen of Anthony, Earl of Shaftesbury*, ed. Benjamin Rand (New York: Macmillan, 1900), p. 136-137.

19   Søren Kierkegaard, *Journals and Papers*, vol. 1, 1843, trans.

Howard V. Hong and Edna H. Hong (Bloomington: Indiana University Press, 1967), p. 450. 여기서 "덧없는"으로 번역한 단어인 "timeligheden"을 키에르케고르가 어떤 의미로 사용했는지에 대해서는 이견이 많다.

20   Søren Kierkegaard, *Works of Love*, 1847, trans. Howard V. Hong and Edna H. Hong (Princeton: Princeton University Press, 1995), p. 252.

21   Jimmie in Lilian Bell, *The Concentrations of Bee* (London: L. C. Page and Co., 1909), p. 241.

22   Stendhal, *his Souvenirs d'égotisme*, 1832 (Paris: Flammarion, 2013)을 보라; 또 the description of the vagaries of Stendhal's memory in Julian Barnes, *Nothing to Be Frightened Of* (London: Cape, 2008)을 보라.

23   Willem Wagenaar, in *The Remembering Self: Construction and Accuracy in the Self-Narrative*, eds. Ulric Neisser and Robyn Fivush (Cambridge: Cambridge University Press, 1994). 또한 Alan Baddeley, "The Remembered Self and the Enacted Self", 1994, in *The Remembering Self*; Michael Ross, "Relation of Implicit Theories to the Construction of Personal Histories", *Psychological Review* 96, 1989; William Swann, "To Be Adored or to Be Known: The Interplay of Self-Enhancement and Self-Verification", in *Handbook of Motivation and Cognition: Foundations of Social Behavior*, vol. 2, eds. Richard M. Sorrentino and E. Tory Higgins (New York: Guilford, 1990)을 보라.

24 Friedrich Nietzsche, *Beyond Good and Evil: Prelude to a Philosophy of the Future*, 1886, trans. Judith Norman (Cambridge: Cambridge University Press, 2002), sec. 68.

25 Ulric Neisser, "John Dean's Memory: A Case Study", *Cognition* 9 (1981), pp. 1-22를 보라.

26 William F. Brewer, "Memory for Randomly Sampled Autobiographical Events", in *Remembering Reconsidered: Ecological and Traditional Approaches to the Study of Memory*, eds. Ulric Neisser and Eugene Winograd (Cambridge: Cambridge University Press, 1990), p. 27.

27 William Dubin in Bernard Malamud, *Dubin's Lives*, 1979 (London: Vintage, 1999), p. 21.

28 Daniel Dennett, *Consciousness Explained* (Boston: Little, Brown, 1991), p. 418.

29 Schechtman, *The Constitution of Selves*, p. 96.

30 Schechtman, *The Constitution of Selves*, p. 117.

31 Karim Nader, Glenn Schafe, and Joseph LeDoux, "Fear Memories Require Protein Synthesis in the Amygdala for Reconsolidation after Retrieval", *Nature* 406 (2000), p. 722를 보라.

32 Tom Bombadil in J. R. R. Tolkien, *The Lord of the Rings* (London: Allen and Unwin, 1954-1955).

33 Michel de Montaigne, *The Complete Essays*, 1563-1592, ed. and trans. M. A. Screech (London: Penguin, 1991), p. 32. 《수상록》, 손우성 역(동서문화사, 2016).

34 V. S. Pritchett, *The Myth Makers* (London: Chatto and Windus, 1979), p. 47.

3. 나는 미래가 없다

1 William Hazlitt, *An Essay on the Principles of Human Action*, 1805, eds. Alfred Waller and Arnold Glover (London: Dent, 1903)을 보라.

2 Epicurus, Letter to Menoeceus in Diogenes Laertius, *Lives of Eminent Philosophers*, ca. 230 ce (Cambridge, MA: Harvard University Press, 1972), book 10.

3 Lucretius, *De rerum natura*, ed. Martin Smith, trans. W. H. D. Rouse (Cambridge, MA: Harvard University Press, 2002), book 3, lines 830-1094.

4 Henry James, Letter to Rhoda Broughton, 1915, in *Henry James: A Life in Letters*, ed. Philip Horne (London: Penguin, 1999), pp. 562-563.

5 John Updike, *Self-Consciousness* (London: Deutsch, 1989), p. 206.

6 Fyodor Dostoevsky, *Crime and Punishment*, 1866, trans. O. Ready (London: Penguin, 2014), p. 191.

7 Thomas Nagel, *The View from Nowhere* (Oxford: Oxford University Press, 1986), p. 267; Richard Wollheim, *The Thread of Life* (Cambridge, MA: Harvard University Press, 1984), p. 225를 보라.

8 Philip Roth, "It No Longer Feels a Great Injustice That I Have to Die", interview by Martin Krasnick, *Guardian*, December 14, 2005.

9 Philip Larkin, "Aubade", 1977, in *Collected Poems* (London: Faber & Faber, 1988), p. 208.

10   Barry Dainton, *Self: What Am I?* (London: Penguin, 2014), pp. 70-71를 보라.

11   Jeff McMahan, personal correspondence, March 2002.

12   Marcus Aurelius, *Meditations (Memoranda to himself)*, ca. 170 ce, trans. Maxwell Staniforth (Harmondsworth: Penguin, 1964), sec. 2.14.

13   Iris Murdoch, *Under the Net* (London: Vintage, 2002), p. 275. 《그물을 헤치고》, 유종호 역(민음사, 2008), 424-425쪽.

14   James Lampinen, Timothy N. Odegard, and Juliana K. Leding, "Diachronic Disunity", in *The Self and Memory*, eds. Denise R. Beike, James M. Lampinen, and Douglas A. Behrend (New York: Psychology Press, 2004), pp. 227-253.

15   Larry Niven, *Ringworld* (New York: Ballantine Books, 1970).《링월드》, 고호관 역(새파란상상, 2013).

4. 모든 것은 운에 달렸다

1 Albert Einstein, "About Free Will", in *The Golden Book of Tagore: A Homage to Rabindranath Tagore from India and the World in Celebration of His Seventieth Birthday*, ed. Ramananda Chatterjee (Calcutta: Golden Book Committee, 1931), pp. 77–84.

2 Wintergreen in Joseph Heller, *Closing Time* (New York: Simon and Schuster, 1994), p. 320.

3 Harry Frankfurt, *The Importance of What We Care About* (Cambridge: Cambridge University Press, 1988), essays 1–5를 보라.

4 Friedrich Nietzsche, *Beyond Good and Evil: Prelude to a Philosophy of the Future*, 1886, trans. J. Norman (Cambridge: Cambridge University Press, 2002), sec. 21.

5 Gottfried Leibniz, *Discourse on Metaphysics*, 1686, trans. R. Martin, D. Niall, and Stuart Brown (Manchester: Manchester University Press, 1988), sec. 13을 보라.

6 Krishnamurti, Mary Lutyens, *Krishnamurti: The Years of Fulfilment* (London: John Murray, 1983), pp. 33, 204에서 인용함.

7 Saul Bellow, *Humboldt's Gift*, 1975 (Harmondsworth: Penguin, 1977), p. 140.

8 Baruch Spinoza, *Ethics*, 1677, in *The Collected Works of Spinoza*, ed. and trans. E. Curley (Princeton: Princeton University Press, 1985), p. 435 (Pt. 1, Prop. 32, Corolls. 1 and 2).

9 David Hume, *An Enquiry Concerning Human Understanding,* 1748-1751, ed. T. L. Beauchamp (Oxford: Oxford University Press, 1999), sec. 8.22 note을 보라.

10 Immanuel Kant, *Critique of Practical Reason,* 1788, in *Practical Philosophy,* ed. and trans. M. Gregor (Cambridge: Cambridge University Press, 1996), pp. 139-140를 보라.

11 Peter Strawson, "Freedom and Resentment", 1962, in P. F. Strawson, *Freedom and Resentment* (London: Methuen, 1974)을 보라.

12 André Gide, *Traité du Narcisse* (Paris: Librairie de l'Art indépendant, 1891), p. 16.

13 Heraclitus, Fragment 119 DK; Novalis, *Heinrich von Ofterdingen,* 1802, in *Leben und Werk Friedrich von Hardenbergs,* ed. Gerhard Schulz (München: C. H. Beck, 2011), p. 271; George Eliot, *The Mill on the Floss,* 1860 (Harmondsworth: Penguin, 1960), book 6, chapter 6; Friedrich Nietzsche, *Twilight of the Idols,* 1888, in *The Anti-Christ, Ecce Homo, Twilight of the Idols, and Other Writings,* trans. J. Norman (Cambridge: Cambridge University Press, 2005), p. 175.

5. 당신은 스스로 길을 찾을 수 없다

1   Tamler Sommers, *A Very Bad Wizard: Morality Behind the Curtain*, 2009 (San Francisco: McSweeney's Publishing; 2nd expanded edition, London: Routledge, 2016).

2   Friedrich Nietzsche, *Beyond Good and Evil: Prelude to a Philosophy of the Future*, 1886, trans. J. Norman (Cambridge: Cambridge University Press, 2002), sec. 21.

3   Albert Einstein, "About Free Will", in *The Golden Book of Tagore: A Homage to Rabindranath Tagore from India and the World in Celebration of His Seventieth Birthday*, ed. Ramananda Chatterjee (Calcutta: Golden Book Committee, 1931), pp. 77–84.

4   Laura Blumenfeld, *Revenge: A Story of Hope* (New York: Washington Square Press, 2003).

5   신명기 19장 21절.

6   Eleanor Rosch, "What Buddhist Meditation Has to Tell Psychology About the Mind", talk delivered to American Psychological Association, August 23, 2002, http://anti-matters.org/articles/3/public/3-3-1-PB.pdf.

7   Patricia Carrington, *Learn to Meditate: The Complete Course in Modern Meditation* (Rockport, MA: Element, 1998).

8   "Consciousness, Free Will, and the Unimportance of Determinism": 1989, in Galen Strawson, *Real Materialism and Other Essays*

(Oxford: Oxford University Press, 2008), pp. 337-358.

9   "Freedom and Resentment": 1962, in P. F. Strawson, *Freedom and Resentment* (London: Methuen, 1974).

10   Krishnamurti, Mary Lutyens, *Krishnamurti: The Years of Fulfilment* (London: John Murray, 1983), pp. 33, 204에서 인용함.

11   Michel de Montaigne, *The Complete Essays*, 1563-1592, ed. and trans. M. A. Screech (London: Penguin, 1991), p. 212.

6. 가장 어리석은 주장

1 Ned Block, "Troubles with Functionalism", 1978, in Ned Block, *Consciousness, Function, and Representation* (Cambridge, MA: MIT Press, 2007), p. 73를 보라.

2 Block, "Troubles with Functionalism", p. 86.

3 Block, "Troubles with Functionalism", p. 73.

4 John Watson, "Psychology As the Behaviorist Views It", *Psychological Review* 20 (2013), pp. 158-177를 보라.

5 Henry Maudsley, "The Limits of Philosophical Enquiry", in Henry Maudsley, *Body and Mind* (London: Macmillan, 1870), pp. 314-342를 보라.

6 Auguste Comte, *The Positive Philosophy*, 1830-1842, trans. Harriet Martineau (New York: Blanchard, 1855).

7 Edwin Singer, "Mind as an Observable Object", *Journal of Philosophy, Psychology, and Scientific Methods* 8 (1911), pp. 180-186.

8 William James, "The Pragmatist Account of Truth and Its Misunderstanders", *Philosophical Review* 17 (1908), pp. 1-17.

9 C. D. Broad, *The Mind and Its Place in Nature* (London: Kegan Paul, 1925), p. 617.

10 Broad, *The Mind and Its Place in Nature*, p. 5.

11 Karl Lashley, "The Behavioristic Interpretation of Consciousness I", *Psychological Review* 30 (1923), p. 272.

12 Edwin Boring, "The Nature of Psychology", in *Foundations of Psychology*, eds. E. G. Boring et al. (New York: Wiley, 1948), p. 6.

13 Brian Farrell, "Experience", *Mind* 49 (1950), pp. 189, 194–195.

14 Burrhus Skinner, *Science and Human Behavior* (New York: Macmillan, 1953), p. 35.

15 Ullin Place, "Is Consciousness a Brain Process?", *British Journal of Psychology* 47 (1956), pp. 44–50.

16 Jack Smart, "Sensations and Brain Processes", *Philosophical Review* 68 (1959), pp. 141–156.

17 Paul Feyerabend, "Explanation, Reduction and Empiricism", 1962, in *Realism, Rationalism and Scientific Method: Philosophical Papers*, vol. 1 (Cambridge: Cambridge University Press, 1981).

18 Richard Rorty, "Mind–Body Identity, Privacy, and Categories", *Review of Metaphysics* 19 (1965), pp. 24–54.

19 Thomas Hobbes, "Third Set of Objections", 1641, in *The Philosophical Writings of Descartes*, vol. 2, trans. John Cottingham et al. (Cambridge: Cambridge University Press, 1985).

20 Margaret Cavendish, *Philosophical Letters; or, Modest Reflections upon Some Opinions in Natural Philosophy* (London, 1664).

21 Bernard de Fontenelle, *Traité de la liberté de l'âme in Oeuvres complètes*, vol. 2 (Paris: Depping, 1818), pp. 605–616.

22 William Shakespeare, *Macbeth*, 1606, act 3, scene 4.

23 Bertrand Russell, *An Outline of Philosophy* (London: George Allen and Unwin, 1927), p. 154.

24 Emil du Bois-Reymond, "On the Limits of Scientific Knowledge", 1872, *Popular Science Monthly* 5 (1874), p. 32.

25 Ian McEwan, *Saturday* (London: Cape, 2005), pp. 254-255. 《토요일》, 이민아 역(문학동네, 2013), 420-421쪽.

26 Russell, *An Outline of Philosophy*, p. 222.

27 Russell, *Human Knowledge: Its Scope and Limits* (London: George Allen & Unwin, 1948), p. 240.

28 Russell, "Mind and Matter", 1950, in *Portraits from Memory* (New York: Simon and Schuster, 1956), p. 164.

29 Princess Elisabeth of Bohemia, *The Correspondence between Princess Elisabeth of Bohemia and René Descartes*, 1643-1649, ed. and trans. Lisa Shapiro (Chicago: University of Chicago Press, 2007)을 보라.

30 Henry Regius, *An Account of the Human Mind, or Rational Soul, Which Explains What It Is and What It Can Be*, 1647, in *The Philosophical Writings of Descartes*, vol. 1, p. 294.

31 Giacomo Leopardi, "Note", September 18, 1827, in *Zibaldone: Pensieri di varia filosofia e bella letteratura* (London: Penguin, 2013), pp. 1884-1885.

32 David Wallace, "A Prolegomenon to the Ontology of the Everett Interpretation", in *The Wave Function: Essays on the Metaphysics of Quantum Mechanics*, eds. Alyssa Ney and David Z. Albert (Oxford: Oxford University Press, 2013), p. 220.

33 David Hume, *A Treatise of Human Nature*, 1739-1740, ed. David

Fate Norton and Mary J. Norton (Oxford: Clarendon Press, 2000), sec. 1.3.14.8, 강조는 나의 것임.

34 David Lewis, "Reduction of Mind", in *A Companion to the Philosophy of Mind*, ed. Samuel Guttenplan (Oxford: Blackwell, 1994), p. 412.

35 Bertrand Russell, *The Analysis of Matter* (London: Kegan Paul, Trench and Trubner, 1927), chaps. 37–38; *My Philosophical Development* (New York: Simon and Schuster, 1959), chap. 2.

36 Herbert Feigl, *The "Mental" and the "Physical": The Essay and a Postscript* (Minneapolis: University of Minnesota Press, 1967)을 보라.

37 Grover Maxwell, "Rigid Designators and Mind–Brain Identity", in *Perception and Cognition: Issues in the Foundations of Psychology*, ed. C. Wade Savage (Minneapolis: University of Minnesota Press, 1978), pp. 365–403를 보라.

38 Thomas Nagel, "What Is It Like to Be a Bat?", 1974, in *Mortal Questions* (Cambridge: Cambridge University Press, 1979), pp. 169–180를 보라.

39 Arthur Eddington, *The Nature of the Physical World* (New York: Macmillan, 1928), p. 291.

40 Russell, *Human Knowledge: Its Scope and Limits*, p. 240.

41 Russell, "Mind and Matter", 1950, in *Portraits from Memory*, p. 158.

42 Eddington, *The Nature of the Physical World*, p. 258.

43 Eddington, *The Nature of the Physical World*, pp. 259–260.

44 Russell, *The Analysis of Matter*, p. 382.

45   Marcus Tullius Cicero, *De senectute de amicitia de divinatione*, 44 bce, trans. William A. Falconer (London: Heinemann, 1923), p. 119.

46   Descartes, *Discourse on the Method*, 1637, in *The Philosophical Writings of Descartes*, vol. 1, p. 118.

47   Louise Antony, "Everybody Has Got It: A Defense of Non-reductive Materialism", in *Contemporary Debates in Philosophy of Mind*, eds. Brian McLaughlin and Jonathan Cohen (Oxford: Blackwell, 2007), p. 144.

48   Thomas Reid, *Essays on the Intellectual Powers of Man*, 1785 (Dublin: Byrne and Milliken, 1790), essay 2, chap. 5, p. 124.

49   Thomas Reid, "Of Smelling", in *An Inquiry into the Human Mind*, 1764, ed. Derek R. Brookes (Edinburgh: Edinburgh University Press, 2000), sec. 2.6.

50   Descartes, *Discourse on the Method*, 1637, p. 115.

51   C. D. Broad, *The Mind and Its Place in Nature* (London: Kegan Paul, 1925), p. 5.

52   Martin Amis, *London Fields* (London: Cape, 1989).

53   Herbert Feigl, *The "Mental" and the "Physical": The Essay and a Postscript* (Minneapolis: University of Minnesota Press, 1967), p. 6.

54   Thomas Hobbes, *Treatise "Of Liberty and Necessity"*, in *Hobbes and Bramhall on Liberty and Necessity*, ed. Vere Chappell (Cambridge: Cambridge University Press, 1999), p. 41.

55   Descartes, *Objections and Replies*, 1641-1642, in *The Philosophical Writings of Descartes*, vol. 2, p. 358.

56 Daniel Kahneman, *Thinking, Fast and Slow* (New York: Farrar, Straus and Giroux, 2011), chap. 5.

57 Francis Bacon, *The New Organon*, 1620, trans. Lisa Jardine and Michael Silverthorne (Cambridge: Cambridge University Press, 2000), sec. 1.46.

58 Bertrand Russell, *An Inquiry into Meaning and Truth* (London: George Allen and Unwin, 1940), p. 116.

59 Johan Huizinga, *Homo Ludens*, 1938 (London: Routledge and Kegan Paul, 1949), p. 156.

60 George Santayana, *Scepticism and Animal Faith* (New York: Scribner, 1923), p. v.

61 Mark Twain, *Autobiography of Mark Twain*, 1906–1907, vol. 2 (Berkeley: University of California Press, 2013), p. 1336.

62 George Orwell, "In Front of Your Nose", 1946, in *The Collected Essays, Journalism, and Letters of George Orwell*, vol. 4, *In Front of Your Nose 1945–1950* (London: Secker and Warburg, 1968), p. 124.

63 Kahneman, *Thinking, Fast and Slow*, p. 211.

64 Xenocrates or Anaxagoras, reported by Aristotle *De Anima*, ca. 350 bce, trans. R. Hicks (Cambridge: Cambridge University Press, 1907), p. 33.

65 Daniel Dennett, *Intuition Pumps and Other Tools for Thinking* (London: Penguin, 2013), p. 285.

66 interview with Daniel Dennett, "Philosophy Stirs the Waters", *The New York Times*, April 29, 2013. 이것은 완벽하게 동일한 인용구는

아니다.

67 Daniel Dennett, "Précis of Consciousness Explained", *Philosophy and Phenomenological Research* 53 (1993), p. 891.

68 Arthur Schopenhauer, *The World as Will and Representation*, 1819-1859, trans. J. Norman et al. (Cambridge: Cambridge University Press, 2010), p. 10.

69 William James, "The Will to Believe", 1896, *Writings 1878-1899* (New York: Library of America, 1992), p. 466-467. 제임스의 유명한 1904년 논문 "Does Consciousness Exist?" (*Journal of Philosophy, Psychology, and Scientific Methods*, 1, pp. 477-491)에서 이 용어를 사용하고 있으므로, 그가 의식의 존재를 부정하는 것은 전혀 아니다. 반면에.

70 William James, *The Principles of Psychology*, 1890, vol. 1 (New York: Dover, 1950), p. 185.

7. 진정한 자연주의

1 Hamlet in William Shakespeare, *Hamlet*, act 1, scene 2.

2 W.V. Quine, *Theories and Things* (Cambridge, MA: Harvard University Press, 1981), p. 185.

3 David Lewis, "Reduction of Mind", in *A Companion to the Philosophy of Mind*, ed. Samuel Guttenplan (Oxford: Blackwell, 1994), p. 412.

4 Stephen Hawking, *A Brief History of Time* (New York: Bantam Books, 1988), p. 174.

5 Bertrand Russell, *An Outline of Philosophy*, 1927 (London: Routledge, 1995), p. 125.

6 Arthur Eddington, review of *The Analysis of Matter* by Bertrand Russell, *Journal of Philosophical Studies*, vol 3, no. 9 (1928), p. 95.

7 Eddington, *The Nature of the Physical World*, p. 257.

8 Luiz Pessoa and Peter De Weerd. *Filling-In: From Perceptual Completion to Cortical Reorganization* (Oxford: Oxford University Press, 2003); M. M. Chun and R. Marois "The Dark Side of Visual Attention", *Current Opinion in Neurobiology* 12 (2002), pp. 184-189; Daniel J. Simons and Daniel T. Levin, "Change Blindness", *Trends in Cognitive Sciences* 1 (1997), pp. 261-267를 보라.

9 John Locke, *An Essay Concerning Human Understanding*, 1689-1700, ed. Peter H. Nidditch (Oxford: Clarendon Press, 1975), sec.

2.1.6.

10 Daniel Dennett, *Consciousness Explained* (Boston: Little, Brown, 1991), pp. 365-366.

11 Dennett, *Consciousness Explained*, pp. 363-364.

12 Dennett, *Consciousness Explained*, pp. 405-406. 그는 주석을 덧붙인다: "맥락을 고려하지 않고 이 주장을 인용하는 것은 지적으로 아주 부정직한 것이다." 2017년 데닛은 "알지도 못하고 진정한 의식과 진정한 감각질을 가지고 있다고 간주하는 당신은 좀비임에 틀림없다. 그러나 나는 내가 좀비가 아니라는 사실을 알고 있다!"고 그에게 말한 어떤 사람을 떠올린다. "그렇지 않아요" 데닛은 답변한다. "그 확신을 유일하게 뒷받침하는 것은 확신 자체의 강렬함이다. 그리고 좀비가 있을 수 있다는 이론적인 가능성을 허용하는 순간 당신은 당신 자신이 좀비가 아니라는 것을 증명하는 가톨릭 교단의 권위를 포기해야 한다." *From Bacteria to Bach and Back* (New York: Norton, 2017), p. 363.

13 Joseph Priestley, *Disquisitions Relating to Matter and Spirit*, 2nd edition, 1782, in *The Theological and Miscellaneous Works of Joseph Priestley*, vol. 3, ed. John Towill Rutt (London, 1818), p. ii.

14 Thomas Nagel, "Conceiving the Impossible and the Mind-Body Problem", *Philosophy* 73 (1998), p. 338; Susan Greenfield, "Memory Matters", *The Independent*, June 21, 1997; Colin McGinn, *The Problem of Consciousness* (Oxford: Oxford University Press, 1991), p. 1.

15 Thomas Hobbes, *Treatise "Of Liberty and Necessity"*, in *Hobbes* *and Bramhall on Liberty and Necessity*, ed. Vere Chappell (Cambridge: Cambridge University Press, 1999), p. 41.

1   Michel de Montaigne, *The Complete Essays*, 1563-1592, ed. and trans. M. A. Screech (London: Penguin, 1991), p. 99. 《수상록》, 손우성 역(동서문화사, 2016).

2   Dan P. McAdams, Ruthellen Josselson, and Amia Lieblich, "Introduction", in *Identity and Story: Creating Self in Narrative* (Washington, DC: American Psychological Association, 2006), p. 3.

3   J. David Velleman, "The Self as Narrator", 2005, in *Self to Self: Selected Essays* (Cambridge: Cambridge University Press, 2006), p. 206.

4   Charles Simic, "Grass: The Gold and the Garbage", *The New York Review of Books*, March 24, 2011.

5   Ian Hacking, *Rewriting the Soul: Multiple Personality and the Sciences of Memory* (Princeton: Princeton University Press, 1998), p. 250. 해킹(Hacking)은 이 견해를 지지했다기보다 발표한 것이다.

6   Timothy Garton Ash, *The File: A Personal History* (London: HarperCollins, 1997), p. 20.

7   Paul Ricoeur, *Time and Narrative*, vol. 3, 1985, trans. Kathleen McLaughlin et al. (Chicago: University of Chicago Press, 1988).

8   Anthony Rudd, *Self, Value and Narrative: A Kierkegaardian Approach* (Oxford: Oxford University Press, 2012), p. 1.

9   Gabriel García Márquez, *Living to Tell the Tale*, 2002, trans. Edith

Grossman (London: Cape, 2003).

10   Kristján Kristjánsson presenting Paul Ricoeur, *The Self and Its Emotions* (Cambridge: Cambridge University Press, 2010), p. 43.

11   William Shakespeare, *As You Like It*, act 3, scene 2. 필립 짐바르도(Philip Zimbardo)와 존 보이드(John Boyd)는 그들의 책, 《시간의 역설》(*The Time Paradox*, 2008)에서 우리가 중요시하는 시간적 성향에 따라 사람들을 "과거-지향적", "현재-지향적", "미래-지향적"으로 나눈다. 더 나아가 그들은 우리를 "과거-부정적" 또는 "현재-긍정적", "현재-향유적" 혹은 "현재-숙명론적" 등으로 분류한다. 다른 문화권에서 시간을 매우 다르게 경험한다는 점은 잘 알려져 있다. Robert Levine, *A Geography of Time: The Temporal Misadventures of a Social Psychologist* [New York: Basic Books, 1998])을 보라.

12   Henry James, *The Awkward Age* (New York: Harpers, 1899), p. 198.

13   Percy Bysshe Shelley, "Lines Written Among the Euganean Hills", 1818, in *Percy Bysshe Shelley: The Major Works,* eds. Zachary Leader and Michael O'Neill (Oxford: Oxford University Press, 2003), p. 198.

14   Henderson in Saul Bellow, *Henderson the Rain King*, 1959 (London: Penguin, 1996), p. 312. 그는 Shelley, "Revolt of Islam, Dedication: To Mary-", in *Percy Bysshe Shelley: The Major Works*, p. 138를 반영한다.

15   Daniel Wegner, *The Illusion of Conscious Will* (Cambridge, MA: MIT Press, 2002), pp. 318, 325-326.

16   Mary McCarthy, interview in *Writers at Work*, 2nd series (London: Secker and Warburg, 1963), p. 313.

17 Germaine Greer, "Real Lives, or Reader's Digest?", *The Times* (London), February 1, 1986.

18 Ralph Waldo Emerson, Notebook, October 1837, in *Journals and Miscellaneous Notebooks of Ralph Waldo Emerson*, vol. 5 (Cambridge, MA: Harvard University Press, 1965), p. 392.

19 Ralph Waldo Emerson, "Experience", 1844, in *Essays and Lectures* (New York: Library of America, 1983), p. 471. 마지막 구절은 구약성경 시편 13편을 반영한다.

20 Wu Cheng-en, attrib., *Xiyouji (Journey to the West)*, 1593, vol. 1, trans. W. J. F. Jenner (Beijing: Foreign Languages Press, 1993), chap. 7.

21 Alasdair MacIntyre, *After Virtue* (London: Duckworth, 1981), p. 199.

22 William D. Blattner, "Life Is Not Literature", in *The Many Faces of Time*, eds. Lester Embree and John B. Brough (Dordrecht: Kluwer, 2000), p. 187.

23 Marcel Proust, *À la recherche du temps perdu*, vol. 4, 1922 (Paris: Gallimard, 1989), p. 474. ("La vraie vie, la vie enfin découverte et éclaircie, la seule vie par conséquent réellement vécue, c'est la littérature. Cette vie qui, en un sens, habite à chaque instant chez tous les hommes aussi bien que chez l'artiste.")

24 Proust, *À la recherche du temps perdu*, vol. 4, 1922, p. 474.

25 John Keats, Letter of February 14 to May 3, 1819, to George and Georgiana Keats, in *The Letters of John Keats, 1814–1821*, vol. 2,

ed. Hyder Rollins (Cambridge, MA: Harvard University Press, 1958),
p. 102.

26   Marya Schechtman, *The Constitution of Selves* (Ithaca, NY: Cornell
University Press, 1996), pp. 93, 119.

27   Marya Schechtman, *Staying Alive* (Oxford: Oxford University Press,
2014), p. 100.

28   Schechtman, *Staying Alive*, p. 100.

29   Schechtman, *Staying Alive*, p. 101.

30   John Locke, *An Essay Concerning Human Understanding*, 2nd
edition (London, 1694), sec. 2.27.9.

31   Schechtman, *Staying Alive*, p. 101.

32   John Updike, *Self-Consciousness* (London: Penguin, 1989), p. 239.
업다이크의 경우는 이러한 삶의 경험이 나쁜 기억력과 무관하다는 것을
알려준다.

33   Alberto Caeiro (Fernando Pessoa), "The Keeper of Sheep", 1914, in
Fernando Pessoa and Co., Selected Poems, ed. and trans. Richard
Zenith (New York: Grove Press, 1998), p. 48.

34   Alice Munro, "Go Ask Alice", interview by Alice Quinn, *The New
Yorker*, February 19, 2001.

35   Joe Brainard, *I Remember*, 1970−1973 (New York: Granary Books,
2001), p. 20. 《나는 기억한다》, 천지연 역(모멘토, 2016).

36   John Updike, "The Man Within", *The New Yorker*, June 26, 1995.

37   Galen Strawson, "Episodic Ethics", 2007, in *Real Materialism and
Other Essays* (Oxford: Oxford University Press, 2008), p. 210.

38 Schechtman, *Staying Alive*, p. 101.

39 Schechtman, *Staying Alive*, p. 108.

40 Endel Tulving, "Memory and Consciousness", *Canadian Psychology/Psychologie Canadienne* 26 (1985), p. 5.

41 Lewis Thomas, "The Attic of the Brain", in *Late Night Thoughts on Listening to Mahler's Ninth Symphony* (New York: Bantam Books, 1983), p. 141.

42 Dan McAdams, *The Redemptive Self: Stories Americans Live By* (Oxford: Oxford University Press, 2005), pp. 287–288.

43 Erik Erikson, *Identity: Youth and Crisis* (New York: Norton, 1968), p. 217.

44 Mary Midgley, *Wickedness* (London: Ark, 1984), p. 123.

45 Paul Klee, *The Diaries of Paul Klee*, 1898–1918 (London: Peter Owen, 1965), p. 177.

46 Somerset W. Maugham, *A Writer's Notebook* (London: Heinemann, 1949), p. 21.

47 Philip Roth, *The Counterlife*, 1986 (London: Vintage, 2005), p. 324.

48 F. Scott Fitzgerald, *The Notebooks of F. Scott Fitzgerald*, 1945 (New York: Harcourt Brace Jovanovich, 1978), p. 159.

49 Otto Frisch, *What Little I Remember* (Cambridge: Cambridge University Press, 1979), pp. ix, xi.

50 Michel de Montaigne, *The Complete Essays*, 1563–1592, ed. and trans. M. A. Screech (London: Penguin, 1991), p. 32–33. 에티엔 드 라 보에티가 죽은 이후인 1563년에 "나의 기억은 그 자체로 매우 단기적일

뿐만 아니라, 내가 겪은 너무 무겁고 중차대한 상실의 고통 때문에 영향을 받은 이 경우에 내가 알아야겠다고 생각한 많은 것까지 잊어버렸다"고 그는 아버지에게 썼다. *Essays of Montaigne*, trans. C. Cotton and ed. W. C. Hazlitt (London: Reeves and Turner, 1887), p. xxxii.

51 Michel de Montaigne, "On the Power of the Imagination", *The Complete Essays*, p. 120.

52 Montaigne, "On the Useful and the Honourable", *The Complete Essays*, p. 891. 《수상록》, 손우성 역(동서문화사, 2016).

53 Montaigne, in particular "On Experience", *The Complete Essays*, pp. 1220-1221를 보라.

54 James Meek, "Memories We Get to Keep", *London Review of Books* (June 20, 2013), pp. 3-6.

55 James Salter, *Light Years*, 1975 (New York: Vintage International, 1995), p. 35. 《가벼운 나날》, 박상미 역(마음산책, 2013), 67쪽.

56 Virginia Woolf, "Modern Fiction", 1925, in *The Essays of Virginia Woolf*, vol. 4, 1925 to 1928, ed. Andrew McNeillie (London: Hogarth Press, 2008), p. 160.

57 Henry, *The Statesman* (London: Longman, Rees, Orme, Brown, Green, and Longman, 1836), p. 35.

58 Willem Wagenaar, see e.g. "Is Memory Self-Serving?", in *The Remembering Self: Construction and Accuracy in the Self-Narrative*, eds. Ulric Neisser and Robyn Fivush (Cambridge: Cambridge University Press, 1994), pp. 191-204를 보자. 또 톨스토이의 이야기 "이반 일리치의 죽음"(The Death of Ivan Ilyich)의 마지막 페이지를

보라.

59 Philip Larkin, "Continuing to Live", *Collected Poems* (London: Faber and Faber, 2003), p. 94.

60 Friedrich Nietzsche, "Schopenhauer as Educator", 1874, in *Unfashionable Observations*, trans. Richard T. Gray (Stanford: Stanford University Press, 1997), p. 174 (번역 수정).

61 Simon Gray, *Coda* (London: Faber and Faber, 2008), p. 114.

62 Oliver Sacks, *The Man Who Mistook His Wife for a Hat* (London: Duckworth, 1985), p. 110.

사람의 뇌에서 자아가 어떻게 생겨나는가에 관한 문헌을 조사하던 때 이 책을 발견하게 된 것은 순전히 우연이었다. 이 책의 저자 갈렌 스트로슨은 이제까지 우리나라에는 전혀 소개되지 않은 철학자인데, "호기심이 끊임없고, 학식이 풍부하고, 참신하고, 논쟁적인 주장을 두려워하지 않는 현대의 몽테뉴이자 더 나아가 그것을 명쾌하게 기술할 수 있는 진정한 에세이스트다. 스트로슨은 또한 몽테뉴와 마찬가지로 자아와 의식의 가변적이고 포착하기 어려운 본성에 천착한다"는 소개말은 내 호기심을 사로잡기에 충분했다. 본문을 읽어나가면서 번역을 해야겠다는 만용을 부리게 되었고, 다행히 이상북스 송성호 대표가 흔쾌히 뜻을 받아주었다. 이에 감사드린다.

이 책의 원제는 "나를 괴롭히는 것들"(Things That Bother Me)인데, 제목과 달리 갈렌 스트로슨의 불평을 모은 책이 아니다. 이 책에는 철학적 질문과 관련한 일곱 편의 에세이와 인터뷰 한 편, 그리고 한 편의 자서전이 들어 있다. 에세이에서는 철학을 전공하지 않은 독자를 겨냥해 씌어진 글의 모델이라 할 만큼 문학적 암시와 상식적 묘사, 그리고 개인적 경험을 주저 없이 사용한다.

그는 이처럼 자신의 주장을 전달하는 데 매우 설득력 있게 표현할 뿐만 아니라 객관성을 담보하는 데도 성공한다. 특히 스트로슨은 모든 용어를 주의 깊게 설명하려고 노력하며, 우리가 일상적으로 사용하는 개념에서 잘 드러나지 않고 숨어 있는 난제와 모순을 정확히 포착한다. 그는 우리가 상식 또는 일상적 개념이라고 부를 수 있는 것과 철학적 담론의 관계를 재평가할 수 있는 기회를 제공한다.

이 책은 분량이 많지 않은 편이지만 아주 풍부한 내용을 담고 있다. 에세이들은 죽음, 자아 감각, 자유의지, 의식의 본성, 서사 등을 다루는데, 이 모든 주제는 스트로슨뿐만 아니라 다른 철학자, 나아가 모든 사람들을 충분히 괴롭혀온 것들이다. 어떤 에세이는 약간 다른 방식으로 같은 주제를 다룬다. 예를 들어, 자아에 대한 서사성을 부인하는 이야기는 "자아의 감각" "우리 시대의 오류" "나에게는 미래가 없다" "이야기되지 않은 삶"에서 네 번이나 등장한다. 에세이의 내용은 이렇게 겹치는 부분도 있지만, 책은 여러 굵직한 주제들을 다룬다.

스트로슨은 서문에서 "독자들은 어떤 점에서 이를 중복이라고 느낄 수도 있는데, 반드시 그런 것만은 아니다"라고 일러준다. 이 문장은 반복해서 읽어야 한다는 경고로 풀이해야 한다. 여러 번 곱씹어 에세이의 내용을 충분히 소화할 수 있기 바란다. 그렇지 않으면 이 반복은 무의미하고 해롭기까지 할 것이다.

스트로슨은 "어떤 사람들은 아주 어릴 때부터 무한이라는 개념에 집착한다." "무한성은 나이에 상관없이 중요하다. 특히 그것이 영원의 개념과 이어지면 자연스레 죽음에 대한 생각과 연결되기 쉽다. 그러나 어린 시절에는 그것이 독특한 영향력을 발휘할 수 있다고 나는 생각한다"라고 시작하면서, "이 괴로움들은 죽음뿐만 아니라 자유의지와 의식에 관한 것이고, 철학적 의미에서 '진정한 자연주의자', 즉 초자연적인 것은 아무것도 믿지 않는 사람에 관한 것이다. 이 괴로움들은 자아에 대한 생각, 자아를 갖는다는 생각, 시간에 따른 자아의 감각, 삶에 관한 서사적 전망, 그리고 내친김에 인간 정신의 무제한적 성격에 관한 것이다"라고 책 전체에서 다룰 내용을 요약한다.

스트로슨에게 "자아의 감각"은 의식적 경험을 존재하는 것이며, "나는 내 인생을…막 시작한 것 같은…지속적인 감각을 가지고 있다"는 존 업다이크의 말처럼 그것은 끊임없이 새로워지는 것이다.

스트로슨은 "우리 시대의 오류"에서 평범한 인간이 삶을 경험하는 방식은 다양할 수 있으며, 삶에 대한 풍부한 서사적 관점이 없다고 해도 진실하고 완전한 인격체로 살아갈 수 있다고 주장한다. 그는 자신처럼 자신의 삶을 서사로 표현하는 데는 관심이 없지만 다른 사람들처럼 중요하고, 성취감 있고, 도덕적으로 점잖은 사람들을 대신하여 항의한다. 그는 "나는 모든 사람들이 자신의 이야기를 한다고 생각하지 않으며, 그것이 항상 좋은 것이라고 생각하지 않는다"라고 썼다.

"나는 미래가 없다"에서는 죽음을 겪는 당사자는 고통을 느끼지 못할 것이기에 죽음은 두렵지 않은 것이라고 주장한다. 그러나 그는 절친 사이먼 할리데이의 죽음에 대해 "그러나 내 슬픔은—강력하고, 여러 방식으로 드러나고, 여전히 때때로 그가 죽었다는 것을 믿지 못하는—나 자신과 그를 사랑하는 사람들을 위한 것인데, 왜냐하면 나는 그가 죽었을 때 아무 고통도 받지 않았다는 것을 알고 있기 때문이다"라고 철학자가 아닌 인간으로서의 면모를 드러낸다.

"모든 것은 운에 달렸다"와 "당신은 스스로 길을 찾을 수 없다"에서는 자유의지를 부정하고 궁극적인 도덕적 책임의 불가능성을 밝히지만 실제로 이것을 적용하기는 어렵다는 점을 인정한다. 그 대신 그는 우리가 "철저히 도덕적으로 책임을 지는 명확하고 미약하고 일상적인 도덕적 책임"을 주장한다.

"가장 어리석은 주장"은 스트로슨에 있어 "의식의 존재, 즉 의식적 경험, 경험의 주관적 특성"을 부정하는 것이다. 스트로슨은 책을 출간한 이유를 묻는 〈뉴욕리뷰북스〉의 미셸 브라이언트에게 "철학자라면 대부분의 시간을 잘못된 관점을 바로잡기 위해 애쓰며 보낼 것이다. 그들 중 몇몇은 완전히 잘못되었다. 어떤 철학자들이 의식의 존재를 부정할 만큼 미쳤다는 것을 사람들에게 알리는 것은 가치 있는 일이라고 생각한다"라고 답했다.

"진정한 자연주의"에서 스스로를 물리주의적 자연주의자라고 밝힌 스트로슨은 의식적 경험이 실제적인 것이라는 명제를 방어하기 위해 다섯 살짜리도 그것을 알고 있다고 단언하며 거짓자연주의자들을 논박한다.

또 "이야기되지 않은 삶"에서는 모든 사람이 그들 삶의 서사를 구축하고 나아가 그렇게 함으로써 더 완벽하고 만족스럽고 도덕적인 삶을 살 수 있다는 전제를 다시 한 번 부정하면서 모두가 서사적 정통성을 따르는 획일적 삶을 살아야 하는 것은 아니며 더 좋은 생활방식도 있음을 알려준다.

비록 스트로슨이 자기 자신의 서사에 대해 껄끄럽게 생각하면서도 편집자의 강권으로 쓰게 된 "2년의 시간"은 간결하지만 웅변적이고, 감정적으로 솔직하며, 감동을 불러일으킨다. 특히 1960년대부터 성년기를 맞이한 이야기를 들려주는 이 자전적 에세이는 철학 작품이 해석될 수 있는 흥미롭고 매력적인 맥락을 제공한다. 서론에서 서술한, 네 살이라는 어린 나이부터 시작된 무한에 대한 깊은 관심과 죽음에 대한 집착은 마침내 1960년대에 성년기로 접어드는 경험에 이르기까지 철학자의 삶에 풍부한 서사적 통일성을 부여한다.

갈렌 스트로슨은 철학자의 철학자라 불릴 만큼 영향력이 크기 때문에 철학자들도 그의 에세이를 전문적으로 읽고 가차 없는 비판을 아끼지 않는다.

W. 토머스 페퍼(Thomas Pepper)는 스트로슨이 즐겨 쓰는 "일상적 개념은 실재를 입증하는 진리가 아니라, 우리의 상식적인 이해가 어디에 잘못되어 있는지를 나타내는 지표로 취급해야 한다고 주장하려 한다. 만약 우리가 이런 오류를 알아차리지 못한다면, 스트로슨처럼, 우리는 필연적으로 어느 정도의 마법적 사고를 받아들이게 되고, 더 문제적으로는 우리가 우리의 삶, 혹은 세상을 더 좋게 바꿀 수 없다는 것을 확신하게 된다"고 스트로슨식의 자유의지와 의식, 결정론, 그리고 무엇보다 그것들로부터 비롯한 범심론을 비판한다.

스트로슨이 비록 자아에 대한 서사에 반대하는 주장을 펼치지만 오샨 자로크(Oshan Jaroq)는 마음은 고집이 세기 때문에 "우리가 자신을 서사적인 방식으로 이해하는 것을 멈출 수 없을 것"이라고 주장한다.

키어런 세티야(Kieran Setiya)는 "만약 스트로슨이 우리의 서사적 경향을 무너뜨리는 데 성공한다면, 우리는 어떻게 될까? 대안은 무엇일까? 우리 모두가 과거와 미래를 망각한 채 현재에 몰두한다면 사회는 무너지지 않을까?"라고 반문한다.

삶의 서사성을 비판하는 사람들과 달리 나는 이 논의가 가장 흥미롭다. 왜냐하면 나 자신이 살아온 이야기는 믿을 수 없을 정도로 불연속적이고 서사라고 할 만한 것이 딱히 없는 부실한 것이기 때문이다. 그리고 스트로슨과 마찬가지로 내 기억은 언제나 흔들리고 신뢰성이 없고 미래는 신비로운 영역일 뿐이다.

책을 읽는 사람들이 스트로슨의 결론을 모두 받아들이기 어려울 수도 있다. 스트로슨과 함께 같은 목적지에 도달할 필요는 없다. 하지만 우리를 괴롭히는 삶의 거창한 주제에 대해 스트로슨과 함께 생각할 수는 있을 것이다. 그렇게 우리는 자신의 철학을 시작하면 되는 것이다.

2020년 7월
전방욱